性格色彩婚姻宝典

乐嘉 著

中国华侨出版社

·北京·

果麦文化　出品

我是谁

领取你的色彩　开启卡牌测试　拿起书签扫码　欲知自己性格

目录

第三篇 性格色彩婚姻指南

第四篇　不同性格的修炼法则

第一篇

不同性格的
情感画像

01 红色性格的情感画像

红色性格最有孩童心态。追求快乐是他们寻找伴侣的第一需求，在没有任何困难或麻烦发生时，他们乐天且无忧无虑，善于给自己找乐子。当人生遇到挫折打击时，红色性格会想找一个可以倾诉和安慰自己的伴侣，从情感的交流和共鸣中得到解脱。

♣　红色的心情和表情富于变化，容易因为小事不开心，也容易因为小事开心得像个孩子。多数时候，红色活泼快乐，这源于他们的乐观。大龄单身的红色女性，偶尔被提到自己的年龄时，可能会有短暂的不开心，但很快会忘掉。红色擅长发现生活中的乐趣，一家新开的超市，一份意外的生日礼物，都可让他们从烦恼中迅速解脱。因为情绪多变，红色是最容易换社交媒体头像和网络签名的，他们的心情可能经常通过不断变换的方式来表达，都是因为情绪起伏和内心渴求关注。"秀恩爱"多是藏不住自己喜怒哀乐的红色干出来的事，"剁手族"和"拖延症"也是红色居多。

♣　红色渴望拥有不受限制的完全自由，最好能没有任何压力，想去哪儿去哪儿，也不用为他人负任何责任。有钱且有闲的红色，最容易成为早上还在办公室上班，下午就飞到伦敦喂鸽子的那种人。工作收入还不错但较忙碌的红色，几乎都有过"开咖啡馆或民宿"的梦想，渴望成为小店主，其实，只是为了享受那份自由和闲适。有些红色不愿脱离单身生活，也是因为离不开那份不羁和自由，不想受到家庭生活的束缚。

♣ 红色容易接受新鲜事物，兴趣和爱好广泛，难免三天打鱼两天晒网。红色喜欢体验，容易成为第一个吃螃蟹的人，无论是最新流行的电子产品，还是异域流传的奇特美食，都勇于尝试，且喜欢拉帮结派成群前往。红色喜欢分享，当他们品尝到一道美味，或买了件称心如意的衣服，会忍不住把它拍照发到网上，或赶紧告诉自己的好友"快来买吧"。其实，其他人买不买对红色没啥实质意义，但他们是那么具有分享精神，喜欢把好东西分享给别人。

自我形象

> 红色性格内心，希望自己是世界注意力的中心，艳惊四座，光芒万丈，在人群中引得无数英雄美人竞折腰。当然，这种自我形象，到何种程度，受限于此人受教育的程度和对外部的认知程度。但无论是哪种环境下成长的红色性格，对形象受损都相当敏感且无比介怀，他们非常在意别人对自己的评价。

♣ 红色是乐观的理想主义者。当用性格色彩卡牌自我测试"理想的自己"牌型时，那些摆出来是红色、蓝色、黄色、绿色四色均衡且全是优点的情况，几乎都是红色所为。因为红色想象力无限驰骋，他们认为世间所有的好东西都可为自己所拥有，而他们想要的，就是无限美好的过程，至于最终结果去向何方，并非首要选择。

♣ 红色有"照镜子情结"，容貌不错的红色，更是在意自己的形象。红色喜欢精心装扮自己，在人多的场合出现，并且常用"回头率"来衡量自己一天的"快乐指数"。当红色取得成绩时，如果不能"衣锦还乡"，那种"锦衣夜行"的感觉，会让红色非常不爽。而他们展示的途径有很多，就像在朋友圈玩命更新透露自己生活现状的，多数是红色。

♣ 当红色受到打击、挫折，对自我产生怀疑时，会像泄了气的皮球，瞬间低落或沮丧，甚至走向抑郁。这时，如果身边有足够多的人打气，对他说"你真的很好"，就能把他的自我认可感一点一点吹起来，从而暂时拯救这个红色。长远的自救，需要红色踏踏实实地实现目标，建立坚实的自信，树立真实而美好的自我形象。

沟通特点

> 红色性格善用语言引起别人关注，无论是上课主动举手发言，还是工作中积极提出创意，或是生活中逗朋友们发笑，都是他们的特长。当然，由于职业、年龄、阅历的不同，有些红色性格在工作场合的语言表达，会刻意内敛和控制，一旦在非工作场合，当他们确定自己受欢迎，天性中的丰富表现力很容易被激活，语言也会变得生动。

♣ 红色不喜欢冷场，无论是聚在一起聊天，还是谈论新买的物件、刚去的餐馆、对某事的看法等，红色往往是主动发起话题的一方，他们更愿意把自己的看法毫无保留地表达出来。如果对方是一个忠实的倾听者，认真地聆听和不断点头认可，都会让他们感到相当享受。

♣ 跟红色聊天，他们的话题会不断跳跃，极为发散。比如，相亲时，最有可能问出奇怪问题的当数红色。他们本来心里想的是恭维对方，说出来的话却让对方极不舒服。这种跳跃思维，伴随着红色不时的口无遮拦，很容易不小心出口伤人。

♣ 红色说的话，蕴含了丰富的情绪，同样，他们更喜欢听到富有情感的表达。俗话说"家是讲爱的地方，不是讲理的地方"，其实，这话主要对红色有效。沉醉于伴侣甜言蜜语的，是红色；擅长用说话示爱的，也是红色。一对红色的单身男女，在对彼此不了解的情况下，情感迅速升温，往往是因为一见如故，滔滔不绝地聊了几小时，这对于内敛的蓝色和果决的黄色而言，既不能接受，也不能理解。

作为朋友

> 朋友，对红色性格而言，不可缺少。武侠小说中的主角，大多是红色性格，武侠小说很好地刻画了红色性格侠客重视友情的一面。当爱情与友情发生两难时，红色性格会非常纠结。如果被朋友们评价为"不够朋友"，红色性格会感到难以忍受，他们希望自己在朋友心目中，是仗义的、豪爽的、热情的，这构成了他们生命价值的一部分。

♣ 红色不喜欢寂寞，他们对友情的需求很强烈，而且希望拥有很多好朋友，但并不代表友情可以替代爱情。这里，不得不谈到红色的倾诉欲很强。假如他们心情不好，想找人倾诉，打开手机通信录，发现找不到可倾诉的人，那会让他们无比悲哀和沮丧。同样，当他们开心时，也需要朋友来分享，这会让他们更加快乐。

♣ 红色乐于结交新朋友，他们崇尚倾盖如故的人际关系，从第一次见面起，只要投缘，友情便会火速升温。他们追求一种形影不离、无话不谈的关系，红色女人会结伴上厕所，红色男人会扎堆一起抽烟，其实，这都是红色内心害怕寂寞的表现。

♣ 红色信任朋友，当自己有快乐的事时，总想和朋友分享，却忽略了有时分享会带来意想不到的风险。一位红色口无遮拦地给自己的好友发信息："嘿，我搞定了一个妞，是我们以前的大学校花。"但不巧，这位校花女友是蓝色，之后，无意中发现了这条聊天记录，以此得出结论：此男轻浮。于是，提出分手。

作为家人

除非从小被家人抛弃冷落或成长在长期剧烈冲突的家庭，大多红色性格是恋家的。家对于红色性格而言，是一个温暖的避风港，也是可以放下防备，随意和任性做自己的地方。很多红色性格对外人有礼貌或保持分寸，回到家里，就变成了另一个人，这是因为家让他们感到放松，所以，性格中的情绪化、随意、杂乱无章的问题也更容易显现。红色性格渴望与家人亲密无间，得到家人无条件的关注和认可，如果得不到，就会情绪动荡，家庭关系也会不和谐。

♣ 与家人的关系会严重影响到红色的恋爱与婚姻。有些红色会因为童年缺爱或受到家人伤害，从而对爱情产生不信任感。一位红色学员在课上提出的问题是："如何知道家人是不是爱我？"因为她有一对严厉而冷漠的父母，从小到大，她在情感中有强烈的不安全感。当她成年结婚后，她与丈夫的关系始终有隔膜。性格色彩课程帮助她重新建立了与父母的连接。课程结束后，红色学员给丈夫发了一条深情的短信，她真心体会到丈夫多年以来对自己的爱与包容。

♣ 当家人反对时，红色会处在亲情和爱情之间的两难状态。骨子里，红色渴望自由而快乐地选择自己所爱，但实际上，相当多的红色受到家里人的意见影响，与恋人的关系很容易出现问题，这与红色容易受到他人评价和影响的性格特点息息相关。

♣ 红色成家后，对自己组建的家庭不吝付出情感，也期望得到充足的情感回应。一家人相互关心、频繁交流是红色希望看到的幸福家庭的画面。一般来说，红色对繁杂的家庭事务感到厌倦，但如果家人间能边交流情感，边一起承担家务，红色会感到无比幸福。

02 蓝色性格的情感画像

蓝色性格符合中国传统文化的要求——含蓄、内敛、情感深沉。蓝色性格具有完美主义倾向，容易陷入柏拉图式爱情。精神层面的默契和相互理解，是蓝色性格最重要的情感需求。当感情受挫时，蓝色性格会长时间自我封闭，思索和沉淀属于自己的忧伤。

■ 蓝色拥有一丝不苟的精致外表和理智的情感表达方式，生活在自己的世界里，外人很难走进蓝色的内心。无论年龄大小，蓝色都有一份超乎同龄人的沉静，极少会出现肥胖或邋遢，这与自我要求极高有关。由于对己和对人的要求都很高，常常不易为人所理解。蓝色内心深处渴望灵魂共鸣和相处默契，却始终难以达到。

■ 蓝色注重逻辑、道理和规则，认为凡事都有"应该"，内心坚守原则，底线毫不动摇。类似"女人都是不讲道理的"这种话，在蓝色女子面前，毫无生存空间。蓝色女子比某些其他性格的男人更注重道理和规则，这点在她们与男人相处时，会让男人感到惊讶。要改变蓝色的想法极为困难，因为他们不会在不经考虑的情况下贸然提议，当蓝色提出时，已经很难撼动。假如受到伤害，并且没有得到合理的解释，蓝色会记很久。

■ 蓝色追求完美，这不仅仅是口头上说说而已，而是实际的践行者。蓝色考虑问题仔细而周全，容易产生消极的负面思维。他们容易放大隐患和风险，在涉足任何事情之前，都会做最坏打算和全面考虑。

在大众心目中，蓝色最专一，这是因为蓝色进入情感和从情感中拔出的速度，是四种性格中最慢的，加之蓝色生活圈子比较固定，容易沉溺于对往事的追忆，走向负面消沉。故此，蓝色在四种性格中，最不容易开始迎接新的生活。

自我形象

如果说红色性格的自我形象是光芒万丈的王子或公主，蓝色性格则是口不能言的美人鱼。美人鱼拥有细腻的柔情和忠诚的臂膀（正是这副臂膀将王子从惊涛骇浪中救起来），却不善表达，只能眼睁睁看着爱人被另一个女人夺走。蓝色性格始终认为，外在的东西无比肤浅，所以，即便一位颜值颇高的蓝色性格，在你赞美其外貌时，也不会太过在意，因为从这样的赞美中，觉察不出你的真心真意。蓝色性格不愿成为众人瞩目的焦点，更愿意沉浸在理智的自我反思中。

蓝色是悲观的完美主义者。正因如此，他们认为真正的完美并不可得，也并不奢望自己能做到或接近完美。对他们来说，避免犯错是重要的，所以，他们时时会看到自己的不足，并在诸多不尽如人意的选择中权衡出一个相对较好的，他们愿意被看作一个可信任的、有分析能力的参谋。

蓝色并不奢望成为别人眼中的完人，认为这样有极大风险。蓝色更愿意相信人心难测，世界是复杂的，人也是复杂的，蓝色会在深入考察之后信任某人，但并不希望对方疯狂地欣赏和迷恋自己，只要蓝色所信任的人也信任自己，把自己放在心上就足够了。

当蓝色发现自己犯错时，他们会问自己"为什么"，并试图通过深入的追问和反思，找出隐患，避免将来再犯。如果无法做到自己认为正确的程度，蓝色会对自己感到失望，并逐渐消沉。这时如果想要帮助蓝色走出困境，一味地说"你很好"，只会雪上加霜；如果你想帮助蓝色，你只有就事论事、找到问题的根源，才能让他们找到出路，重见天日。

沟通特点

> 如果有需要，蓝色性格也可做到侃侃而谈，但蓝色性格内心更享受无须过多语言的交流方式，这会带来"只可意会，不可言传"的舒畅感。蓝色性格内心最深处认为，假如我要了解一个人，我会观其行；假如我希望传达一种意思给别人，也会用行动，别人理解了，自然就明白了，根本不必多说什么话。可惜，当对方是其他性格时，往往会一头雾水，觉得跟蓝色性格沟通无比困难，因为蓝色性格什么都放在心里，并且很郁闷："我都这么明显了，还不明白吗？难道不会用心感受吗？"

■ 蓝色不擅长直接说出自己的需求，习惯于婉转表达，并认为对方一定心知肚明，很多时候，干脆不表达。过生日的时候，蓝色会给重视的人送一件早就留意到对方喜欢的礼物（也许是路过橱窗时人家多看的几秒，也许是人家在微信中提过的一嘴），总之，他们认为，假如你认真聆听一个人，就一定会参透对方话语中委婉的玄机。所以，当对方没理解自己的意思时，蓝色会失望，并把负面情绪深埋在心底。在《越狱》中，蓝色的迈克尔对萨拉的示爱，非常含蓄，两人一起经历生死磨难，但他对她只说了一句："You and me, it's real."（我和你，是真的）如此简短，胜过千言万语。

■ 蓝色逻辑性很强，这种逻辑性并非来自刻意的后天训练，而是与生俱来。强大的逻辑推理，让蓝色看起来比较难对付。比如，两人约会时，假如对方迟到，在关系还不亲近的情况下，蓝色不会轻易表露自己的情绪，多半会闷闷不乐，让对方自己去想哪里出了问题；而当婚后，如果对方迟到，蓝色则可能问很多问题，为什么迟到？之前为何没预留堵车时间？……其实，蓝色的本意只是想通过逻辑来搞清事实，以免对方日后继续犯同样的错，但对方却可能视之为"质疑"。在逻辑的背后，蓝色认为凡事都有理由，本能地探寻事件背后的真相，但是，在爱情中，这会成为一种阻碍——毕竟跟"福尔摩斯"生活在一起，很累。

■ 当你与蓝色缔结了亲密关系后，蓝色的关怀无微不至，而且润物细无声。蓝色的细腻关怀不会对大多数人开放，但对至亲至爱，他们可以做到难以想象的体贴。口渴时，你还没说渴，蓝色已经恰到好处地递上一杯水，你都不知道他们是怎么知道你渴的。与蓝色相比，红色再怎么小心和细心都比不上。比如，一位红色丈夫每次给孩子冲奶粉，蓝色妻子都会委婉地提醒他"烫了"或"凉了"，因为他很想做好，所以即使妻子不满意，他还是努力一次又一次地尝试。尽管他一次比一次小心在意，却始终无法做到蓝色妻子所要的"刚刚好"的温度，最后，他只好放弃，让妻子来做，内心感到无比沮丧。蓝色的细腻和细致，可能会让身边的人产生距离感和疏远感。

作为朋友

蓝色性格朋友不多，但凡能被蓝色性格列入"朋友"名单，都是极其知心和信任的人。蓝色性格宁可少一些朋友，也不愿拥有很多朋友。蓝色性格会为了维护一段"完美"的友情，不惜牺牲小的利益或对一些小事表面不计较，但当你伤害到大利益的时候，蓝色性格通常会不计后果地与你绝交。蓝色性格不会跟某人特别亲近，也不会跟某人特别疏远。对于人际交往，蓝色性格更多看到的是风险，而不像红色性格那样恣意地享受其乐趣。

■ 蓝色把"朋友"这两个字看得很重，对轻易示好的人，首先会怀疑："为何他对我这么好？是否我身上有东西可以满足他？如果我不能同等地回报，宁可不要欠下这样的人情。"经过多次的观察、试探和侧面了解，直到信任建立，蓝色才会逐渐确认这个人是朋友。

■ 一旦为友，蓝色会将内心深层的东西一点点掏出来与对方交流，但即便如此，也依然不是全部。蓝色内心最底部的东西，永远也不会示人。蓝色不像红色那样，享受跟人掏心挖肺的感觉。只有与对方越熟，关系才会越好，话才会相应越多。其实，蓝色也可侃侃而谈，前提是百分之百确定对方可以信任，并且对自己讲的内容有足够的把握。但是，关系不熟的人会觉得蓝色是闷葫芦。所以，请不要说你走不进蓝色的内心，其实，只是你们还没有那么熟而已。

■ 蓝色对朋友忠诚，他们不是图新鲜的人，对自我的戒律很强，不易受到外界诱惑。背叛对于蓝色而言，既意味着自我原则的毁灭，也是一种极大的风险。蓝色相信时间可以证明一切，假如暂时无法确定对方的真诚，那就用"时间"作为最好的判别方法，在漫长的岁月里，去慢慢体会和观察。假如已经成为相互信任的好友，那这份友情也经得起岁月考验。

作为家人

蓝色性格对家人的爱，体现在"无声胜有声"的涓涓细流一般的行动之中。重视规则的蓝色性格，认为"家不仅是讲爱的地方，也是讲理的地方"。没有规矩，不成方圆，蓝色性格是家庭秩序的维护者，为全家人提供坚实的后盾和精打细算的安排。

■ 蓝色重视家庭隐私，即便家人之间出现矛盾纷争，也不会让外人知道。保护家人隐私，维持一定程度上的隐秘性，对蓝色无比重要。在保守秘密方面，天性深沉内敛的蓝色，的确可以做到守口如瓶，喜怒不形于色。

■ 蓝色很难适应吵吵闹闹的气氛，更希望家人之间无须说太多，彼此都有思想上的默契和行动上的一致性，即便为了家人而彼此付出和牺牲，也是理所当然，无须言明。

■ 成家以后，蓝色对待伴侣的方式和对待父母的方式十分相似。作为"主内"的高手，蓝色关注细节而且体贴，会给予伴侣温暖的家庭氛围和强大的安全感。

03　黄色性格的情感画像

> 　　黄色性格的人生是一场只准赢不许输的竞赛，他们不畏战斗，不惧败绩，不怨天尤人，不以弱者和伤者自居，强是应该的，赢是必需的，输是努力不够，从头再来，永不言败。别人时常会误解黄色性格是"无情人"，其实，黄色性格的情感是用做事的方式来表达的，他们排斥那些只会说好话的人。黄色性格认为：情感是虚无缥缈的，为你做事，带来实际的好处，才是为你好的最好方式。

　　▲　拥有成就才算收获生命的意义。不单单是黄色男人沉迷工作，黄色女人也常常被人贴上"女强人"的标签，但她们并没觉得"强"会成为择偶的绊脚石，反会认为，只有自己优秀，才能遇到更优秀的男人，正所谓"你是谁，才能遇见谁"。当你看到黄色整日整夜加班，栉风沐雨，筚路蓝缕，为他们的苦哈哈大叫不值的时候，黄色自己却乐在其中。黄色是四种性格中最容易成为领袖的一类人，他们认为金鳞岂是池中物，所以一直憋足了劲儿，就等着化龙的那一天。

　　▲　速度与激情，时间与效率，都是黄色的兴奋点。黄色雷厉风行，思维清晰，如果有捷径可选，绝不绕路。黄色明知盘山公路的风景会更美，却无心观赏，争分夺秒飞驰在通往目的地的高速公路上。在快节奏的生活中，黄色不知寂寞是什么味道，因为压根儿连感受寂寞的时间都没有，上班没空闲，下班闲不住，非要安排得满满当

当才安心，恨不得把一分钟掰两半用。为了工作，黄色可以时刻调动激情，而工作的成就，就足以让黄色高潮。但这并非意味着黄色不需要伴侣，如果有一份能够彼此成就、共同探讨工作、一起进步的伴侣关系，对黄色来说，可谓天作之合。

▲ 黄色更想掌控别人，最恨别人掌控自己。黄色骨子里有改造和影响他人的欲望，多会以自己的观点，作为评判对错的唯一标准。通常，黄色认为自己是对的，一定会坚持；如果黄色发现你是错的，一定会让你改正过来，按照自己认为对的方式去做。对于情感关系，黄色认为"既然你是我亲密的人，我就有责任帮你变得更好"，很多时候，伴侣会受不了黄色的批判和改造欲，提出抗议，但黄色不会因此而退缩。

自我形象

> 黄色性格认为自己是生活中的强者。这种强，并非表面的强大或以气势压倒他人，更多的是一种不怒自威的压迫感。黄色性格凡事喜欢争先，有着与生俱来的超越别人的欲望，认为自己拥有改造外部世界的责任和使命。对黄色性格而言，没有做不到的事，只有不想做的事，骨子里认为自己是出色的，即便暂时无法施展抱负，也认为终有一天自己会出色。《红楼梦》中的贾雨村，就是典型的黄色性格，进京求取功名，无奈囊内空空，只得暂寄姑苏城葫芦庙安身，每日卖字为生。即便搁浅在沙滩上，他作的诗，依然是"玉在椟中求善价，钗于奁内待时飞"，也就是说，他毫不怀疑自己必将大展宏图。

▲ 黄色喜欢以干练高级的形象示人，有些黄色是时尚的，但多半会走简约的时尚路线，信奉"less is more"（少即是多）的真谛。也有些黄色，与时尚绝缘，穿着随意。但无论哪种情况，都不太

会以复杂多变的形象示人，因为那样，会浪费太多时间。对于有一定收入的黄色而言，商务装或运动装穿着较多，因为他们的工作时间很长，非工作时间也可能见客户谈合作，所以，穿商务装符合工作的要求，而运动装，能让他们在彻底放松休息的时候保持活力，可以快速行动不受限制。

▲　黄色不太在意别人眼中的自己是多么漂亮或多么普通，除非影响到他们的目标。但有一点，黄色特别在意自己的权威感，会竭力消除一切有损自己权威感的缺点或污点。许多当老板的黄色，不愿聘用自家亲戚当员工，一旦聘用了，会对亲戚的要求比对他人更高，时刻警惕着亲戚的工作表现对自己的威严造成损害。譬如，一位创业三十年的黄色，妻子从未在他的公司任职过，即便偶尔去公司转悠，看看办公室和工作情况，他的神经也高度紧张，时刻警惕，不希望妻子在员工面前有任何危害到他权威的表现。

▲　当黄色遇到比自己更加权威和更有影响力的人时，可瞬间放下身段，转而像绿色一样服从。黄色会暗暗积攒实力，直到自己可越过这座高山的那一天。当黄色遇挫时，骨子里认为"人定胜天"，真的遇到人力无法对抗的打击时，会在短暂消沉后，迅速找到另外的目标，只有为了目标而活着，黄色才觉得生命真正有意义。

沟通特点

黄色性格习惯的交流方式就像清冷的北欧风，所谓"有事启奏，无事退朝"，很难意识到不经意间已经把自己置于高高在上的位置，让人心生距离感。黄色性格不需要别人对自己喜欢，只需要别人对自己尊重。故此，黄色性格的女子对外界赞美自己容貌不以为然，她们更希望别人欣赏和佩服自己的能力。

▲　黄色说话做事最大的特点就是直截了当，希望直达重点内

容，省去中间繁杂的过程，只关心结果是好是坏。即使遇到跳跃思维的红色，黄色也不忘把话题拉回重点，始终关注对自己重要的内容。若有人做事讲话需要铺垫很久，黄色绝不会觉得此人含蓄，只会认为此人能力不足。时间和效率，于黄色而言，胜似金钱，这有时会显得急功近利。黄色的经典口头禅："说重点！""结果呢？！"这很能代表其内心的想法。

▲ 即便是安慰朋友，黄色也时刻带有批评教育的语气。如果你一把鼻涕一把泪地跟黄色倾诉苦恼和悲痛，黄色一定会斥责"收起你的眼泪"！告诉你"哭解决不了任何问题"。黄色认为，哭是最无能的表现，然后，会指导你——让自己更强大才是解决问题的根本办法。如果某事让黄色很受伤，当你听他们描述时，你完全感觉不到他们有悲哀的情绪，黄色的讲述口吻是强者自强，一切往前看。不过，你要记住，黄色并非对任何人都祭起批判大旗，他们的批判，多半是因为看到了对方错误可能造成的后果，然后用"后果放大法"，让人们居安思危，因而在批评时，杀伤力较大。

▲ 黄色如果让你感觉圆滑，那只是为了达成目标的交流技巧而已。为了给人们留下良好的印象，黄色完全可以学习蓝色的精益求精，也可以修炼红色在交际上的八面玲珑，更可以扮成绿色的懵懵懂懂。黄色为了达成目标，会卑躬屈膝，不怕牺牲，不怕付出，不怕得罪人，更不在意外界对自己的任何评价。

作为朋友

看似高冷的黄色性格也有很多朋友，不过大多是和自己一样对未来有抱负的男男女女，他们共进晚餐时谈论的话题，是当今世界经济与政治格局；喝下午茶时，也不忘对接项目，共同谋利；就连逛街时，也会本能地留意市场上最新的商机，否则，黄色性格会觉得今天路上的时间全部浪费了。

▲ 黄色喜欢沟通交流，不过那都是以能够有所收获为前提。黄色不闲聊，很少说无关紧要的话，聊天内容从生活到工作，几乎都是乘风破浪勇往直前，偶尔，也会为了达到某种人际关系的熟络，故意说些客套恭维话。

▲ 黄色不像红色那样，什么朋友都愿意交。黄色会交往比自己优秀的朋友，即学习的榜样，极力奉行"近朱者赤"的经典理论。黄色为了和优秀的人为友，可以不在乎面子。即便是和朋友一起休闲或度假，也时刻不忘自己的目标，不会耽于享乐，如果朋友想要尽兴玩乐而忘记了时间，黄色会选择提前离去。

▲ 单身的黄色没有家庭羁绊，走得更快，由于自己忙于事业无暇顾及，那些跟不上黄色成长速度的朋友，会渐渐淡出他们的生活。黄色独自生活久了，更容易忽略他人感受，等他们觉察到朋友在自己的光环之下只剩下自卑和距离，那些朋友已经跟黄色少有来往。即使被孤立，也不能阻挡黄色在追逐成功的道路上加快步伐，继续孤军奋战，同时告诉自己，伟大的成功者注定一生与孤独为伍。

作为家人

黄色性格认为重视家人不等于整天都腻在一起，他们更喜欢各忙各的，人人充实，有需要时，守望相助，彼此支持。黄色性格对家人的爱，往往是通过为家人创造更好的生活条件来表达。很多其他性格会控诉，黄色性格在家人生病时不是陪伴左右，而是依旧在那儿埋头工作，但黄色性格则会出示自己为家人支付的长长的医药费单据，以此来证明自己努力工作的意义和价值。这恰恰就是不同性格对"爱"这个字在理解上的巨大差异。

▲ 黄色的理性让他们可以轻易地接受各种家庭形态：单亲、周末夫妻、婚生子女和非婚生子女的混合家庭、无性婚姻等。对黄色

来说，家庭的形式不是重点，重点在于家庭成员是否都勇于承担责任，当有大事发生时能否做到相互支持。对他们来说，家庭也是一个团队，而他们是当仁不让的领导。

▲　黄色不会因为家庭而丧失自己的独立性，也不会因为家人的意见而改变自己的决定。与自己有关的，比如跟谁结婚、是否跳槽换工作等，固然由他们自己说了算；事实上，涉及家庭事务方面，只要他们有机会拍板，也会倾向于自己先做了决定再告知其他家庭成员。

▲　成家以后的黄色，倾向于和伴侣谈好分工，各自承担自己的一部分责任。同时，黄色与生俱来的改造欲，会让他们想不断引领伴侣向更好的方向发展，有时难免忽略对方的感受。

04 绿色性格的情感画像

> 绿色性格可以用"温良恭俭让"来形容，他们秉承低调的原则，无论男女，几乎不穿时尚前沿的衣服，主色调基本是大众色，永不过时的式样，绿色性格不追求回头率，远离标新立异，只愿做个平凡的路人。

● 绿色从不与人吵架，也杜绝发生冲突，争风吃醋的事更与他们绝缘。绿色给人一种温柔和让人愿意接近的感觉，有自己稳定的生活模式，无论钱多还是钱少，无论英俊还是普通，无论出众还是平凡，只会满足于自己所拥有的，无欲无求，从不羡慕别人。因为绿色从不与别人比较，自然也就不会嫉妒和抓狂。

● 绿色不会成为"霸道总裁"，也不会成为众人瞩目的"花蝴蝶"，容易配合和顺从。绿色在人堆里最不引人注目，从穿着打扮到为人处世，他们从不离经叛道，从不夸张表现自己，是存在感偏低的一类人。但是，绿色的幸福感并不低，因为他们本来就没有争强好胜的欲望，能真正做到百分之百地活在当下。

● 绿色和其他性格一样，也愿意拥有所有美好的事物，但假如没有，也不会造成丝毫影响，在所有性格中，绿色对欲望的渴求程度是最低的。在没有外力推动下，几乎不会更换没坏掉的个人物品，尽管流行一茬接着一茬，但绿色始终觉得"只要还能用，没必要换新的，太麻烦了"。

● 当别人都在谈论到哪儿旅行时，绿色并不挑剔去哪里，只要是朋友推荐的都可以，有时可能也会提一两个方案，但只要朋友否决了，绿色也就不争辩了。反正，去哪儿都一样，只要跟大家一起，玩得开心，去哪儿都行。

自我形象

绿色性格习惯于缩小自己的存在感，普普通通、平平淡淡就是最好，所以，发自内心地愿意成为一个普通人。这与其他三种性格完全不同！一位学员曾和我分享，她绿色性格的女儿，学习成绩班上中等，她总是拿成绩最好的人来刺激女儿："为什么你不能像谁谁谁那样，每次拿第一？"女儿的回答令她惊讶："妈妈，每个人都想拿第一，那总要有人排在后面，我就落在后面好了。看着他们优秀，我愿意做那个为他们鼓掌的人。"

● 绿色的自我要求不高，所以很少会去追逐时髦和流行，也不会是那个特立独行穿着古董的人。绿色喜欢选择大众而不出错的穿着，有些小小的温馨和温暖感，并且不会有太多变换，每到一个季节，来来去去就那么几件，也不会穿厌。黄色的衣着也比较简单，但和绿色的最大不同是：黄色会穿那些凸显自己身份地位的服饰，而绿色更希望无声无息于众人之中；黄色青睐干练紧凑的穿着，绿色喜欢柔软舒适甚至有些拖沓的穿着，给人亲切的感觉，其实绿色要的只是随意罢了。

● 绿色不太在意别人眼中自己的形象。即便有人提出让他们改变风格或注意形象，他们虚心接受之余，很可能屡教不改，因为他们只是表示接受别人的好意，而不代表真心觉得外表有多么重要。"你的形象价值百万"这句话，能呼唤起红色的亢奋和黄色的重视，却对绿色毫无效果。

● 绿色关注他人感受，但他们往往不像红色那样，会想去特意地提升别人对自己的好感，绿色只是尽量避免别人对自己有不好的感觉，这两者之间，是有着本质区别的。

● 万一周围的人都与绿色切断联系，把他们扔在一个自己无力解决问题、身边又没人可以求援的困境中，绿色会自我放弃，紧缩在一个更小的空间内苟延残喘，直到有能为他们指明方向的"救星"出现。

● 绿色理想的自我形象，是符合道家精髓的怡然自得、宠辱不惊；而绿色最糟糕的自我形象，是陷入困境中无力自拔的"可怜虫"。

沟通特点

绿色性格擅长被动沟通，可以一直倾听，不打断你，等你主动诉说，而不去打探你不想说的事情。假如反过来，要求绿色性格在公众场合侃侃而谈，或让他们去为大家争取权益，他们就立即"死机"，因为他们几乎无法做到这些。

● 绿色常用"嗯、啊、哦"来回应别人说的话，假如你一定要问这几个字代表什么，很遗憾地告诉你一个悲催的答案，它们不代表任何意思。假如你以为绿色的"嗯"代表他们听懂了、他们会去做，那你就死定了，因为你的期待很可能会落空。绿色不知道该怎么拒绝别人，所以就用不带任何倾向的词语来表示回应，其实，他们内心根本没想要去做。

● 绿色的另两个高频词汇是"随便"和"无所谓"。当他们这样说的时候，代表真的没关系，你怎么决定都行，你怎么决定他们都不会不开心。这点，跟红色有所区别，红色口中的"随便"和"无所谓"只代表他们当下的情绪，随口说说，当情绪发生变化后，对待同一件事情，红色立刻就变成"有所谓"了，而绿色是真的无所谓。

● 绿色几乎从不给出负面评价，当别人一定要他们从两个东西中挑一个并做出反馈时，绿色会说"都挺好的"，实际上他们心里是有好恶的，只是没那么强烈，他们也不愿把倾向性表露出来，让别人为难，所以，绿色宁可采用含糊其词的说法。

作为朋友

> 绿色性格是其他性格的百搭伙伴，不论是想一出是一出的红色性格，还是沉默寡言的蓝色性格，甚至是孤家寡人的黄色性格，都会在某些时候需要绿色性格这样既省心又没任何要求的陪伴者。绿色性格，在生活中愿意被领导、被别人决定和引导，但假如没人陪，也可以很好地"自生自灭"，沿着熟悉的路径，过着两点一线的生活。

● 朋友失恋时，可以找到绿色痛哭一场，大大地倾诉一番。绿色边听边排毒，听完了，就像没事发生一样，绝对没有负能量残留。

● 一起去酒吧或热闹场所，假如带着一个打扮朴素的绿色同伴，往往能突出自己的潇洒靓丽。这样做，未免有点儿不厚道，但绿色确实发自内心不在乎充当别人的背景墙，暗淡自己，衬托他人。

● 无论什么时候，当其他人都因为忙自己的事情而缺席时，绿色随叫随到，让孤独的人感到温暖无比。虽然不擅长制造快乐，但他们绝不会给你带来痛苦和烦恼，更重要的是，绿色的耐心一级棒，陪你多长时间都不会觉得无聊。

● 上学时，作业做不完，绿色好友可以替你做；工作时，差事应付不来，绿色好友可以帮你查资料、写报告；相亲时，万一看不上对方，发个暗号，绿色好友会随时出现，替你抵挡花痴。绿色的随和、平和、温和，让他们变得无比贴心。交上这样的朋友，先不提能力，反正心理上什么事他们都愿意替你去做，且毫无怨言。

作为家人

> 绿色性格是常年宅在家中的"沙发土豆"。家有绿色性格，如有一宝。因为绿色性格不占地方，不和人发生冲突，堪称节能环保。如果家人有需要，只要不超过他们的能力范围，他们都愿意效劳。绿色性格孩子即便受到家长的严厉训斥或打骂，也不会离家出走。事实上，在家庭冲突或口角中，即便一开始，你对绿色性格发泄，没一会儿，你自己也就没劲了，因为一场没有对手的比赛是无法进行下去的。绿色性格会用懵懂无辜的眼神看着你，直到你体会到"一拳打在棉花上"的感觉，你自己会沮丧地收手的。

● 在家庭中，绿色总是竭力避免周围的人发生冲突。一位绿色学员告诉我，从小，他的爸妈就经常争吵，他妈总是指责他爸做不好一切事情，而一旦遭受指责，他爸就会情绪化，家里爆发一场大战。所以，这位绿色学员每当看见爸爸做得不够好时，就主动为他掩饰，譬如他用一个有缺口的杯子喝水多年，每当妈妈的目光投注过来，他就把缺口掩住，不喝水时，他把杯子小心地放在碗橱最里面，因为他知道一旦妈妈发现杯子有缺口，就会立即斥责爸爸洗杯子不小心。

● 绿色能为家人做的最好的事，就是尊重家人的一切决定，并配合家人去实现他们希望的目标。一位朋友告诉我，他曾经很恨他绿色的父亲，因为在高考填报志愿、是否出国、是否回国找工作，这几件关乎人生命运走向的大事上，每当他请求父亲给予意见，父亲总说："你自己选择，你选什么都可以，我都支持。"而他因为不懂如何选择，走了些弯路，但若干年后，遇到更多的事情，发现在某些其他家庭，因为父母执意要让孩子按照自己选择的路走，发生了很多不幸的事情，他才意识到绿色父亲对于自己的不干涉和无条件支持，是那么珍贵。

● 绿色成家后，容易在伴侣和父母间左右为难。因为绿色自己没有太多主观意识，觉得怎样都行，但只要伴侣和自己的父母都不是绿色，双方一旦产生冲突分歧，而绿色又无法做出决定支持哪一方，多数就会采用鸵鸟策略，希望通过"拖"字诀解决一切问题，而这必将会让家庭僵局更加难分难解。

第二篇

不同性格的
婚姻观

01 红色性格的婚姻观

红色性格在婚姻中，最在意拥有对方的关注和欣赏，同时能够充分做真实的自己。说白了，既想让对方围绕自己，又不想失去内心的自由。

♣ 红色强烈期望自己的婚姻能有激情，而非两条死鱼一潭死水。当婚姻没有悸动，只有左手摸右手的麻木时，红色会无比沮丧、不安和恐惧。无论传统文化再怎么强调从一而终，都不能阻挡红色内心最深处对情感互动的强烈念头，这是红色与生俱来的核心需求。故而，因婚姻不满而红杏出墙的众人中，无论男女，以红色居首。在这个问题上，蓝色会因规则而牢牢给自己套上紧箍咒；黄色会视出轨的代价是否值得再定；绿色怕麻烦又懒得变化，故而出轨最少。唯独红色，会窒息于没有生命力和激情的婚姻。

♣ 在婚姻中，红色需要被赞美的指数最高（红色渴求赞美的原因在《性格色彩原理》中的"赞美论"有详细说明）。自从进入婚姻围城，红色担心自己不像单身时那样有魅力，担心对方不像恋爱时那样呵护自己，故此可能产生更多不安全感。所以，来自伴侣的赞美，极为重要。也许你擅长的赞美句型是"如果你……就更好了"，但这远远不能满足红色的渴求，他们希望的是《老友记》中Ross对Rachel说的那样："当我每天早上醒来，意识到我居然和Rachel在一起，我忍不住对自己说：'哇哦，真是奇迹般的美好！'"

♣　如果你的伴侣是红色，不要忽视他想"出去走走"或想和朋友聚会的要求。当红色不能经常同朋友外出时，会觉得自己像只失去自由的笼中鸟，所以，给红色充分自由，非常重要。很多时候，如果你忽视了红色伴侣想出去的需求，以爱的名义将其束缚在家，会导致对方内心强烈反弹，也会成为日后关系破裂的隐患。如果你希望你们的关系是甜蜜的，你需要时常给你俩计划些特别的活动或旅行，一起出去走走。

♣　如果你自己就是一个红色，记住：为了满足你的情感需求，对方可能要花掉很多时间和精力。其他性格的伴侣可能没很多时间和兴趣来满足你的需要。如果你老是缠住伴侣不放，变着法要对方来赞美你，可能会让对方反感。你要随时提醒自己——伴侣也有他内心的需要。

♣　有一种红色，因为恋爱时曾经沧海，婚前的无数折腾早就把他累得煎心衔泪，故而，无比向往宁静，唯独这时，才会向往绿色的温和。除此之外，他们宁可和其他性格持续冲突，也无法想象自己和没有激情的绿色生活在一起是多么恐怖。不过以上所述，如果你是个几乎没经历过什么情感波浪的红色，暂时可能还无法理解。

02 蓝色性格的婚姻观

蓝色性格理想的婚姻与恋爱，是两个人无声地相互陪伴，就像奥斯卡获奖影片《水形物语》中哑女清洁工与鱼人之间的恋情，纯粹而静谧，两人偶尔用手语交流，多数时候，只是深情地相互凝望，专注地相互抚摸。

■ 四种性格中，蓝色最有可能接受柏拉图式婚姻，对他们而言，精神的默契和合拍，排名第一，甚至可以取代肉体的快感。因为情感的专一和近乎洁癖的要求，蓝色一旦在婚姻中遭遇背叛，或发现对方可能背叛自己，都无法视而不见。

■ 因为蓝色有强烈的公平需求，一旦发现对方有婚外恋，蓝色会认为这种巨大的伤害对自己是不公平的，相比其他性格，蓝色更不可能为此释怀。但与此同时，蓝色要想舍去一段感情或放弃掉一段婚姻，也是四种性格中最难的。

■ 蓝色之所以单身，大多是抱着"宁缺毋滥"的想法。他们拒绝将婚姻视为等价交易的市场，骨子里的清高，让他们很难像红色那样追求快乐，也很难像黄色那样目标导向，更难像绿色那样无所谓，所以，蓝色常与孤独为伴，等待着那个唯一的出现。

■ 一旦走入婚姻，蓝色会以默默不张扬的努力，让婚姻更加坚实可靠。如同建一所房子，蓝色是那个打地基的人，会为婚姻这所房屋提供牢固保障，并且时刻关注伴侣的需求。

■ 蓝色的基本诉求，是把所有安排好的事都做好。如果你的伴侣是蓝色，而你的干扰让蓝色无法把一些事及时完成，他会感到无法忍受。所以，请尊重蓝色的日常安排，不到真的紧要关头，不要去打扰他。如果有可能，尽量配合你的蓝色伴侣，遵守他的时间表，这会让他减轻很多压力。

■ 如果你本人就是蓝色，你需要认识到，没人能够永远把一切事情做到最好，生活并不总是十全十美的，当伴侣没按照你的时间表来执行，并不一定都是他的错。有时，时间或环境可能不允许别人按你的方式完成事情，但这并不意味着人家不爱你。永远记住——我们生活在一个并不完美的世界里，不可能永远按你希望的那样生活。

黄色性格的婚姻观

> 黄色性格坚定地认为，最好的婚姻能够让彼此发展强大。不能同利，岂能同行。
>
> 就像舒婷在《致橡树》中写道："我如果爱你——绝不像攀缘的凌霄花，借你的高枝炫耀自己；我如果爱你——绝不学痴情的鸟儿，为绿荫重复单调的歌曲；也不止像泉源，常年送来清凉的慰藉；也不止像险峰，增加你的高度，衬托你的威仪。甚至日光，甚至春雨。不，这些都还不够！我必须是你近旁的一株木棉，作为树的形象和你站在一起。"

▲ 黄色内心最基本的需要就是——掌控。如果你发自内心能理解这点，你和黄色的爱情或婚姻，将会少掉无数烦恼和痛苦，并且享受黄色爱你的方式。

▲ 如果你不明白"掌控"是黄色决定自己一生是否快乐的内心关键；如果你不明白"对于黄色的爱情和婚姻来讲，你，也是他们人生中必须掌控的一部分"，你们的人生将在争吵和斗争中度过。

▲ 当你明白黄色内心的需求，你就会知道，"控制"不过是黄色的一种处事方式，黄色需要有事可以让其来定夺，提供一些空间，让其有机会实现控制欲。理解这点，是你和黄色拥有美满婚姻的基础。

▲ 黄色在周末拖地板的快乐和需求，远胜坐在沙发上网。黄色热爱干活儿，痛恨浪费时间，同时也希望别人跟自己一样精力旺

盛。黄色之所以和绿色在婚姻中成为伴侣的概率最高，《性格色彩原理》中早已仔细阐述，最重要的理由，就是绿色容易控制和影响。

▲ 正因为黄色的择偶条件和自身强度，拖到实在不能再拖的时候，黄色要么以现实的条件理性地选择婚姻，要么干脆嫁给事业。当武则天还是一棵小草时，会顺着王者的脚印落地生根；当她不断长成参天大树时，便有了"何须嫁豪门，本尊即豪门"。

▲ 黄色想从你身上得到感谢，希望你感谢他为你做的一切。黄色希望你承认他的能力："不敢相信，你居然全做完了！"这样的表达方式，会让黄色很有成就感，并且内心满足。千万别误会黄色喜欢没完没了地听溢美之词，夸张的赞扬只会让其感觉虚假，他更希望你用行动来表示认同。譬如，当黄色给你提出一个建议，你切实执行后取得好的效果，再反馈给他："那天要不是你建议我……也许我现在还不能……现在我能有这么好的……完全是因为你的功劳！"这样的感谢，会让黄色觉得自己的建议很有价值，愿意多靠近你，关注你的需要，给你更多帮助。

04　绿色性格的婚姻观

　　绿色性格理想的恋爱及婚姻，就是两个人细水长流地一起过日子。最好彼此间都没任何要求，也不需要整天以神仙眷侣的形象示人，活得轻松惬意最重要。每天一起做做饭，买买菜，平淡之中，自有隽永，这就是绿色理想的生活境界。

● 绿色什么都可以的心态，造成他们在择偶上不会挑剔和过分要求。当年龄趋大，受到类似家庭催促这种外界环境的压力时，绿色通常抵抗不了压力，为省掉麻烦，让自己清静，同时，也让别人不为自己担忧，他们会较快做出决定。

● 绿色女人符合中华传统价值观中温良恭俭让的特点，所以，容易被视为理想妻子的人选。但也正因为她们的性格过于被动，会让她们失去一些争取自己幸福的机会。在金庸小说《笑傲江湖》中，深爱令狐冲的仪琳小师妹就是因为有很多绿色，太为对方考虑，所以一直没表白自己的感情。

● 当然，在另一种情形下，绿色可能反会变成一种优势，就像《鹿鼎记》里绿色的双儿，因为温柔体贴、平和包容，越来越让韦小宝难以割舍，最后，在韦小宝的七个老婆中，无论是绝世美貌的阿珂，还是权势滔天的建宁公主，都无法与双儿相比。双儿从一个被送作礼物的丫鬟，变成韦小宝最心爱的老婆，全拜她的性格所赐。

● 绿色的宽容平和，使得他们较少离婚，并且几乎不会主动提出离婚。绿色实在怕麻烦别人，没有天大的事，能过就过，能忍就忍，不愿把自己的苦事讲给朋友听，他们想通过时间来改善或延缓某些事情的发生。在被逼无奈不得不离婚时，绿色如果学不会坚强和自立，今后的路就会很惨。绿色如果有婚外恋，对方绝少是绿色。如果这个外遇是富有推动力的性格，绿色有了可依靠的后盾后，行动力会增强；反之，必然继续已经习惯的那种得过且过的生活模式。

● 如果你是绿色，记住，当你不对别人说时，别人很难知道你的需要。你安静的个性，能帮助你和别人相处得很好，但也会妨碍到别人了解你。所以，请更多地与别人交流，讲出你的需要。向你的伴侣讲出需要，也许会导致矛盾的产生，但如果你什么都不讲，持续做不真实的自己，将会付出更大的代价。也许当你开始运用性格色彩自我修炼时，会发现一种更有意义更快乐的方式。

第三篇

性格色彩
婚姻指南

01

暧昧
——如何处理不同性格的手机炸弹

手机的发明让女人多了一项侦察工具，万一被你反侦察到，人家还振振有词："不做亏心事，怎怕鬼叫门？你没做坏事，怎么会怕被看呢？怕，就说明你肯定有问题。否则你有什么好怕的？那我的手机你拿去看好啦……"

这种说法成立吗？

当你理解了人的性格分类，就会知道：有些性格的人无所谓你看不看，要看就看呗；但有些性格的人就算心里没鬼，也不愿给你看，手机是隐私，你无权查看。

可惜，世人总误以为所有人对同件事的反应差不多，舆论导向和文艺热点，都往"手机里有鬼"的方向引导，因此而诞生的影视剧不知凡几。

在意大利影片《完美陌生人》中，手机变成手雷，轰然炸响，把所有美好婚姻的外衣悉数剥光，一条遮羞底裤都不留。

故事中，七人家庭聚餐玩游戏，手机全摆桌上，每个电话、每条短信都要向众人袒露。结果，每声电话铃，都如一颗炸弹，将所有人的包装震碎。

名叫柯西莫的男人，正和女主人艾娃偷情时，接到情人通知他自己怀孕的电话，而与此同时，柯西莫的妻子和前男友正在保持着密切联系。另一位丈夫米勒，在赡养母亲的问题上和妻子有分歧，两人面和心不和。他有自己的秘密情人，而他的妻子也和一个有家室的男人每日聊天。至于那个单身来赴会的男子，是一个同性恋……

影片的切入点，是成了"手雷"的手机，揭露了充满谎言的生活。或许这的确是真实生活的一部分，但不是全部。要命的是，当你陷入这个思维胡同，即使憋着不去偷看伴侣的手机，你也总觉得有鬼。即使把手机看了个底朝天，啥都没发现，你也根本不相信真的没鬼，你会想，只是这次还没发现罢了。

手机到底该看不该看？为了找到最佳答案，我们不妨先来看看，红蓝黄绿，哪些性格会看伴侣手机，哪些性格不看，为什么看，为什么不看？

>> 不同性格面对手机的态度

♣ 红色性格对伴侣的手机——忍不住看

这种人，情绪激动，要么大声叫好，要么张口讨伐。

一个说："说得太对啦，我老婆好恐怖，半夜我睡着了，她拿着我的手，用我的指纹开手机锁！"另一个说："纯属瞎扯，你听好啦，你自己心里有鬼，就劝天下女人都糊涂点！"

虽然这两个网友的观点完全不同，但从性格来看，这两个回复者都是红色。他们的共同点——情绪易受他人影响，把自己代入别人的故事里，有话不说憋得难受，喜欢不喜欢都会表露在外。

对"看手机""查行踪""打夺命连环Call"这类事，同样是红色，也因为自身成长经历和环境不同，而立场不同。

①如果此人自身条件不错，追求者众，相当自信，往往会认为"偷看手机是对自身魅力缺乏信心"，这些人会鄙视那些整天没安全感、黏着伴侣的人。

②如果此人从小缺少认可，常常怀疑自己不被喜欢，担心伴侣的爱不长久，就会变成整天疑神疑鬼的神经质。还有一些孕期和产后恢复期的女性，也可能因为情绪波动或神经紧张而出现这样的情况。没事就忍不住拨手机，打探对方行踪，发现关机，就认定必有猫腻，忍不住兴师问罪。

总之，红色是否信任伴侣，取决于情感中对方给自己的认可够不够，这将直接决定红色的信心够不够。

■ 蓝色性格对伴侣的手机——不需要看

蓝色会站在局外，以观察者的角度含蓄表达些云里雾里、玄而又玄的观点，譬如"强行握在手中，这叫执着；摊开手掌不溜走，这是拥有"。蓝色，想问题想得深远，没事就散发着忧郁。与己无关，根本不会在网上做评论，即便评论，也极为抽象，看不出到底是站在哪边，更多的是表达一种思考。

对偷看手机这事，蓝色习惯于上纲上线。偷看手机，顺藤摸瓜，追溯下去，两人信任，必然裂痕。蓝色在意隐私，对伴侣的隐私同样尊重，但并不大条。事实上，以蓝色的敏感，早就从你回家的时间、微信的频次、爱好的改变，瞧出个中破绽，然后事先布局，暗度陈仓，留心侦察。假如换成蓝色自己被怀疑、被查手机、被翻东西，蓝色会合理说明，但内心认为"相守源于信任，既然信任不在了，又何必相守"。

有个男人，颇像谍战神剧《风筝》中的特工。多年来，因为被老婆无休止地莫名怀疑，心如刀割，决定和老婆分开。因为他知道红色老婆喜欢没事就悄悄翻包，索性设局，在自己包里的夹层深处，藏了盒还剩一半的螺纹形杜蕾斯。重点是，藏在夹层深处，会让人觉得心中有鬼；已拆剩半，说明用过了，就无法编造借口说是帮别人带的；螺纹形这款，是他十几年来从未变过的老伙计，符合蓝色始终如一的特点。

老婆一看，果然中计，高声大叫："天杀的，被我抓到了吧，妄想抵赖？呜呼哀哉，离！"这个蓝色男人不动声色，顺水推舟，故作羞愧难当窘迫状，爆发出奥斯卡影帝般的精湛演技，默默接受了提议。至此，顺利离婚……

总之，蓝色女人看上去也许珠圆玉润，没那么有棱角；蓝色男人看上去也许文质彬彬，没那么刚硬，可偏偏他们做的事，那么不留余地。蓝色在情感关系中重视信任，但也容易怀疑，一旦产生疑心，不易打消；一旦有了决定，绝难回头。

▲ 黄色性格对伴侣的手机——不屑去看

黄色回复评论，会以最精简的字眼表明立场，或者干脆不回复。在黄色看来，这事太简单，简单到别说辩论，连谈论都不值得。就像这条回复："要么信，过；要么不信，离！"

黄色擅长以理性之姿面对情感，对他们来说，无所谓情爱纠葛，无所谓抽刀断水水更流，因为他们自己便是小李飞刀，手起刀落，乱麻立除。

黄色不喜欢啰唆，所以，当伴侣怀疑且要求查手机时，他们会直截了当地问对方："查手机有用吗？如果查不出呢，怎样？"潜台词是："如果有用，手机给你，你查；但如果你查不出来，你愿意承担这个后果吗？"如果确实因为某种原因，让伴侣有所担心，黄色会快速给予承诺，让对方安心。但如果伴侣一次次查手机，黄色会认为对方太"作"，会想法制止。同样，黄色不会轻易去查伴侣手机，他们认为世间自有重要事，即便要查，也很少用"当面讨要手机"这种不入流的手法。

总之，黄色在情感中不易怀疑，但一旦起疑，就会彻查，并以结果为导向。

● 绿色性格对伴侣的手机——没想过看

绿色的网上回复，很容易淹没在回复的海洋，因为既没表达观点，也没表达情绪，说了等于没说。除非发话者跟他们私交近，他们才会回复。回复内容多半是"很好""同意""不错"，或把原句重复。绿色是四种性格中最平和的，即便他人打得不可开交，依然与世无争，不入战局。任尔东西南北风，咬定青山不放松，随便你们怎么样，我该怎样还怎样，阿弥陀佛，作壁上观。

绿色和伴侣间少有信任危机，因为无论伴侣怎么"作"，绿色都很配合。所谓"配合"，就是你喜欢上天入地，我就跟着你转；你情绪忽起忽落，我就嗯啊作陪；你查手机，我就缴密码；到朋友那儿，主动自拍发定位。长此以往，即便伴侣再缺安全感，也会索然无味，因为绿色太安全，折磨绿色，也是味如嚼蜡，了无乐趣。

同样，如果自己的伴侣在外有啥风吹草动，绿色是唯一能真正做到无条件包容的性格。虽然红色也可能不记仇，但情绪会有波动，原谅后还会反复无常；唯有绿色，认为事情没那么严重，即便有问题，也会过去，过去的无须再提。

总之，绿色不易怀疑，即便对方真有什么，绿色也会包容。

>> 到底该不该看伴侣手机

综上所述，最可能常看伴侣手机，而且即便看了没用，仍深陷其中的，几乎都是红色。

红色看了手机后，不外乎两种结果：

第一种，看了没任何问题，红色安心。

但由于红色的安全感不牢靠，短暂的安心不能持久，所以，过不了多久，又忍不住要看，再次看，依旧没问题，又能获得片刻安心。长此以往，红色养成了看伴侣手机的习惯，不看难受，看了好受，但时间持续极短，很快又卷土重来。

第二种，看了有问题，此处又分两种情形。

①红色拍案而起，拿着手机去找伴侣的碴儿，闹出感情裂痕，以不快收场；

②因为偷看，自觉理亏，所以，不去找伴侣，自己憋着不痛快，待到来日，在与伴侣相处中择机发泄，搞得伴侣莫名其妙，觉得红色不可理喻，却不知真正的缘由，互生嫌隙，渐行渐远。

你看，无论哪种，都落不到一个好收场。

换个角度，如果伴侣真有问题，不看伴侣手机，是否就会让自己处于危机之中呢？其实未必，因为两人相处，对方是否真心对待你，很多细节会显现，只要你留心观察，不需看手机，也能明了对方心意。

并且，如果你好好学性格色彩，洞察对方性格，就如同拥有了读心术一般，察其言、观其色、看其行，直接走入对方内心深处，不需看手机，也能秒懂对方。

如果说，你就喜欢看对方手机，喜欢对方全然敞开，一览无余，那也要先洞察伴侣的性格。如果伴侣是红色或绿色，你们感情够好，他愿意上交手机当作你俩的情趣，那么皆大欢喜；如果伴侣是黄色或蓝色，注重个人空间，你非要逆天而行，就得先想好，到底是双方感情融洽、信任度强重要，还是看手机重要。

以上就是该不该看手机的答案。结论是：如何行动，取决于伴侣性格，重点不在于看不看手机，而在于双方信任。你觉得怎样可以让双方更加信任彼此，就怎样来。

对于深陷在偷看手机的痛苦之渊的夫妻们来说，学会性格色彩，用途有三。

①如果你自己忍不住看伴侣手机，性格色彩可以帮助你提升自控力，把精力花在该花的地方，不去拆掉夫妻之间信任的桥。

②看不看伴侣手机并不重要，重要的是洞察伴侣性格，运用钻石法则让双方感情更好、更信任彼此。

③如果你自己没有手机烦恼，但你的伴侣总要偷看你的手机，你可以用性格色彩洞察伴侣的想法，用钻石法则帮助伴侣克服这个坏习惯。

怎样让红色伴侣不看手机

苏武在《留别妻》里说："结发为夫妻，恩爱两不疑。"两人从相识、相知到相爱，步入婚姻，还需互相尊重和信任。信任就像一张纸，一旦皱了，即使努力抚平，也会留下一条痕迹，挥之不去。

《中国式离婚》里，林小枫和丈夫宋建平没有在意旁人的眼光，"一辆自行车就把婚给结了"。婚后，林小枫为了支持丈夫的事业，辞去工作，做起了全职太太。宋建平是个业务能力很强的男人，因为工作表现出色，事业蒸蒸日上。林小枫因为辞职在家，感觉自己和丈夫的差距越来越大，疑心病变得越来越重，查岗成了她每日必做的事情。即使宋建平在手术台上，她的电话也一刻都没消停过。长此以往，宋建平被这份窒息的爱推得越来越远。

两人挨过贫穷，却败给猜疑，这样的结局，令人唏嘘！

但道理昭然若揭：夫妻一旦失去信任，那种累，五脏六腑都跟着抽搐。

看手机一旦上瘾，不管你怎么讲道理，也难以说服对方，不管你怎么表忠心，也难以长久打消对方的疑虑和担忧。说白了，红色陷入"看手机焦虑"，又通过这种持续的行为，让你也染上了"被看手机焦虑"，两人一起痛苦不堪。这些爱看手机的红色，你对其呵斥或甩脸都没用，只会刺激红色的情绪，让其加深怀疑，陷入"不看就难受"的泥沼。

真正釜底抽薪的办法是——加强红色在情感中的自信，给予足够认可，当有足够安全感时，他们就不看手机了。

大雾貌似金城武，老婆是红色，没事就捕风捉影，非常容易怀疑。她常在大雾和朋友外出时，电话问他在哪里，还要视频，让他的朋友入镜，搞得他在朋友面前很没面子。虽然每次他都听话照做，但怨气累积，只等爆发。

学完性格色彩课程，大雾终于发现，自己很少认可老婆，因为他觉得夸人不好意思，更愿意用玩笑来表示两人亲密。比方说，老婆烫了一个流行的卷发，他看到后，心里觉得不错，嘴上偏要说："你怎么脑袋上顶了个钢丝球？"

其实，大雾本意是调侃，而红色老婆非常需要认可，听到这话后，内心沮丧。久而久之，老婆感到自己不被老公认可，毫无自信，对他的爱，就变成了控制和要求，想时刻把他拽到自己身边，担心失去。

我在课堂中给了大雾一个建议，让他每天找老婆身上的一个亮点，比如衣服搭配得很好看，做的饭很好吃，诸如此类，无论大小，必须每天夸老婆一次。坚持一段时间后，他发现老婆越来越开心，不但不再查行踪，居然还嫌他烦："别整天腻着我，我还有自己的事要忙呢。"

记住：对红色而言，持续不断的认可，是提升其安全感的良药。

另一位女学员抱怨老公总看她手机。

她事业心强，毕业后一直在"把女人当男人用"的金融业工作，她出差多，也常和男同事同行。相反，老公是个教师，相对没那么忙，尤其寒暑假，老公带着女儿在家，她频繁出差，每次回家，都觉得实在太累了，丢下包包和手机，就去浴室洗澡。洗完澡出来，看见老公拿着她的手机看，心里很不舒服，经常是抢过手机和老公口角。

通过学习性格色彩，她意识到老公的做法是没有安全感的表现。老公是红色，需要得到她的关注和认可，需要在她面前体现出男人的价值感。所以，学完后，她学会了在老公面前示弱，比如，辅导女儿作业时，碰见比较难的题目，她不是自己想，而是第一时间把老公叫过来："老公，这个题好难啊，我不会，怎么办？"让老公发挥作为教师的优势。当老公解答出难题后，再予以赞美和肯定："老公你太厉害了，我想了好久都想不到，你一下就解出来了。"

当她出差在外时，也不再像之前那样杳无音信，消失好几天，而是每天发语音给老公，表达思念之情，有时发自拍照，有时发在外用餐吃到的菜，还要加上一句："虽然这个菜很好吃，但还是没你做得好，真想早点回家吃你做的菜。"如此甜蜜的"炮弹"轰炸了一段时间，老公完全失去了看她手机的兴趣。

当红色看你手机、查你行踪时，给你最直接的感受是"怀疑"和"不信任"，但反观其动机，却是"担心"你隐瞒或不忠。

那么，红色为何会担心？

自然是觉得你对他不够在意。所以，治标还需治本！要从根源上解决，给红色伴侣打好"强心针"，当红色被你的甜蜜爱意和认可崇拜终日包裹时，安全感爆棚，那时，你把手机给她看——"喊，老婆我不稀罕看！"你把手机给他看——"喊，老公我是那种偷看手机的人吗？"哈哈哈哈，仰天大笑出门去，我辈岂是偷窥人。

> 恬言柔舌常认可
> 巧赞多夸释心魔

红色性格如何改掉看伴侣手机的强迫症

本文前半部分，阐述的是万一你被伴侣看了手机，到底该如何做，才能帮你的伴侣改掉看手机的习惯。

但是，如果恰好你自己的性格就是红色，总忍不住看伴侣的手机，你自己也明白这种做法不好，甚至会把伴侣推向别人的怀抱，但你就是控制不住自己，你该怎么办？

接下来的三大步骤，可以让你快速重建自信，用吸力而非拉力，让伴侣重回你的怀抱。

第一步：重建外在自信

如你是女子，先订健身计划。天下没有丑人，只有懒人，女人之美，非为悦人，乃为悦己，坚持锻炼非常有必要。至于美容，有钱可去美容院，没钱可用柠檬片，丰俭自便，任君做主。关键是，你要让自己处在最佳状态，一切乃为修炼你性格中的自律。

如你是男子，勿沉迷于消遣，先专注于事业，认真的男人最帅，拿到结果的男人最有魅力。无论你处于事业的哪个阶段，勤奋专注，机会自当垂青有准备的人，此一切皆为修炼你性格中的目标坚定。

第二步：重建内在自信

要让自己成为一个内心充盈眼里有光的人，锤炼心性，尤其是学会使用"性格色彩卡牌"这一神奇工具，既能强大自己，又能借此助人，得正向回馈，充盈内心。

第三步：重建社交自信

当前两步有小成，即可利用闲暇时间参加感兴趣的有效社交，每日朋友圈所发，皆为开心积极阳光状，抛弃怨夫怨妇状。此吸引力法则，一旦出手，不时就会遇见欣赏自己的异性。让自己暗自得意，让伴侣心下紧张。

此三步，助无数怨者脱离苦海。比如，来访者喵喵。

喵喵向性格色彩卡牌师咨询婚姻问题。

她结婚多年，育有一女，偶然得知老公出轨两年。东窗事发后，夫乞谅，言辞振振，必与那人绝交。喵喵接受，但此后心结未释，一有机会，就翻查聊天记录，虽未发现可疑处，但忍不住一次次去看。

卡牌师摆好夫妻牌阵，端详片刻，问："你一次次看老公手机，希望看见什么？"喵喵顿悟："每次看手机，空无一物，但就是要看，其实，就是想看手机里什么也没有。"

喵喵发现，她只想要一个证据来增加自己的信任感，但这个证据很是苍白无力，因为手机没有，不代表心中没有，更不代表心中有她。

向卡牌师完整咨询后，喵喵从纠结痛苦中走出，找到症结——曾经出轨，损害信任，对自身魅力毫无自信。所以，重建夫妻信任的关键是——重建她的自信。

卡牌师把重建自信的三步法教给喵喵，并根据喵喵自身情况拟定了详细战略，喵喵如法炮制。

三个月不到，老公主动找她聊天的次数越来越多，没事就给她发红包，甚至吃她的醋。至此，喵小姐再没时间也没兴趣去看她男人的手机了。

喜欢没事翻别人手机的朋友，看了上面这个故事，有何启发？

我觉得个性修炼这事，最高级的地方，就是"用勾不用堵"。什么意思？

以前，都是你紧张，你焦灼，你抓狂，你发疯，你去提心吊胆，你去鬼鬼祟祟，你去偷看手机，在法理上站不住，在道义上站不稳。如果你抓到猫腻，夫妻俩肯定两败俱伤；如果你没能人赃并获，捉奸在床，一旦被发现你查看对方手机，就会尴尬，撕下脸皮，这时，你只能耍赖撒泼，大声哭喊"你心里没鬼，怕什么怕""我看，是因为我在乎你"……除了这些台词，也没啥中气很足的话做后盾了。这就是"堵"！哪里有缝，就去赶紧堵上；没缝，也要怀疑处处有缝。你每天高度紧张，始终处于战斗状态，最麻烦的是，你始终没搞清楚，是你紧张对方，现在，咱换个思路，要让对方来紧张你。

咱只不过换一招，角色互换。你来过过气定神闲的日子，把自己搞搞好，让对方凑过来围着你转，勾着对方来找你，不是你去找对方。

"看手机"的背后，有千丝万缕的性格规律。深陷其中，会小事变大事，让原本相爱的两个人日益走向痛苦。但只要掌握性格色彩的力量，就能化解情感中不必要的纠缠，从容淡定地爱与被爱。

如何让不同性格的伴侣不看手机

🟠 恬言柔舌常认可，巧赞多夸释心魔。

02 冷战
——如何有效化解不同性格的冷战

床头吵架床尾和，天下没有不吵架的夫妻。发生矛盾时，有的人越吵越亲密，有的人越吵越冷淡，不愿沟通，也不愿共同寻求解决之道。

露西的婚姻本是幸福婚姻的典范。她和先生是大学校友，先生彬彬有礼，对露西知冷知热。但自从先生创业后，全都变了。男人回家越来越晚，一个月也抽不出一天陪她和孩子。回到家后，也以压力大为由拒绝交流。露西沮丧地检讨自己："我到底做错了什么？他为什么这么讨厌我？"因为双方都冷战，从不直面问题，如今，两人进出都互相回避。多年的感情早已消磨殆尽。露西绝望地说："我们才结婚五年，却好像已经看到了今后几十年生活的模样。"

冷战时期，没人主动缓和，没人主动离婚，两人变成生活在同一个屋檐下的陌生人，有时，还像仇人一样。

如鲁迅所言："独有叫喊于生人中，而生人并无反应，既非赞同，也无反对，如置身毫无边际的荒原，这是怎样的悲哀呵，我于是以我所感到者为寂寞。"冷战，亦是如此。随你咋说，人家就是不和你闹，任凭你再大火气，重拳打在棉花上，急杀你也。

而冷战的分量，亦有轻重之分。

● 轻症表现：吵架后，僵持不语，各行其是，同在屋檐下，彼此视若无睹，两人擦肩而过，如入无人之境，直到一方耐不住寂静之苦，主动求和，战争方告一段落。

● 重症表现：吵架后，A 不理 B，扭头向左；B 瞪着 A，看了半天，见 A 没反应，怒发冲冠，扭头向右，沉默数日，甚至几个月……变本加厉，气无可气，末了，不在沉默中爆发，就在生气中憋死。

不少伴侣最后分开的导火索，常常是：冷战时一方心怀怨气和委屈，刚好在外遇到心动的另一人，既然你对我冷屁股，哼哼，无妨，有人热脸贴着我呢。原本只想气气你，结果假戏真做，最后一拍两散。

那么，到底什么性格最容易发起冷战？不同性格发起冷战时，肚子里分别在想些什么？知己知彼百战不殆，只有当你深刻洞察到你的伴侣为什么冷战，才可能有效化解冷战。

>> 不同性格的冷战方式

如果你的伴侣喜欢冷战，那么，首先可以确定，对方的性格不是绿色。

如果你和绿色结婚，放心，人家几乎不会和你在啥问题上意见不一，无论你说啥，都觉得"挺有道理的""行""按你说的做"，即便无意中惹你不爽，只要你略有微词，绿色立即道歉："婆娘，您赶紧消消火""相公，是奴家不好，惹您生气啦"，啥也别说，都听你的，你让我咋做，我就咋做。和你之间，连根冲突的毛都看不到，遑论发起冷战。

除了绿色，红色、蓝色、黄色，这三种性格，都会有冷战，而冷战原因，各不相同。

♣ 红色性格冷战——间歇性冷战

如果你老婆和你冷战时，有以下七大特点，恭喜你，人生得一红妻，战斗不息，折腾不止，你赚到了"作女"一枚，斯世当以珍宝视之。

1. 长时间不吵架，莫名其妙她就发火。你和她讲理，她说不过你，就不理你，冷战。

（内心戏：姨妈来了，你没觉察吗？）

2. 下班回家晚了，没提前和她说好，回来她就给你脸色看，冷战。

（内心戏：你居然敢不重视我，哼！）

3. 一起逛街，你多看其他女生两眼，她就拉脸，一直阴沉到回家，冷战。

（内心戏：死鬼，吃醋，懂不懂？觉得我不好看啊！）

4. 不能说她不做家务，一说就吵，吵完就哭，哭够了，冷战。

（内心戏：没劲，和你在一起，没有认可，只有挑剔！）

5. 有时你回到家很累，不想说话，她连续问了几个问题，你都简单回答个"嗯""噢"，她就抓狂了，说："你为什么不和我沟通？！"然后，她就回到卧室，关上门，你怎么敲也不开，冷战。

（内心戏：你跟别人有力气说话，回家和我怎么没话呢？哄也不哄我，还要我哄你，老娘懒得哄你了！）

6. 吃完晚饭，你躺在沙发上玩手机，她过来抢你手机，抢不过你，就恨恨地说："你跟手机过一辈子吧！"你沉浸在游戏里不理她。过了一会儿，你玩完一局，想和她说话时，冷战。

（内心戏：难道你觉得手机比我重要吗？难道你不知道是我陪你过一辈子吗？结婚时说"老婆，你是最重要的"，全是屁话！）

7. 一旦冷战，你必须在两小时内哄好她，万一哄不好，当晚就要睡沙发，如果过了一晚，还哄不好，第二天晚上，她就啥也不带一个人出门，不告诉你去哪儿，一跑出去就没影了，每次你都要花很大力气才能找到她。

（内心戏：你不知道女人需要哄的吗？本来没那么气，就是逗逗你，看你这么蠢，你去死吧，气死我了！）

以上七个特点，都是红色的"作"导致的。红色强烈渴望得到伴侣的关注和认可，当"得到的"和"预期得到的"有落差，情绪便会大幅震荡。这种冷战，毫无迹象可循，你既不知何时来，也不知何时去。冷战的长短也毫无规律，这种冷战的形态，一抽一抽，端看她个人心情好坏。

作为妻子，当红色丈夫和你冷战时，情况略有不同。

多数情况下，红色男人在婚姻中不满，是以更强烈爆发的情绪化来体现的，比如有的可能会砸家里的东西或用拳捶墙，而用冷战来表达情绪的红色男人，几乎都是自我压抑的。

大卫常出差，妻子小葵自由职业做设计，在家工作。

有一次，大卫出差刚回，还没到家，有耳报神跟他说，小葵和同条街上照相馆的摄影师过从甚密。

大卫带着疲劳和怀疑回到家，质问老婆，小葵原本盼着老公回来，没想到老公一回来就怀疑她，两人大吵一架，开始冷战，一宿分房。

次日，小葵主动找大卫说话，大卫不理，收拾完东西就出门，当晚没回家过夜。

第三天，大卫回家，小葵质问他为何在外过夜，大卫不理（其实是一口气堵在心里，不想答），索性拿了几件换洗衣服，又打算出门。小葵拦住他不让走，他一气之下，抓起书桌上的镇纸，朝电视机屏幕呼啸而去，一声粉碎，撕裂黑洞，一言不发，抿嘴出门。

出门后即去出差，半个月后回来，两人见面打了招呼，但都淡淡的。

小葵心里愤恨，不想多说；大卫也存个心结，不肯多说。

当晚吃饭，小葵手机叮的一响，跳出一条信息，摄影师问她啥时去取照片，大卫一看就火了："还死性不改啊，真是狗改不了吃土！"小葵也气坏了，一掌拍在桌子上："你还会不会说人话。"大卫被激怒了，一气之下，一拳砸在椅子上，把椅子踢到地上，把家里所有能看见的统统摔到地上，包括小葵最爱的一只玩具猫。小葵见状，发疯一样，以弱小的身躯撞向大卫，高喊"我不活了，你把我给摔死算了"，两人大吵一架，大喊"离婚""离，现在就离"……

红色的冷战，究其本质，不过是情绪化的一种表现形式（关于红色的"作"和情绪化的内心动机拆解，详见《性格色彩识人宝典》和《性格色彩恋爱宝典》）。

■ 蓝色性格冷战——持久性冷战

蓝色，是持久战的绝顶高手，一旦冷战，坚持时间更长。当其他性格的对手觉得不能再冷战下去了，要么赶紧解决问题，要么赶紧解脱，要么赶紧服软，蓝色依然可以静静地高挂冷战牌，一直冷到你地老天荒，冷到你俯首称臣。

红色学员老谢，分享了自己和蓝色前妻在婚姻中互动的痛苦经历：

老谢的前女友因父亲过世，打电话找他倾诉。老谢心生同情，电话中反复安慰，一次不够，两次；两次不够，三次；次次不嫌多，就这样，被蓝色太太发现了。

太太发现后，啥都没和老谢说，依旧像往常一样上下班，回家做饭，只是以往饭后两人会聊天，现在，没得聊了。每天推说自己头痛，饭毕，收拾碗筷，躲进房间，对着电视。

老谢想和她一起看电视聊天，却发现她看着电视，心不在焉，无论说啥，就像行尸走肉一样敷衍。晚上永远身体不适，拒绝行房。

老谢觉得肯定哪儿出问题了，可百思不得其解。过了半个月，生不如死，终于豁出去，跑到太太面前，把自己这辈子做过的所有错事都自我检讨了一遍，也包括和前女友通话之事。这时，太太才掉下眼泪。

后来，老谢痛心疾首捶胸顿足，不断自我检讨和反省，太太对他的态度才慢慢回暖。类似种种，婚姻内起落无数，最后，老谢崩溃，精疲力竭，提出离婚。

当老谢说出"离婚"二字时，蓝色的太太说："呵呵，我早就想到你会这样说。"老谢抓狂，一口老血喷出。

当男女角色反转，变成红女蓝男时，红色女人的"作"，让蓝色男人如鲠在喉，有些时候蓝色的冷战，是因为红色不讲道理所导致。

红色老婆不长记性，经常做些不靠谱的事，让蓝色的老钱抓狂，这些老钱都忍了。受不了的是红色老婆可把小事变成大事。每当红色老婆强词夺理的时候，老钱就不讲话，任凭老婆哭哭啼啼说你怎么不爱我云云，老钱就是不说话，单方面持续冷战。老婆一般总会说到要不离婚算了，老钱不答，老婆就哭得更大声。常常在晚上，老钱想睡觉，老婆想谈心，作闹半宿才能睡。偏偏老钱自己有个软肋，不会哄人，想要哄好老婆，但嘴巴张开一个字也吐不出来，憋了半天出来一句："别闹了。"老婆顿时哭音放大了若干分贝，闹得更凶。

老钱学完性格色彩以后，洞察了老婆，发现老婆其实从未把"离婚"二字当真，只是想强调问题很严重，不能等闲视之。如果老钱胆敢不正面回应，消极回避，老婆就会觉得他是以为自己在闹着玩，其实自己是认真的。

于是，在下一次老婆说要离婚时，老钱用悲伤的眼神看着老婆，说："好吧，既然你已经不想过了，我们就聊一下怎么分家的事。"老婆发现老钱如此认真地对待这件事，一下子愣住无语了。老钱说：

"你想好了怎么分告诉我，我会尊重你的决定的。我先睡了，你要是想好了可以把我叫醒。"

于是，老钱也不再多说，洗洗睡了。夜里，老婆怯生生从后面抱住老钱，说："老公，我冷。"老钱心中暗笑："性格色彩，好用。"转身抱住老婆。

之后，老婆足足安静贤惠了一周之久。

蓝色冷战，不外乎两种原因：

①需要时间自己思索，不愿受对方情绪打扰，也不想以自己情绪影响对方；

②觉得对方不讲道理，自己亦无理可讲，那就用冷战让你冷却，恢复理智。

所以，无论哪种原因，由于蓝色的内敛含蓄，不直接表达，伴侣都很难猜到对方内心所想。毕竟不是蓝色肚里的蛔虫，当没能领会蓝色意思时，蓝色的冷战会一直持续。

除非蓝色深刻了解自己，看清自己内心，像老钱一样巧妙终止冷战，解决问题。否则，双方必然持续痛苦下去。

▲ 黄色性格冷战——目的性冷战

黄色不喜欢冷战，喜欢"有话就说，有屁就放"的直给风格，大战一场，速战速决。"如果我对你有意见，我会直接告诉你；如果你对我不满，也请你直接告诉我，论辩一场，看看到底是谁征服谁。"这是黄色的心声。

对直接正面的冲突，黄色从不畏惧，一旦棋逢对手，超级亢奋。如果对手选择了冷战，黄色的心态是：你要冷，那就冷，看谁熬到西伯利亚！反正，我不管你什么战，都天下无敌。你要冷就冷，我照旧干我的事，没有半分损伤。

红色老公在学性格色彩前，与黄色老婆相处，时不时会怀疑自己和老婆都投错了胎，感觉自己更像女人，老婆更像男人。

老公工作努力，偶尔会玩游戏放松；老婆全职在家，但每天忙碌不已，从不黏他，唯有对他玩游戏之举，深恶痛绝，一旦发现，严惩不贷。

一天，老公电脑上的淘宝账号忘了退出，老婆上网买婴儿用品，发现他刚给自己买了一个新款游戏机，商家还未寄出，老婆毫不犹豫地用他的账号立刻申请了退货。老公看到后非常生气，抱怨老婆不尊重自己，嚷嚷着"这日子没法过了"，抱着被子枕头去了书房，想以此让老婆让步，至少也要说声"对不起"。

但老婆嘴角露出一丝不易察觉的冷笑，视若无睹。老公憋着气冷战了一个礼拜，自认为到了冷战的巅峰极限，但人家一切照常，自顾自持家、带孩、吃饭睡觉。最后，老公因为老婆的冷漠，心碎一地，末了，还是老公"贱兮兮地"去和老婆主动搭话，自此，冷战宣告结束。

黄色虽不喜欢冷战，但当对方无理取闹地发泄情绪时，也会选择用冷战的方式来应对。但是这种冷战并不代表他生气，而是觉得你这样无端的发泄，是傻子的表现，因为黄色觉得有事说事，耍情绪没半点儿作用，所以，选择不理你，觉得你是傻子，我不能和你一起傻，让你自己耍就好了。

一个男学员说，和黄色妻子吵架会很"受挫"。一次闹矛盾，无论他怎么发火，妻子都无动于衷，不接招，不说话，只是用轻视的眼神时不时看他一眼。越是这样冷战，他越气愤，最后气急败坏地讲："行！我对你不重要对吗，你别后悔。"说完摔门而去。

过了一小时，见妻子依然没有联系他，自己悻悻而归，可看到妻子正在贴着面膜，吃着零食追剧，再次热血上涌："我都气成这样了你就这么冷漠是吗！我要不回来你连问都不问是吗！"结果，人家很冷静地说："你先耍，耍够了，再来和我说话……"

黄色骨子里最讨厌"作"，因为"作"的人，全是宣泄感受和情绪，根本解决不了问题。所以，黄色鄙视动不动就闹情绪的人，选择冷战，只是不想和你浪费时间罢了。

三种不同性格的冷战风格

♣ **红色性格：** 间歇性冷战。神经发作，忽而热战，忽而冷战，变化多端。

■ **蓝色性格：** 持久性冷战。一路无言，表面隐忍，内心郁结，持续很长。

▲ **黄色性格：** 目的性冷战。要战便战，一旦冷战，不达目的，誓不罢休。

>> 伴侣冷战时不同性格错误的作战方式

● **绿色性格面对冷战的反应——不战不战，屈人之兵**

因为绿色并不善于猜测他人意图，所以，只要伴侣不理不睬，绿色只会一脸茫然不知所措，完全不知对方为何生气，也不知接下来该做什么，你让我死，好歹也让我死个明白呀，所以，你切莫指望绿色能做出恰到好处的应对。

一位红色学员抱怨，当她冷战不理她的绿色老公时，老公唯一会做的就是削盘苹果送到她房里，说："吃苹果吧。"她气得冲着老公说："吃，吃，吃，你就知道吃！"把老公臭骂了一顿，骂完了也就好了，冷战火速收场。

绿色既没能力猜出你所想，也没能力说啥好听的，除了满脸愁容一脸苦相地看着你，只会默默陪伴。你让他滚，就乖乖滚；你让他来，就屁颠屁颠来。反正，你骂绿色，人家一不发火二不着急，绿色内心想的是："这人好奇怪啊，天天莫名地生气，反正你的气总归会消的，难道不觉得发火好累吗？"

总之，不战而屈人之兵，这就是绿色面对冷战的策略。

▲ 黄色性格面对冷战的反应——直问不答，扭头就走

黄色喜欢直接解决问题，痛恨那些有话不说闷在心里的人，一旦对方发起冷战，黄色会先直接发问："发生什么事了？"黄色认为，有问题，咱就赶紧解决问题，即便最后谈不拢，一拍两散，那也要干脆点，没必要搞得扭扭捏捏。假如对方拒绝沟通，黄色就会扔下一句："等你想说的时候再说吧。"然后，扭头去忙自己的事。

一位蓝色学员告诉我，她对黄色老公发起冷战，可以连续一周不和黄色讲话，这本身并不让她痛苦。但是，黄色老公照常作息，回到家就抱着电脑工作，工作完了，洗澡睡觉，就像啥事都没发生一样，完全照顾不到她愤怒的心情，这是发起冷战的她绝对无法接受的。

蓝色心里想的是：你猜不出来我想啥，那是你能力差的问题，但你若无其事的样子，让我感觉你完全不重视我，那就是你的态度问题，这比前面说的能力差，性质要严重得多！

■ 蓝色性格面对冷战的反应——不动声色，耐心耗能

蓝色极有耐心，这在冷战中，绝对是顶尖高手的制胜法宝。一个冷战的绝世高手，任凭对方如何出招，都要岿然不动。蓝色，就是具备这种素质和底蕴的性格。

如果对方率先冷战，蓝色也不多问，而是暗自揣摩："到底哪里

出了问题？"假如对方持续冷战，蓝色会陷入"闷葫芦"状态，越想越多，越想越负面。到最后，也许对方已结束冷战，而蓝色的冷战，方兴未艾。

红色老婆的老公是蓝色。老婆情绪起伏大，而老公对人对己的要求都很高。

老婆抹了桌子，兴高采烈地向老公表功："你看，我把桌子抹得多干净啊，都能照出人影儿了！"

老公走过来，啥也没说，伸出手指，往桌底下轻轻一抹，拿起手指，看了看，有灰。老婆立刻面红耳赤："你这人怎么这么挑剔！"老公跟她讲道理，她说不过老公，所以，就更气了。

冷战开启，老婆希望老公哄她。可等来等去，蓝色老公就是没哄，最后，老婆自己跑去跟老公说："算了，不跟你计较了！给我下碗面吃吧，我饿了！"老公默默地下好面条，放在桌上，自己回房。

接下来，无论老婆怎么找话题，老公只说了一句"我想一个人待会儿"，就啥也不说了。自此，红色那方冷战方休，蓝色这方冷战刚起。

蓝色的"以冷战对冷战"堪称一绝，红色见之，心下羡慕，也想学蓝色这招。可惜，天生资质不同，落得东施效颦，即便再怎么憋，也憋不过蓝色。因为蓝色有本事在万籁俱寂的时空中活得好好的，这种本事，学不来的。

♣ **红色性格面对冷战的反应——你冷我热，你热我冷**

红色对情感关注度高，所以，一旦发觉对方不讲话，有冷战迹象，红色立即启动以下三步。

第一步：发现冷战苗头，心中火气噌地蹿出，以指责的语气质问对方："你怎么不和我讲话？发生什么了？你说呀！"

第二步：意识到自己做错时，会以哀求的语气说："求你了，不要不理我嘛，我又不是故意的，你不要这样好不好？"

第三步：当对方持续不讲话，红色会因情绪化反过来冷战。两人一起憋着，看谁憋得更久。

当两人陷入第三步的相互冷战后，对红色而言，情感危机正式开始。许多红色情侣正是因为冷战过久，由爱生恨，由恨生误会，导致一方出轨或双方出轨，最终，以离婚收尾。难得有些红色夫妻，冷战中，依然不放弃和平对话的可能，最终重燃热火。

电视剧《鸡毛飞上天》中，陈江河与骆玉珠这对红色夫妻，白手起家，非常相爱，却因误会而冷战。两人心里念着对方，但碍于面子，都不愿主动开口。

当骆玉珠在工作上帮了陈江河一个大忙后，陈江河终于忍不住，想和解，却又不愿放低自己，于是拿了盒茶叶，来到骆玉珠的办公室，要和她一起喝茶。没想到骆玉珠继续冷战，说肠胃不好，婉拒。

陈江河使出第二招：谈工作。当他煞有介事地要和骆玉珠核对工作日程时，骆玉珠轻飘飘地说"文件早就放在你桌子上了""这事不急，晚点再说"，陈江河又一次吃了闭门羹。

但陈江河不死心，使出第三招。他拿个铲子，开始鼓捣骆玉珠办公室里的绿植，美其名曰"帮你养花"，终于，把骆玉珠的注意力吸引过来。两人从冷战变成拌嘴，看似吵得热烈，但冷战僵局，终被打破。

红色认为，交流无比重要，而"吵架"，也是交流的一种方式，大吵伤身，小吵怡情，没事相互吵吵，身体更健康。对夫妻来说，床头吵架床尾和是常态，咱不怕吵架，就怕无架可吵。

对红色来说，万万不能接受的是，这么多年，两人浓情蜜意的积蓄快要耗光了，日子过得连吵架也吵得憋气，从来没有痛痛快快、酣畅淋漓地发泄过，只有冷战，活活把自己对峙到没有脾气屈服为止。

>> 如何破解不同性格的冷战

既然红色、蓝色、黄色三种性格，都有主动冷战的可能和能力，一旦你的伴侣向你发起冷战，你该怎么做呢？

当黄色性格和你冷战时——冷静不抵抗

黄色一般不冷战，但如果黄色在交流中觉得已无法和你讲理，会迅速平息这场对话。通常台词是："这事你别管了，就按我说的做。"假如你还要继续争论，黄色才会使出最后一招："我们彼此都冷静一下，过段时间再说吧。"

这时，最糟的做法莫过于继续纠缠，"冷静是什么意思？""你是不是不爱我了？""你是不是不想和我过了？"假如你说了这三句或类似的话，黄色立即判定这人不可理喻，多半不再讲话，离开现场，去做自己的事。事后，即便这事解决，黄色心里的成见也已根深蒂固。

当黄色提出要"冷静"，最好的做法是：真的让自己静下来，因为这已是黄色的最后通牒了。如果你继续说，就意味着挑战他的底线，势必引发他的战斗欲。静下来后，你可以回到一个人的空间，想想这场冲突是怎么发生的？黄色的诉求是什么？他想得到什么？这就是"性格色彩读心术"课堂所讲的"钻石法则"——把别人需要的给别人。

之后，你只需决定你想怎么做。如果黄色是对的，做，就行了。事后，也不必提起这次争执，黄色喜欢看到你用行动来表示"听话"，而非重复絮叨对错。如果你对黄色的决策还有不同意见，切勿直接对抗，因为无论输赢，都会输掉你们的感情，只需把支持你观点的事实，放在黄色的案头即可。黄色一旦发现自己错误，自会改正，只是事后，你切勿居功自傲，要归功于黄色的当机立断、英明决策。

当蓝色性格和你冷战时——先搞清原因

假如对方是蓝色，在没搞清楚缘由时，不要贸然去"哄"。因为如果你哄不得法，马屁拍在马脚上，非但气不消，还会气更长。

一位蓝色学员的老公去国外出差，她请老公帮她带个化妆品，指定了具体品牌专卖店，说明一定要限量款的化妆水。老公回来后，告诉她没她要的那款，买了类似的另一款。

她问老公："你是在我说的那条街上的那家品牌专卖店买的吗？"老公说："是的。"蓝色无言。

因闺密有个朋友，恰好在她老公去此地后，也去了那里，买到了她想要的那款化妆水，前后只差一天，这说明那家店有货。而这款化妆水只在那条路上的那家专卖店有，以她对老公的了解，老公一向怕麻烦，很可能就在住处附近找了家同样品牌的专卖店去买。所以，蓝色觉得老公是敷衍自己，并说了假话。

过了两天，老公发现蓝色老婆不讲话，便安慰她说："老婆，不要不开心哦。我们公司有个同事下个月出差去法国，我让他无论如何也要找到你说的那款化妆水，给你买十瓶回来，怎么样？"

殊不知，蓝色在意的并不是没买到那款化妆水，而是老公敷衍自己这事本身。老公做梦都想不到，蓝色老婆此后更不讲话了。

嘿嘿，现在发现，蓝色难伺候了吧。

当蓝色的伴侣开始冷战，意味着她心里有结，需要你去解开。解开的方法，不是马上开口，而是先自我反思，回忆自己和她的交往中，有哪些可能触犯了她的"禁忌"，想清楚后，如果你自身口才不好或思维不密，不妨用写的方式，写封信，把需要解释的、需要道歉的、需要反省的，统统写下来，再交给她。

> 达地知底寻根源
> 不善辞令笔墨书

当红色性格和你冷战时——千万别不理

假如伴侣是红色，跟你冷战，请千万别不理。

在性格色彩卡牌课上，一位红色学员说，她最受不了老公的一个性格特点，就是"静待问题过去"。每次当她特别难受时，先是吵闹发泄，老公只会息事宁人，重复说"不要吵"，但从来不帮助她解决问题，所以，她一气之下，关门冷战。更让她受不了的是，老公竟然无视她的冷战，自己做饭、吃饭、洗澡、睡觉。当她独自憋了一晚上之后，第二天早上，等老公起床，又是一场大吵。

当红色伴侣对你冷战，意味着她特别需要你重视她的情绪，所以，最好的做法，是主动上前拉着她的小手，看着她的眼睛，温柔地说："你怎么了？有什么就说出来吧，这样憋着，我会心疼的。"这时，她多半就忍不住要对你倾诉了。

当然，还有一招对付红色冷战的必杀技，就是逗乐她。

著名音乐人黄国伦和主持人寇乃馨夫妇来参加性格色彩课程。课堂上，说起他们在电视节目上分享过的一个真实案例：

乃馨小时候写过一首歌叫作《蝴蝶公主蝴蝶兵》，后来，黄国伦惹寇乃馨生气时，寇乃馨不理他，他就突然唱起了这首歌，把寇乃馨逗乐了。盖因乃馨是红色，即便再生气，再怎么冷战，也只是憋着不讲话而已，只要用幽默的方式把她逗笑，她就冷不起来了。

当红色男人冷战时，需要对应红色"交流"的需求，用语言撩起他交流的欲望，哪怕是吵架也好，把冷战转为热战，再用缓和情绪的方法，处理冲突。

小庄去外地参加性格色彩课程，需要三天，离开前，请老公看孩子，老公勉强同意。

课程期间，老公突然打电话："你快回来，我工作忙，没时间管孩子学习。"

小庄尝试和老公好好说，希望老公能暂时放下工作，多看孩子一天，因为她还差最后一天就学完了。老公突然情绪化："你就顾着自己在外边玩，都不管孩子，有你这样当妈的吗？"说完，就撂了电话。

当老公撂电话的那一刻，小庄忽然顿悟，这不正是一个运用钻石法则的好机会吗？于是她默默思考，洞察了一下老公，老公已经同意了看孩子，只差最后一天，突然来电话，这是典型的红色的情绪化，也许是工作碰上什么事，也许是孩子不听话，让老公把感受放大，打电话来发泄情绪。所以当务之急是，先安抚老公情绪，让他坚持到小庄学完，再回去继续用钻石法则。

于是，小庄编了一条感恩老公的信息发过去。老公回复："少拍马屁，快回来。"

小庄又发了一条示弱的信息，说："如果你希望我回家，我就立马回家，这里的学费不能退，少学一天亏了没关系，你的感受最重要。虽然我不学完会很难受，但我愿意听你的。"

　老公回复："你要学就学完吧！我可不想你为了我提前回来，之后一直怨我。"

小庄感觉到老公的情绪被搞定了70%，决定把课学完，还剩30%回去抚平。

课程结束，小庄回到家，看见一切平静，孩子在小房间认真写作业，红色老公坐在沙发上，拿着本书，貌似看书，其实眉头紧皱，气鼓鼓的。小庄跟他打招呼，他也不理，冷战启动中。

小庄运用课上所学，假装不在意，放下东西，进厨房做饭，故意把锅和碗碰到一起，说："哎呀！这碗太滑了！摔破了怎么办哪！"

老公闻言，进厨房一看，立刻说："碗才不滑呢，是你太笨了，连个碗都拿不住。"

她接话说："是啊老公，我就是笨手笨脚的，没有你可真的不行啊。"

这样一言一语，很自然就消解了冷战，进入对话模式。

老公发现自己上当了，于是闭嘴不说了，但已经到了厨房，离开也很尴尬，所以拿着菜板开始切菜。小庄依然笑嘻嘻的，一边洗葱姜，一边说："老公，我这次出去，没吃到好吃的面，我每天都想吃你下的面，你给我下碗面好不好？"

这样一再找话题，老公终于绷不住，跟她聊起来。

对红色伴侣的冷战，其实你只要把握一个点，只要彼此没有深仇大恨，红色是憋不住的。

你可以用任何方法引导他说话，只是不能说"你为什么不说话？""你说呀？""你说呀！"当你这么说的时候，他会觉得你很需要和他交流，但他就是故意不想和你交流，看你急得要命，他心里反而很爽："嘿嘿，看你着急了吧，我就不说，就不说，看你能把我咋样！"

但是，如果你忽略掉他在冷战这件事，转移话题，只要他对这个话题感兴趣，想要发表自己的观点，甚至只是想要批评谴责你，065

都有可能接茬。就像上文中那个老婆，假装自己搞出了状况，成功吸引了老公的注意力，让他产生了想要批评老婆的欲望，所以就忍不住开口了。

> 落花有意冷流水
> 流水笑脸黏落花

虽然，我讲了很多方法来分析和建议不同性格应该如何化解冷战，但你还是一定要知道——冷战，是情感的第一杀手。

冷战过后，伤痕累累，心中疲惫，两人无法清澈面对。吵过的婚姻，犹如开裂之物，裂痕修补后，表面和好，实则心怀芥蒂。所以，切莫相信"吵架促进情感"，拌嘴调情，吵架伤情，乃不二铁律。

不同性格和你冷战时的正确做法

- 🏃 落花有意冷流水，流水笑脸黏落花。
- 💃 达地知底寻根源，不善辞令笔墨书。
- 🚶 从令如流不抵抗，绝无废话先清静。

03

婆媳
——如何搞定不同性格的婆媳关系

"如果你妈和我同时掉进水里，你会救谁？"放眼天下，此题可被评为女人向男人提问之最爱，答案不消说，自然是五花八门，"我救我妈，和你一起死""我救我妈，因为你如此善良，如果我选择救你不救妈，你不会答应的""我也不知道救谁，我先把自己淹死"……无论你怎么答，这个问题存在且流行，本身就说明，世人本能地会把媳妇和婆婆树为天敌。

有人说，我嫁的是老公，又不是婆婆，只要和婆婆保持距离就好了，不用去研究她是什么性格。那么，接下来这个学员的分享，可能会对你有所启发。

有一次，我主动提出要带爸妈和婆婆一起去韩国旅游，本想显示自己孝顺可人，可刚到首尔的第二天，我和婆婆就发生了激烈争执。

因为我们一起逛完超市，爸妈帮我拎东西，婆婆就说我不懂事，这么大了，还让爸妈帮着拎。我当时很气，我一个人拎不完，爸妈心疼我，一起拎东西有什么不可以吗？婆婆也毫不示弱，痛说革命家史，因为公公早年生病，只有婆婆一人照顾我老公和他弟弟两人，吃了很多苦，家里家外都是她一人辛苦操持，接着又讲到我老公怎么辛苦读书打工贴补家里，意思是说她多么伟大，培养孩子怎么有一套，说着说着，哭天抹泪……甚至当着我爸妈面指桑骂槐说我家教不够！

我脾气一下子上来，说我可以，怎能说我爸妈呢？我跟婆婆继续讲理，从你教的儿子哪里不近人情，再到婆婆旅游时不顾别人感受在车上一人占了两人位等，再到这次旅行还是我主动提出带她来的呢，她不但不领情，还没事找碴儿……就这样你一言我一语，不欢而散。随后几天，都在互相躲着、别扭和不开心中度过……

如果早点懂性格色彩，我会知道婆婆性格是红色，因为我一直照顾自己爸妈而忽视了她，她想引起我们注意，才故意耍脾气。如果我当时能哄哄她，安抚她的情绪，而非故意和她对着干，她一定会宽容我的照顾不周，甚至夸赞我孝顺主动带她去玩，而且还会和其他团友夸我能干，这样，我们该会享受一段多美妙的旅程啊！

也就是婚姻里，这样让人别扭的小事儿多了，我们越发感觉相处困难，也无法读懂对方，距离越来越远，最终，当年的老公变成了我的前夫。

其实，婚姻不只是两个人的事，即使你和婆婆不是天天生活在一起，她是你老公最亲的亲人，不可避免地，会和你产生千丝万缕的联系，这其中需要媳妇用聪明智慧来把握的地方太多了。如果不懂婆婆性格，不知道如何与她相处，就像案例中的媳妇，本想做一件让婆婆开心的事，结果，反让全家人不愉快，类似的事情多了，夫妻关系也会受到严重影响。

如果你是媳妇，想跟婆婆搞好关系，那么，第一步，要了解婆婆的性格。

>> 不同性格婆婆的反应

先出个考题。

一家四口，夫妻、婆婆、孩子，丈夫平时工作忙，婆婆帮着带小孩。

有一次，妻子不在，婆婆给孩子喝了可乐。妻子回来后，孩子就跟妈说："妈，你看，平时都不让我喝可乐，还是奶奶对我好，我想喝什么，她就让我喝什么。"

　　妻子去找婆婆："妈！喝碳酸饮料对小孩不好的！您怎么能让他喝这个呢？！"这时，如果你是婆婆，你会有怎样的反应？

　　（各位看官，请在此处暂停一分钟阅读，闭眼得出答案后，继续向下）

接下来，看看四种不同性格婆婆最有可能的反应：

● 第一种婆婆，听媳妇这么说，就说："哦，那好吧，其实我觉得孩子喝点糖水没什么大问题，但既然你说了喝这个不好，那以后我就不给他喝了。"这种婆婆，脾气温和，毫无主导家中事务的欲望。如果你问："妈，等孩子放了暑假，咱们全家人去旅游好不好？"她说："行啊。"你再问："妈，你想去哪儿玩啊？"她说："随便，去哪儿都行，不去也行，你们定。"巴不得你们安排好一切，不让她动脑子。

● 第二种婆婆，听媳妇这么说，立刻不高兴："我就给他喝了怎么了？我还不能给孩子喝点糖水了？什么对健康不好？你们呀，都是太娇情了，以前我养你老公的时候，给他吃什么喝什么都没事！现在，瞧你这说话的口气，好像你是婆婆我是媳妇一样！"一堆不满，如滔滔江水，延绵不绝，倾泻而出。

● 第三种婆婆，听了这话啥也没说。媳妇见婆婆不搭话，以为婆婆知道自己错了。于是，婆媳照常相处，相安无事。只是此后，对媳妇的任何事，婆婆再不发表任何意见。四个月后，媳妇出差，跟婆婆说："妈，我去外地两天，小宝全要靠你照顾了。"婆婆说："有什么要特别注意的吗？"媳妇这时已完全忘记了之前的事："没什么啊，您照平常就好了。"婆婆说："平常我都给他喝碳酸饮料的。"媳妇花容失色，娇躯一震，方才醒悟，原来婆婆把四个月前的事藏在内心，压根儿没忘记过。

● 第四种婆婆，一听媳妇这话，立刻发怒，但表面毫无情绪，而是冷着脸问："这个家，谁说了算？""我给自己的孙子喝糖水，有什么问题？""你老公是我养大的，你现在住的房子，也是我付的首付，你有什么资格对我说三道四？"媳妇如果势弱，马上就被婆婆的气势压下去；媳妇如果强势，当下刀光剑影、两虎相争。

● **第一种婆婆，是绿色性格。**

绿色的婆婆包容性强，对小辈没有太多要求，也不会很强调自己的地位，如果教育孩子的理念出现分歧，绿色婆婆更倾向于听其他人的，其他人来拿主意，她愿意配合和帮忙。假如你指出她做错的地方，她也不会生气，最多说一句"我也不知道啊"，这事就过了。

♣ **第二种婆婆，是红色性格。**

红色的婆婆热情主动，对你好的时候就像一团火一样，什么都想为你做；一旦得不到认可，情绪化了，可能又会是另一个极端。红色婆婆有情绪时，跟她讲理，效用为零。如果在喝可乐的问题上，媳妇还要和婆婆争执，婆婆的情绪会更强烈，可能会闹到老公那儿，让老公评理。

■ **第三种婆婆，是蓝色性格。**

蓝色的婆婆最注重"讲理"。她并不是一定要带孙子，如果事先讲清，不需要她插手，她可以不介入。但她在意的是：首先，媳妇从没跟她说过不能给孩子喝碳酸饮料，而事情发生，却跑来责怪她；其次，媳妇跟自己说话的态度，没把她当长辈。蓝色婆婆，表面不发火，心里积压很多情绪，和她相处，媳妇如果不能细心体会她的意思，她心里会日积月累不满的情绪，造成恶果。

▲ **第四种婆婆，是黄色性格。**

黄色的婆婆，凡事喜欢把主动权抓在自己手里，愿意成为一家之主，期望得到小辈无条件的尊重。她会以自己的经验来指导媳妇如何当好一个妻子和一个母亲，并且非常介意媳妇是否把她的话听进去了并且做到了。一旦遇到挑战，黄色婆婆会启动战斗模式，直到自己"赢"为止。

不同性格的婆婆，内心需求不同，作为媳妇，只有洞察婆婆的内心，采取适合这种性格的"钻石法则"，才有可能做到婆媳如母女。四种性格中，绿色婆婆最易相处，其余三种性格，都不容易，此处各举一例。

>> 如何搞定不同性格的婆婆

搞定红色性格的婆婆

要搞定红色婆婆，需要先安抚她的情绪，就好比可乐问题，要先肯定她的出发点是好的，等她心情好了，再慢慢告诉她为什么孩子喝碳酸饮料不好。切记，面对红色婆婆，不能激化她的情绪。如果她情绪化，你万万不可情绪化，要像对小孩儿一样的态度对待她，哄哄她，让让她，这事儿就过去了。

课堂上，学员分享了奶奶跟妈妈的故事。

两人都是红色，奶奶每次跟妈妈生气，都使小性子；而妈妈情绪一来，也好面子，不低头。两人常因小事生气，互相僵持。

小时候，有一次，奶奶做的饭菜不合胃口，她就跟妈妈叨咕了几句，实际上，就是希望妈妈下班早点回来。没想到，妈妈一听女儿的话，立即就去跟奶奶说了几句，奶奶就觉得，原来你们娘儿俩是嫌我老太婆饭菜做得不好啊，当着爷爷和她妈的面哭鼻子，说："老太婆我多辛苦哟，把你们几个孩子拉扯大哟，还要帮你们看孩子哟，你们还不满意哟，这简直要逼死人哟，这日子没办法过了哟，你们自己带吧……"

从头怪到尾，埋怨爷爷不对，从来不帮她，她妈在一旁，只能委屈地抹眼泪。她那时还小，根本不懂什么性格，心急如焚，感觉是自己引起的麻烦，但自己啥也做不了。

她学了性格色彩后，突然意识到，原来她奶奶的性格是红色，爱发小脾气，爱使小性子，跟小孩一样，需要人哄，需要人关注，她妈，也是一样的性格。所以，之后，每次奶奶跟人发生矛盾时，她就第一时间站在奶奶这边，并且跟着附和："对，就是的，都是他们的错，您从来都不会犯错，永远是对的，您看您做得多好啊，他们怎么可能跟您比啊。"哄着哄着，奶奶就会破涕为笑。

后来，她也发现，其实每次奶奶发脾气后，都觉得自己有点儿过了，不该有这么大的脾气。但毕竟长辈要找个台阶下，这个台阶，就是希望有人能哄哄她，她就会觉得特有面子，事儿也就过去了。

红色的婆婆，很容易因为一点儿小事而情绪化，可能看起来脾气很大，其实，她们大多在发脾气的那一刻就后悔了，她们没停止继续说，就是因为作为长辈，好面子。做小辈的，这时一定要假装没看出来，给足面子，耐下性子，好好哄。只要你肯哄红色的她，没解决不了的事儿。

但是，如果媳妇自身也是红色，也容易情绪化，需要人认可，需要人哄，就会出现一个需求上的冲突点。好在，红色的人只要意识到自己的问题，在情绪上来时稍微克制一下，转换一下角度，就能给到红色婆婆所需要的，而情绪被哄好了的红色婆婆会加大对你的付出，让你成为最终的受益者。

一位天津的网红达人学员自主创业三年，非常聪明，嘴很甜。

婚前，每次去男友家，都很勤快地帮准婆婆做饭，打打下手。手上一边干活儿，嘴上还不停地说："阿姨，你做的菜真好吃，太好吃了，比我妈做的好多了。阿姨，你腌的这个咸菜一会儿能不能让我带点。阿姨，您教教我应该怎么做，我回去也让我妈做。"恰好，这个准婆婆是大红色，听到这些话，心花怒放。后来，她跟她男友很顺利地结婚了。

而且，这个过程中，老公特别听她的，但凡有一点儿分歧，她立刻给婆婆打电话，跟婆婆说好话，说她老公怎么欺负她了，等等。婆婆每次都是乐呵呵地全答应她的话。媳妇跟婆婆能相处到这个份儿上，让人羡慕。

其实，让红色婆婆高兴很简单，作为媳妇，嘴甜会说话，是一个很大的优势。红色婆婆希望得到关注和认可，如果她儿子娶了你，从此不关注她了，她会很失落，但如果她并没有失去儿子的关注，还多了一个喜欢她、认可她、关注她的媳妇，那她会感觉很幸福，也会对你特别好。

来自成都的汤律师分享了自己性格色彩的应用心得：

以前的我，很少出差在外，更没一次整整七天不在家的先例，毕竟家里有上六年级的女儿，每天作业必须家长签字，还有一个刚上幼儿园的儿子，动不动就闹情绪不愿去幼儿园。而我先生常年在外"飞"，一周在家待一天就不错，现在，把俩孩子全部丢给年迈的婆婆，确实有点儿过分。

我与婆婆相处十几年，这次上了性格色彩课程，我判断她是位红＋黄，在去香港的最后一天，我针对她睡眠不好的情况，给她买了两盒帮助睡眠的保健品，且价值不菲，又给她买了件上衣。到家后，我就赶紧拿出来递给她，并真诚地说："妈，这几天真是辛苦你啦！估计累得够呛吧！这药可是专门为你买的，你吃吃看，效果怎么样，如果效果好，我就常给你买这个。"

这几句话一说，把她本来已摆下"埋怨脸"的情绪一扫而光，随后，我说了句"我这几天不在家，感觉孩子们都好听话懂事啊，每天打电话，比我在家的时候要好，看来你教育方法比我好"。这话一说，婆婆的成就感立刻喷涌而出，打开话匣子，给我说起孩子们的种种……

要知道，以前的我，从不会这样说话，看到她的"埋怨"表情，会表现得比她更不高兴，甚至还会发火，更嫌弃她对孩子们的教育不当。可见，"钻石法则"真是太神奇了！

所以，对红色的婆婆，除了有分歧时要哄，平时可以没事就哄，也可以给她们准备一些惊喜的小礼物，让她们感觉到，即使见面不多，你也时刻把她们放在心上。记住：要把她们当成小孩。作为"老小孩"，她们在为子女付出的时候，是需要被看见的，也需要被用强烈的语气来赞美，这样她们才会更有动力继续做。只要哄到位，只要你跟她们的情感融合在一起，就算你跟你老公出现问题，婆婆也会和你形成星际联盟，坚定不移地站在你这边。

总的来说，针对红色婆婆，要做到两点。

1. 做个会说话、会哄人、会来事的好媳妇

会说话，是指说好听的话；

会哄人，指的是当婆婆不开心的时候要哄；

会来事，指的是可以给婆婆多准备一些小礼物，表达自己的心意，也多安排一些全家人的活动，让婆婆能够快乐地参与。

2. 婆婆不开心或发生冲突时，认可认可再认可

不要试图跟红色婆婆讲道理，只要认可她就行了，哪怕她对你有意见，只要不断地认可她，她的情绪会逐渐全部消散掉。情绪过去了，问题也就解决了。

> 童心未泯老小孩
> 权当稚娃哄又夸

搞定蓝色性格的婆婆

蓝色婆婆，生活非常细致。东西用完后，一定要放回原处。而且要求非常高，她觉得你好，绝不表扬你，对你的挑剔，也绝不挂在嘴上。

也许你和婆婆的性格不同，也许你觉得婆婆的某些生活方式很难理解，但是不要轻易去改变她。

首先，蓝色的人内心有自己的规则和逻辑，不容易接受变化；其次，蓝色的人容易负面思维想太多，她可能会觉得你试图改变她是对她不满，由此越想越多，之后你再和她相处就更困难了。

婆婆家里有两个洗衣机，一大一小，大的用来洗大件床单被罩，小的用来洗小衣物。尽管如此，婆婆每次洗衣服，都要先用手洗一遍，然后，再放到洗衣机里，她觉得这样才能洗得通透。

儿媳觉得既麻烦又辛苦，每次来每次都重复："妈，我们这样洗衣服太麻烦了，洗衣机能洗干净的，没必要像现在这么麻烦的。"

婆婆不说话，只给个眼神，意思是你要洗就洗，不洗我自己来。

儿媳没法子，继续埋头洗衣服。而且这个婆婆很节省，每次吃不完的饭都会拿保鲜膜包起来，第二天热一热继续吃，家里冰箱放得扑扑满。儿媳每次看到冰箱里的剩饭都说："妈，人家大夫都说了，剩饭不能经常吃，会伤身体。"

婆婆嘴里念叨着："没关系，我自己吃，不要你们吃，以前我们打仗的时候，剩饭都没得吃。"

儿媳说不通，就会趁婆婆不注意，把冰箱里的剩饭剩菜扔掉。

时间长了，婆婆对这个儿媳就很有意见，但她又不跟儿媳直接说。每当这个时候都是打电话给女儿："闺女啊，你明天来帮我打扫卫生吧，你弟媳每次来都是一堆的意见，我不让她来了，还是你来吧。"

蓝色对一切不尊重规则的人，都请靠边站。

对蓝色婆婆来说，本希望儿媳能够体谅她、理解她，但这个儿媳总想改变婆婆。儿媳的好心，让婆婆觉得很累，而且她并不认为儿媳说的是对的，也就不会接受。如果这个儿媳会用性格色彩，不该背着婆婆扔掉剩饭剩菜，而是应该先洞察婆婆做事背后的动机，再站在婆婆的角度分析这事，直到最终把道理讲清。

一个朋友，跟婆婆相处下来，发现婆婆话不多，从不把表扬和感谢挂嘴上。但是每次他们需要帮助时，婆婆就是默默做。

她分析婆婆应该是蓝色。婆婆对他们很好，当然她对婆婆也不在话下。她老公的姐姐姐夫，在日本生活工作，孩子都是婆婆带，看得出来婆婆最疼这个外孙，为了对婆婆表示感谢，她就对这个孩子特别好，经常给孩子买些衣服玩具，带孩子出去吃饭。

最近一次，她婆婆跟公公带着孩子去日本探亲，她直接给了婆婆一万块钱，当作零花钱。她婆婆并没客套，也没拒绝，欣然收下。只是在之后的生活中，对他们更关照了。

跟蓝色的婆婆相处时，切记，一定要少说多看，多观察她的举动，尊重婆婆的想法和做事方式，做些力所能及的事情，默默付出。学会用默默付出来和默默付出的蓝色婆婆对话，是一个很好的方法，也非常契合蓝色婆婆习惯的交流方式。

我婆婆年轻时是幼儿园园长，凡事亲力亲为，敏感细腻，东西的放置、洗衣的顺序等都有一整套固定次序，同样在照顾我的儿子和我们小夫妻生活中也是极其细致，甚至有些严苛。

由于性格差异，摩擦长期存在，而且本身蓝色的细致与红色的大大咧咧就格格不入，但在性格色彩的实战中，我有意强化蓝色的特质，与婆婆说话时，时刻提醒自己不要口无遮拦，想哪说哪，尽可能一句话多考虑几个方面，让蓝色婆婆不多心不多想，然后再说出来！即便如此，偶尔也会有擦枪走火的时候。

我和老公有个约定，每晚必须11点前入睡，否则，会有相应惩罚。老公喜欢看娱乐节目，常不守约定。

某晚，老公贪看仍不进卧室，我第二天要上早班，担心起不来，几番劝说，老公仍不入睡，我恼怒他没有信用，于是抛了句狠话，把卧室门锁上，因为有怒气，关门时声音响了些，此时婆婆公公和老公全在客厅看电视。

第二天下班回家，婆婆阴着脸。我知道肯定有什么事，于是私下问老公，他告诉我说，婆婆觉得我昨天发脾气是针对她，觉得和他们住一起不自在不好，老公反复解释说是生自己的气，婆婆都不信。还要老公转达我，说如果不想住一起，直接说，他们也可以回原来的房屋住，每月给我们一笔钱资助宝宝（因为宝宝一直是二老在带）。

我有些哭笑不得，问及原因才知道是吃饭时，无意中聊到老公高中同学两口子，因为和彼此父母不合两人单独带小孩住，彼此十分恩爱（我亲眼所见）。婆婆提及时，非常否定他们这种生活，觉得他们夫妻太自私；而我比较羡慕，便随口接句，他们这样的生活其实也是不错的，虽困难，但夫妻同心，其利断金。然后，偏偏晚上又遇到和老公生气的事，我很快就知道蓝色的婆婆多心敏感了。

根据长期经验，我首先想到的，就是不能直接切入解释这件事情，因为蓝色会觉得假，必须找准时间点切入，便决定借老公的手破这个局。于是，和老公窃窃私语了一番，决定以老公请婆婆在电脑房看《非诚勿扰》为契机。

在婆婆进入电脑房和老公同看节目时，我先假装随意和老公搭话，然后突然提出，昨天婆婆跟老公提及的搬出去住的话题，以蓝色的思路，把昨天晚饭和晚上睡觉生气的事情复述了一遍，在每个会引起蓝色敏感的点进行晓之以理，动之以情的解释，时不时追问一下婆婆的想法是否如此。

一开始婆婆不声不响，我就慢慢诱导，察言观色，婆婆慢慢开始插两句话、几个字，然后我就继续动之以情，对自己的某些话做重点解释，让老公帮忙打边鼓，直到婆婆主动开口说出她对老公说的话，主动提出疑问。

我连捧带哄，大概解释了近两小时，婆婆脸上松弛下来，说出来一句："其实我们无所谓是否出去住，你们工作忙，我们带宝宝做家务就是为了让你们安心工作挣钱，如果住在一起不好可以直接说，你们能带得过来我们还落得自在了。"

我听到这话，立刻明白蓝色的心结已经解开，现在，要的是情感上的体谅和肯定。我马上掉转话语，直接回答蓝色婆婆："妈，您这样说就太见外了，我从来没有想过要和你们分开住啊，您带宝宝带得比我们都好（这是蓝色独特的细致），我爸妈都自愧不如。我是傻啊，才会要您搬走，你说是不？"

看到婆婆脸色渐好，我忙补充说："再说实在点，您为啥总觉得我们和您一起住会不自在呢？您对您自己的细心是认可的吧，难道还不自信吗？里里外外都是一把好手，我妈来的时候都做不了这么好，您还担心我们和您一起住不舒服，是对我们两个不自信还是对您自己的能力不自信呢？外面邻里对您都是好评如潮，您可以更自信点啊！呵呵！"

婆婆虽没笑容，却说了句："这件事情解释清楚就好了，我们还是心疼你们太忙，没有这个想法就好，万一有要直接跟我们说！"此时，老公再补了句："就是我们夫妻两个的矛盾，和你们没有关系的！"婆婆释然："和我们没关系就好。"至此，此"危难"消弭于无形。

对蓝色婆婆，发生误解和冲突时，如何打入她的内心，层层递进解除心结，且毫无纰漏，环环相扣，非常重要，因为蓝色确实太理智、太敏感、太多心。对媳妇而言，修炼是件长久的事情，宜缓不宜急。如果媳妇是个说话随意的人，日常生活中，可能不知道自己哪句话击中了蓝色的敏感点，引起蓝色的不安或怀疑，从而造成很多后续影响。假如发生了，一定要尽快处理，而且要条分缕析地还原整个事件，由内而外地解释清楚，不要让蓝色心里留下模糊和不解的地方，否则无法真正挽回之前的影响。

总的来说，针对蓝色婆婆，要做到两点。

1. 理解婆婆有自己的做事方式，可以求同存异不必非得其乐融融

蓝色婆婆的边界感很强，媳妇可能不习惯，这时需要分清哪些是婆婆自己的事，予以尊重就好，不必非得求得共识；哪些是对彼此有影响的事，如果需要和婆婆讨论问题，要用讲道理的方式，不要用情感绑架。

2. 婆婆可能会多心多想，要用细腻而非粗放的方法解释

这时切忌简单粗暴解决问题，要旁敲侧击逐步引入正题，让婆婆说出心中所想，再针对性解释清楚。

> 无须口头猛点赞
> 只需润物细无声

搞定黄色性格的婆婆

在和黄色婆婆相处时，要时刻让她感觉到她是受尊重的，不要否定她，时刻强调你们的目标一致，都是为了孙子好，把你的观点作为补充提供给她，这样，既不会激发她的战斗欲，又能让她审视自己不正确的对待孩子的方式。只不过，你千万别期待她会认错。

黄色婆婆，发生冲突时不肯让步，"哄"这招，对她没用。黄色婆婆，需要得到别人对她的尊重，希望在家里占权威地位，所有人都听她的，任何事都向她汇报。如果有事瞒着她，自己去做了决定，或

没提前跟她打招呼，事后才让她知道，那就很难看了。

　　黄色婆婆在单位是领导，在家里是权威，家里家外所有人都要听她的。退休后，老太太在家里的地位更是如此。她有五个子女，两个在身边，三个在外地。其中有个儿子自己在外地找了老婆，把婚给结了，因为这个儿子娶的老婆家里条件不太好，就没和老太太打招呼，因为他知道告诉老太太，她肯定不同意。婚结完了，还是他姐姐偷偷告诉老太太的。老太太听了以后，大发雷霆，告诉所有子女，不许再帮他说好话，从此以后，这个儿子也不能再踏进家门一步。儿子没想到老太太会发这么大脾气，后来电话也打了，检查也写了，老太太就是不见。

　　直到有一天，老爸去世，儿子带着老婆孩子火急火燎从外地赶回，老太太依旧不让进。其他几个儿女哭着求老太太，老太太脾气真硬，死活不肯。最后，这个儿媳妇，带着孙子给老太太跪下了。儿媳妇说："妈，都是我的错，这么长时间也没来看过您。我知道您做的这一切，都是为我们好，为我们考虑，您是希望我们过得好。我们结婚没跟您打招呼，是我们小辈做得不好，我们后悔了。孩子长这么大，从来没看过您，今天我们带着孩子过来给您给爸，磕头赔罪来了。虽然爸已经不在了，但孙子不能没有奶奶啊。您就原谅我们吧。"

　　全家人都哭成了一片，老太太一滴眼泪都没掉。最后，只说了一句话："可怜了我孙子。"终于让他们进了门。

　　这就是黄色——理性与孤傲，让黄色孤立于感情世界之外。黄色很难跟别人建立亲密关系，但会对弱小者产生保护欲。

　　对黄色婆婆，首先一定要以理服人，其次要学会示弱，要让她觉得自己是权威，受到所有人的尊重，这时再跟黄色的婆婆沟通，才能行得通。

跟黄色婆婆相处的核心是，不要产生对抗，如果不幸已经处于对抗状态了，即便婆婆是错的，也不要否定她，而是坦承自己做得不对的地方，给婆婆足够的台阶，让婆婆接受。

总的来说，针对黄色婆婆，要做到两点。

1. 无论在什么场合，时刻重视婆婆的家庭地位

媳妇可能事业做得比较好，或者人比较漂亮有才华，也许儿子会把媳妇捧在掌心，但是无论夫妻关系如何，对黄色婆婆，切不可展现优越感。在台面上，按照她的要求做事，在人前，绝不当众忤逆，让她感觉自己下不了台阶，务必关注婆婆的面子和权威。否则，木秀于林，黄必摧之。

2. 遇到意见分歧时，用补充法而不是反对法

有时候遇到意见分歧必须说服婆婆，比如涉及健康问题、孙子问题、家庭共同事务问题，这时不要反对婆婆的意见，而是在肯定婆婆英明神武大方向的同时，把自己的意见作为补充，即可平安过关。

> 呼唤应声不敢慢
> 诚心诚意敬重您

搞定绿色性格的婆婆

绿色的婆婆，脾气好，好说话，要求少，几乎不需要"搞定"。你只要多关心绿色的她，看她有什么搞不定的，帮她搞定就好。当然，和绿色婆婆相处也是需要技巧的，相处得好，绿色婆婆信任你，啥事都告诉你，你在家庭中的地位更巩固，也更方便你孝顺和照顾婆婆，让你少操心。外国姑娘依拉嫁给了中国小伙子，幸福地发现，她的婆婆是一个绿色，实在太好相处了，但是，当遇到一些问题的时

候，也会让她抓狂。

　　说到婆媳关系，我一直觉得我很幸运地遇上了一个好婆婆，她对家人的照顾无微不至，自己却没什么要求，她生活的全部就是——"家庭"，是我学习的好榜样！我们相处得像一对好朋友。不过，她有时做的一些事，让我不明白她为什么要那么做。比如，我在网上看中一个电热水壶，有三种颜色可以选择。我想买红色，公公说蓝色好看，但蓝色是我排在最后的一个选择，当时老公不在家，我就去问婆婆，她觉得哪个颜色好看，她看了很久……

　　"老头子，你说哪个颜色好看？"

　　"蓝的。"公公回答道。

　　她温柔地对我说："蓝色蛮好看的。"

　　我说："妈，我知道爸爸喜欢什么颜色，我问的是你喜欢什么颜色？"

　　"依拉，你喜欢什么颜色啦？"

　　"我喜欢红的。"

　　"老头子，依拉喜欢红色的。"

　　我追问道："妈，还有个黄色的呢？别老是红和蓝呀，我问的是你喜欢什么颜色？"

　　婆婆细声细气地继续说道："都蛮好的呀。"

　　这个结果，真的让我抓狂："妈，就买爸爸喜欢的蓝色，就这样。"妈妈不知所措地看着我们。

　　OMG，婆婆为什么没有主见呢？

　　哈哈，现在我看到的是她绿色的性格，我不会再去让她有"选择困难症"了，也不会让她再为了调和分歧，两头平衡地做一个"不倒翁"了。我很爱我的婆婆，现在我就把以前受不了她的绿色，当成可爱吧。特别强调：红色的朋友们，切记忠告——当你们纠结在选择的时候，不要问绿色的意见啦。当绿色的天平没有倾向你时，也请克制自己的情绪化，这样才能和谐相处。

依拉最终发现，不给绿色婆婆压力，不要求她做选择和做决定，其实就是帮了她很大的忙了。有什么事情，只要你明确说清，而且在绿色婆婆能力范围内，她都会愿意为你做的，但你不能让她做她做不到的事。只要平时相处中不为难婆婆，有什么好事能想到她，甚至在她不知如何办的时候教给她一些方法，你就是她的完美儿媳啦。

总的来说，针对绿色婆婆，要做到两点。

1. 不要给她压力，她也不会给你压力，彼此自在就好

和绿色婆婆相处你会感到轻松，因为她对你没啥要求，同样，投桃报李，你最好也对她没啥要求，不要把你们夫妻关系的问题扔给婆婆解决，哪怕只是让她做裁判，她都会觉得困难，势必无法满足你的期望。

2. 多主动关心她的困难和需求

绿色婆婆自身解决问题动力较弱，容易把一些问题拖拉下来，孝顺她的方式就是主动关心，发现她有问题时帮助解决，绿色婆婆不会甜言蜜语，但内心会非常感激。

> 逍遥自在各管各
> 偷得空闲勤问询

如何搞定不同性格的婆婆

- 童心未泯老小孩，权当稚娃哄又夸。
- 无须口头猛点赞，只需润物细无声。
- 呼唤应声不敢慢，诚心诚意敬重您。
- 逍遥自在各管各，偷得空闲勤问询。

04

减压
——如何帮助不同性格的伴侣减压

俞敏洪曾经在一场演讲中，明确指出，创业者前有同行逼迫，后有投资者催命，创业环境急功近利，但凡有些事业心的年轻人，压力都无比巨大。但对不创业的人而言，每天生活在信息的海洋，到处都在攀比，满眼焦躁和惶恐。男人觉得没事业，人生就没出路；女人觉得男人不可靠，最终还得靠自己。现代社会，无论男人还是女人，压力都相当大。在情感关系中，除了携手同行，也需要相互给对方舒缓，帮助对方卸压。

在探讨该如何自我减压和帮别人减压前，不妨先来测测，你的伴侣抗压指数如何？

四种不同性格的抗压能力

假设伴侣的全部资产都在股市里，股市连续十天暴跌，资产蒸发一半，他会如何反应？

♣ **红色性格**：情绪受到很大影响，需要找人诉说来缓解压力，或把情绪带到家庭生活中，常为小事发无名火。

■ **蓝色性格**：表面平静，其实内心波涛汹涌，你问"怎么了"，嘴上答"没什么"，但你知道一定有什么。

▲ **黄色性格：** 更加投入，挑灯夜战，一定要翻盘，为此，不惜冒更多险。

● **绿色性格：** 平和以对，索性听之任之，静待问题过去，皇帝不急急太监。

可以看出，如果你的伴侣是绿色，那无须你帮其减压，因为绿色天生就擅长减轻自己的压力。绿色，有一大功能，就是"自我安慰"，如果摔了一跤，会对自己说"幸好没摔死"；如果丢了钱包，会对自己说"幸好里面不是我所有的钱"。投资失败或工作受挫，绿色总能找出理由来安慰自己，在绿色面前，你的安慰纯属白天掌灯——多此一举。但是，绿色在面临压力必须解决却找不到方法时，只能原地等待，也不知该向谁求助。这种情况下，你作为伴侣如果听之任之，其后果最终还是会影响到你。所以，帮绿色减压，更像帮他解决问题。

红色和蓝色，这两种性格都需要你来帮助舒缓压力。

黄色，不需要你帮助减压，因为黄色心理抗压能力特强，遇到挫折、打击、不幸，黄色第一反应是迎难而上、越挫越勇，但很需要你帮其减轻身体压力。特别要注意，黄色在四种性格中，"过劳死"概率最高，因为这种性格把注意力都放在迎接挑战上，往往忽视了身体的承受极限。

帮助绿色性格伴侣减压

绿色的人，小事通常不往心里去，自动解决。

比如，一个说者无心、随意性强的红色，在背后骂了绿色一句难听的话，骂完就忘了，绿色知道了这事，毫不在意。因为绿色毫无反应，反而节约了自己的时间和精力，不会内耗。但当遇到一些大事时，绿色还是这样一味听天由命，必然让事情更严重，这时，绿色也处于压力状态。如果你是绿色的伴侣，如能施以援手，问题解决后，压力自然消失。

在性格色彩传播大使自驾游学活动中，新大使毛晓宁医生分享了自己的故事：

我一直都知道，老婆有个很严厉且要求高的老板，但是我老婆的性格是个绿色，心态贼好，给这个老板当助理，经常加班，毫无怨言，我反正没见她因为工作愁眉苦脸过。

最近，她妈妈查出来患癌动手术。她是独生女，跟她爸爸去医院轮流陪护，手术恢复后，还要陪她妈妈化疗放疗，当中难得一天在家吃饭，刚端起碗，就接到她老板电话，没开免提，我都能听到电话那头的大骂声。她一边"嗯""哦"，一边站起身，轻轻往房间走去，还小心翼翼地看了我两眼，我估计她是怕我听到她老板骂她，为她担心。

因为学过性格色彩，我知道绿色关注别人感受，如果我表现出来生气或激动，会增加她的压力，所以，我不动声色，先管自己吃饭。过了一会儿，她从卧室出来，低着头，脚步迟缓，我站起来，等她走到桌子旁，伸出双臂拥抱了她。她把头埋在我怀里，抱着我的腰，仿佛把我当作一棵大树依靠。

过了一会儿，我问她："工作中遇到了什么问题？"她给我说了一遍，不出所料，因为压力大，最近她工作中出了疏漏，我给了些建议，她表示了感谢。我又问她："妈妈那边，还有什么事要处理？"她又说一遍。我听下来，还算顺利，于是叮嘱她几个注意之处，她连连点头。最后我说："遇到任何问题，第一时间问我，有我在。"她说："老公，你真好。"声音有点儿哽咽。这是我们结婚两年来，我看到她唯一有情绪的样子。这次之后，我感觉老婆更依赖我了，工作中的事也会向我汇报，我也很高兴给予她更多支持，我们的心更近了。

这位老公很好地运用了对绿色的钻石法则。

如果他听到老板骂绿色老婆，就气愤不已，甚至对绿色说："这个老板还是不是人？人家家里都出事了，还这么凶！不如别干了，我养你！"表面看，是在给绿色撑腰，实际上，会让绿色感到非常麻烦。因为对于绿色来说，压力下挨骂是难受，但因此而辞职换工作，会产生无穷无尽的麻烦，这是绿色不想要的，而且，老公因为自己的事这么生气，绿色也会于心不安。此后，她可能就会息事宁人，任何事都不跟老公说，完全避开老公来接公司电话了，这样的后果是：老公明明想帮她，却无法接收到绿色的一手情况，反而没法帮到她。

所以，正如这位老公所做，帮助绿色伴侣减压，做到两点就好。

1. 表示支持

不需要用太多言语，也许就是一个拥抱，也许就是一句"有我在"，让绿色感受到你的鼓励和用心就好，如果言语太多，或动作表情太夸张，反会吓到绿色，增添不必要的压力。

2. 解决问题

绿色在不确定你愿不愿意帮他时，是不求助的，因为他不想给别人添麻烦。所以你要主动详细问绿色，遇到了什么问题？是什么状况？解决到什么程度？还需怎样的帮助？为了让绿色自己也能成长，你不需凡事越俎代庖，而是当好一个教练和引领者，告诉绿色在关键节点该做什么，多关注绿色的后续进展就好。

> 泰山可倚立身后
> 你若需要即出手

帮助黄色性格伴侣减压

在所有性格中，面对压力最不容易从外表看出来的，就是黄色。

黄色喜欢压力，喜欢挑战，在骨子里，相对其他性格，抗压水平更高。正因如此，他们常将所有的问题自己扛，并且认为"向他人倾诉"无比可耻，是无能者的表现。

一个孤勇者，不该让别人知道自己搞不定问题，而且，告诉别人也解决不了问题，还可能平添其他烦恼。要应付伴侣的喋喋不休，要安抚伴侣的惶恐，要缓解伴侣的焦虑，天哪，那岂非在压力的围追堵截下，再给自己胸口添堵吗？！既然如此，何必去提。

所以，黄色的想法是：你问我有没有压力，我的回答当然是"没有""没问题，一切都能搞定""这事和你无关，你专心做你的事，我的事我可以""放心，尽在掌控之中""真正的勇士，敢于直面惨淡的人生，敢于正视淋漓的鲜血"。

而作为黄色的伴侣，不能接受的，恰恰正是黄色解决压力时的这副嘴脸，妥妥的"一入公司深似海，从此婚姻是路人"。唉，有压力，你为啥不说呢？说出来，你不就没事了吗？

性格不同，想法完全不同，谁都不懂谁。

♣ 如果你的伴侣是红色，压力一来，伴侣立刻会嚷嚷，你想不发现也难；

■ 如果你的伴侣是蓝色，有压力时，嘴上不说，蹙眉拉脸，你还是可以看得出来；

● 如果你的伴侣是绿色，压力再大，放心，也压不垮这坨棉花；

▲ 如果你的伴侣是黄色，压力大到如牛负重，可你还是看不出来啊，你还以为他没事，你继续施压，你继续闹腾，你继续置若罔闻，人家怕你瞎使力，你却有力无处使。

那么，究竟该怎么做，对黄色才是真正有帮助的呢？

一位学员分享了她对黄色老公从不理解到理解，再到用钻石法则帮助老公的过程：

几年前，股票熔断，原计划我们一家三口出去玩，都已经订好了游乐场的门票。那时，女儿才4岁，刚刚牙牙学语。

一直到中午时分，孩子爸爸还在看股市情况，坐在客厅，迟迟不出发。我们一家老少都在等他出门。他一脸严肃，我们在旁边一直说已经中午1点了，他也不抬头看我们。

我当时就说"算了，让司机送我们就好"，我其实有点儿生气。元旦都没在一起，元旦假期刚刚结束，说好了4号一起出去。现在，他居然一直抱着手机。

我不断克服着自己内心的沮丧，走到一楼门口的时候，他说了句"那你们去"。

就在那天，应该是股市熔断两次。我带孩子玩了一下午，心里非常不爽。但是，车上听司机说，才知道老公元旦假期每天都在应酬，难免心疼。

晚上6点回家，他还一个人坐在客厅。我嘱咐女儿跑过去亲亲爸爸。女儿性格开朗，跟跟跄跄跑过去，猛亲了几下。看着他们在客厅，刚刚那会儿的不愉悦，就过去了。

当黄色老公有压力时，表现为专注自己的事情，不理家人，这时女学员本来有情绪，但她做得很好的地方就是没有发作自己的情绪，而是选择了自己带孩子出去玩。当她从侧面了解到老公真的忙、压力非常大的时候，情绪就缓解了。之后采取了两个非常好的做法：

①自己带孩子玩了一下午，没有打扰老公，没有让老公操心，把家里安顿好了；

②再次见到老公，让女儿去亲老公，用亲情帮助老公缓解压力，也化解了彼此的尴尬。

当你的伴侣性格是黄色的时候，更需要你高度重视，须知帮助黄色减压，须遵循以下原则。

1. 给予足够的空间

黄色有压力时，就想自己解决问题。作为伴侣，信任黄色有能力处理好自己的问题，给予他足够的空间很重要。与此同时，自己给自己安排一些事情做，不要以关心之名不停地打扰黄色。

2. 照顾好家庭，切勿添乱

对黄色来讲，你先别提什么跟我并肩作战，你能帮我把后方都安顿好，让我无后顾之忧，就是对我最大的支持了。如果你一直叨叨要做黄色的左膀右臂，实际上家里一团糟什么事都没有做，那根本就不是在帮忙而是添乱。

3. 重视亲情的力量

黄色的压力，都是自己扛，他们既不倾诉，也不发泄，只会专注解决问题。当问题快速解决后，压力自动消失；但如果问题不能立马解决，需要度过一段长久的煎熬，亲情对黄色来说就很重要。家人孩子一起，做些简单的家庭活动，对黄色来说足矣。看到孩子天真的笑容、快乐地玩耍，黄色也可暂时转移注意力，而后更加干劲十足地解决问题。

> 愿君早休多片刻
> 留得强壮待三春

帮助蓝色性格伴侣减压

当生活不完美时，蓝色感到沮丧，他们总能轻易触碰到越来越近的消极，抽刀断水水更流，举杯销愁愁更愁。那些不严谨、不追求细节、不能发现他们想法的人，把蓝色搞得疲惫不堪，很容易受到感情伤害，这是蓝色沮丧情绪的来源。

蓝色对沮丧的反应，就是工作更努力，把事情做得更好。他们会比平时思考得更多，从每一个可想到的角度分析问题。沮丧期间，蓝色会退却，花时间在写作上，绘出问题的列表，或在书中寻找答案。

　　蓝色比别人更容易沮丧，是因为追求完美。生活毕竟很难十全十美。他们觉得别人并不是那么认真严肃地对待他们。很遗憾，这些沮丧，使他们错过了彩虹，只看见雨天。

　　当蓝色压力很大时，回到家里，就是不想说话，也不做什么，静静地坐在椅子上。如果此时老婆缠着他讲话，非要问他为何不讲话，让他把心里的烦恼说出来，他就会更不愿意说。

　　这时，最好的做法是给他倒杯水，然后静静地在旁边做自己的事，等他愿意说的时候，自然会说的。而这个独自思考的过程，其实就是蓝色自我沉淀、厘清思路所必需的一个过程。没有这个过程，蓝色走出沮丧就是不成立的。

　　蓝色容易把压力埋在心里，这时不能逼他说出来，而是默默陪伴为好。蓝色善于分析，他自会思索、分析问题所在，找到前行方向。逼他在还没想好的时候说出来，这本身，就会让他压力倍增。

　　蓝色的大卫和蓝色妻子结婚二十年，两人有了很深的默契。妻子每次压力很大，不顺心时，从不主动跟大卫说，但因为太熟悉妻子，所以，可从她的细微表情中看出端倪。当大卫发现妻子有心事时，就亲自下厨，给她做碗爱吃的阳春面。然后，他一边看着妻子慢慢吃面，一边拿杯水在旁边慢慢喝，也不刻意问。妻子吃得差不多了，就叹口气，问大卫一些事的看法："你说为什么公司定的规矩，有些人就是不愿遵守呢？""为什么相处了十年，会觉得一点儿都不认识这个人呢？""我只是想按照事先说好的数目来落实，他们为什么会觉得我太计较呢？"……虽然妻子说出来的，只是看起来很小的事情，但其实，背后隐藏着很深的烦恼，每次大卫都认真对待，就事论事，陪她一起分析，等到梳理清楚，妻子也就释然了。

帮助蓝色减压，可以用以下的方式。

1. 更多使用非语言的方式交流

比如深情凝视，默默地坐在他身边，给他递杯水或一个他爱吃的东西，或是把他需要的东西递到他手边。总之，用眼睛去看，用脑子去想他需要什么，不需说话，就能为他做到，这对细腻的蓝色而言，是莫大的支持。

2. 默默给予力所能及的分析和帮助

如果蓝色的压力来自工作，作为伴侣，可以搜寻些对蓝色有帮助的信息和资料，整理打印好，放在蓝色手边，供他有需要时取用。如果蓝色对你准备的资料认可，愿意和你交流工作，那便可以一起做分析，分摊思想负担，这样的伴侣对蓝色来说，可遇而不可求。

3. 承认我们的生活处处充满压力的现实

当蓝色愿意说话时，用心与他交谈，给予真诚的同情。承认生活本来就是不公平的，承认其所承受的苦难，一起讨论可能的解决办法。

4. 不要只用空洞的鸡汤去鼓励

不要说"乐观一点儿""凡事往好处看"，这些话会让蓝色更有压力，千万不要要求蓝色马上开心，因为他们做不到。不要把蓝色的悲伤和沮丧，看成芝麻绿豆的小事。当然，也绝对不能放弃他们。

> 执子之手静坐旁
> 愿我如星君如月

帮助红色性格伴侣减压

红色在压力下，要么沮丧，情绪低落，停杯投箸不能食，拔剑四顾心茫然；要么波动，情绪爆发，怒发冲冠千万恨，随时发怒化龙蛇。

当生活无趣，没人欣赏自己，环境不如意时，红色容易感到沮丧。红色通常的想法是："事情就没好过，我从没赚过足够的钱……""为什么我还没结婚？周围的朋友越来越少了……"

当红色沮丧时，总会时空错乱，强烈地认为自己的性格是蓝色，因为自己是敏感的脆弱的消极的悲观的、不喜欢和人接触说话的、喜欢看悲剧影片的……以上这些全部都是蓝色的表现啊。红色会不停地向你证明"我的性格变了"，然后，不断陷入沮丧和悲哀中。

但请记住，事实上，那仅仅是——红色的情绪化而已！！！（如何区分看清真正的性格，详见《性格色彩识人宝典》）

一旦有人陪伴或有了发泄渠道，红色的笑容便会重归，失落一扫而空，会本能地寻找乐趣，比如美食、聚会、购物……

还有些红色在压力下的反应，会像黄色一样，不停地做事，但和真正黄色的区别在于——黄色的情绪很稳定，而压力下忙碌的红色，就像爆竹，一点就炸。

Eva 的老公本来是个活泼开朗、富有幽默感的人，但自从辞职创业，每天都像打了鸡血，早出晚归。周末全用来参加创业俱乐部的活动，结交人脉。按理说，老公努力工作，Eva 应该高兴。但随着工作压力越来越大，老公就像变了个人，回到家里，要么倒头便睡，要么坐在电脑前。Eva 试图跟他聊天，他的脾气就像爆竹，说啥都像吃了枪药。

Eva 问："饿不饿？要不要给你下碗面？"他一下就生气了，说："你烦不烦？没看见我在忙吗？"

到后来，情况愈演愈烈，老公自顾自打电脑，Eva 走到他身边，刚要开口还没讲话，老公就呵斥："闭嘴！不要打搅我！"

Eva 完全不明白老公怎么回事，唯有祈祷老公恢复到以前的样子，宁可少赚，一家人开开心心。

显然，此男是红色，由于压力过大，严重情绪化。因为红色注意力易分散，又受压力所迫，害怕自己分心，影响工作，所以，演变成对老婆发泄情绪，阻止老婆与他沟通交流。如果不能帮他减压，长期如此，情绪会时而压抑，时而暴躁，必将给夫妻情感带来更大破坏。

一位经历过投资惨败的红色朋友告诉我，在那段对他来说无比黑暗的日子里，如果没有老婆帮他减轻心理压力，也许他已走上绝路。当时他把家里存款都拿去投资，房子也抵押了，结果血本无归。但老婆并没埋怨他一句，而是宽慰："没关系，只要人没事就好，钱没了，我相信你可以挣回来。"

老婆用自己的工资维持全家生计，并且不断认可他的优点，鼓励他去面试，最终他找到了一份不错的工作，慢慢把债还完了，并且晋升为高管。

老婆还有一个优点，让红色的他非常受用，就是善于倾听。每当他回到家，老婆都会充满期待地问，当天发生了什么有意思的事，他分享时，老婆会集中注意力认真地听，还不时感兴趣地发问："是这样吗？……然后呢？……太有意思了！……后来呢？"这样一来，他也会乐于把心里的话对老婆倾诉，夫妻间每天都有足够的时间交流，他心中的郁积也就一扫而空。

帮助红色减压，须遵循以下原则。

1. 对方发火莫较真

学会观察红色的情绪状态，当他处于紧张状态时，不要去打扰，给他一个完全安静放松的空间。如果伴侣因为控制不住自己而发火，一笑置之，千万不要较真，因为红色的情绪来得快去得也快。

2. 给他认可

在红色手头不忙的时候，以他认可的方式挑起话题。比如，吃饭时可不经意地问："新闻上说，最近你负责的某某产品拿到一个奖是吗？"红色被认可时，会更有自信，会对交谈更有兴趣，这时，就坡下驴，继续顺势认可，让红色完全放松，沉浸在愉悦中。

3. 让他宣泄

当红色压力巨大时，送他喜欢的小礼物，带他出去吃饭，让他可以放松自己，非常重要。沟通时，可以引导红色多说说自己的压力，能哭出来或发泄倾诉出来最好，会减轻不少压力。

4. 切莫说教

千万别对红色的过失进行说教。不要总是说"如果你早点听我的就好了"之类的打击自信的话，别让红色感觉到负罪感，这会让其想赶紧逃避。

> 陪你哭来陪你笑
> 就是不对你说教

如何帮助不同性格的伴侣减压

- 陪你哭来陪你笑，就是不对你说教。
- 执子之手静坐旁，愿我如星君如月。
- 愿君早休多片刻，留得强壮待三春。
- 泰山可倚立身后，你若需要即出手。

05

挽回
——如何化解不同性格的离婚危机

网上关于我的传说很多，有说我酒品不好，喝醉酒在电视节目上发酒疯的；有说我人品不佳，居然骂别人是太监的；还有说我一个离过三次婚的老男人居然还有人觉得我是情感专家，若是专家，怎么还会离婚，肯定是伪专家。

我思考很久，为何自媒体要把我离婚的次数从一次扩张成三次，在写作本书的过程中，有一天，恍然大悟。原来，如今离婚者众多，若是说乐先生离过一次，民众一定会说"离婚一次有什么大不了，根本不配做专家"。专家专家，只有经验很丰富的人，才能成为专家。所以，只有放大离婚次数，再和"情感专家"四字并列，这样强烈的反差，才能吸引流量和评论。

>> 当对方提出离婚时，不同性格的反应

让我们做个假设，假如你已婚，有一天正和朋友吃饭，你的伴侣突然发给你一条信息："我们离婚吧。"你的反应是什么？下面来对号入座，看看你的反应。

♣ 红色性格

吓了一跳，想象出无数种可能性，也许他出轨了？也许我做了

什么让他不满意？瞬间感到无比烦恼和纠结，和朋友吃饭的心情荡然无存。会立刻打电话过去问："发生什么事了？"红色情感丰富，表达欲强，当伴侣提出离婚时，红色情感会受到刺激，也许是惊讶，也许是难过，会把自己的情绪表达出来，渴望得到对方的接纳和理解。

■ 蓝色性格

脑中有问号，开始思索对方发这条信息的动机是什么，但暂时不回。直到自己想清楚，再做下一步行动。更可能不动声色地和朋友告辞，回家后，等到与对方见面时，看看对方状况如何。蓝色敏感细腻，虽然不善言谈，但善于从对方的一举一动中揣测对方心情，当伴侣主动提出离婚时，蓝色要么早做好了心理准备，要么会陷入忧郁。蓝色从一段失败的情感中走出，需要相当长的时间。

▲ 黄色性格

和朋友说句"不好意思，有点儿事"，离席到僻静处，打电话给对方，直接问他怎么回事，若有问题，立刻解决。黄色的世界很简单，遇到问题，解决问题。当伴侣主动提出离婚，黄色会首先问自己还想不想要这段婚姻，如果刚好不想要，那正好就谈分；如果想要，那就要找到问题根源并且极力去解决。万一最终离婚之事已成定局，黄色会立即考虑财产保全等一应事宜，这与爱情无关，只与性格有关。

● 绿色性格

不知该怎么办，又不太敢问对方，所以，先不回复，和朋友吃完饭再说。如果对方真的想要离婚，应该会再发消息或打电话过来的，等对方主动打来再说。绿色极其关注他人感受，当伴侣主动提起离婚时，绿色会告诉对方自己没什么想法，事实上，绿色也确实没啥

101

想法，即便不舍得离婚，也不做强烈争取，而是以一种被动宽容的态度，期待对方主动改变主意。

相比之下，面对伴侣想离婚的信号，红色和黄色更主动。红色愿意主动与伴侣沟通，但同时也会伴随强烈情绪化；黄色会主动询问并直接解决问题。

面对伴侣想离婚的信号，蓝色和绿色更被动。区别在于：蓝色没有立刻做出反应，却在不停思考；绿色则是静待问题过去，得过且过。

>> 不同性格为何提出离婚

事实上，当伴侣提出离婚时，这段感情已到了悬崖边缘，最好在离婚危机刚有苗头时就察觉，防患于未然。为了预防被离婚，你需要知道四种性格在怎样的情况下会对离婚动心起念。

♣ 红色性格——当情感需求始终得不到满足时，会想离婚

红色，常把"离婚"二字挂在嘴边。因为红色心直口快，一旦不快乐，立马抱怨，且不惜用些极端字眼吸引对方的关注。所幸，成天嚷嚷要离婚的人，未必真的想离，可能只是希望对方多关注自己。对红色而言，真正的危机来源于在婚姻中长期无法满足情感需求，渐渐把注意力转向婚姻外，这时，如果有外遇对象，能给予红色快乐和被强烈认可的感觉，红色可能真的要离。

■ 蓝色性格——当对方不遵守婚姻规则时，会想离婚

蓝色，对婚姻有如同信仰一般严格的要求，这种要求，首先是对自己，其次也会要求伴侣坚守底线。蓝色有精神洁癖，可以为了做个好丈夫好妻子而默默承受很多，但如果蓝色发现对方不忠，一般很难原谅。

▲ 黄色性格——当利益冲突无法达成一致或对方无法担负婚姻责任时，会想离婚

黄色，认为每个人都该为自己的选择负责，既然选择了婚姻，就该扮演好自己的角色。除非双方在利益冲突上无法达成一致，黄色会好聚好散；其他情况下，黄色更有可能选择婚内单身，自行其是。同时，黄色最恨逃避责任的人，一旦发现有这样的行为，必定会设法改造对方，假如改造不成，也可能放弃，因为他们认为一个完全无法担负婚姻责任的人留在婚姻里是没有价值的。

● 绿色性格——当矛盾无法缓和且有外力介入时，会想离婚

绿色，能不离就不离，除非日子实在过不下去。对绿色而言，即便伴侣有再多毛病，凑合凑合还是能过的，"过不下去"的问题在绿色这里，很难探底。可是，如果伴侣对绿色强烈不满，而绿色实在无法达到对方要求，不快乐一直持续，这时，绿色也会有"你要离便离"的想法。不过，除非绿色背后有第三者介入的外力推动，否则绿色一定会等对方提出离婚，断然不会自己主动提出。

>> 不同性格提出离婚时，你该怎么挽回

明白了四种性格的心态，你就可在伴侣起心动念时，有所察觉。假如你还想继续这段婚姻，就要掌握性格色彩的钻石法则，及早满足对方需求，化腐朽为神奇。

那么，假如对方已经向你提出了离婚，该怎么办？

挽回绿色性格——功夫画外，幕后有人

绿色一般不会主动提离婚，除非背后有重要的人强烈推动。多数情况下，要么是绿色的父母反对这段婚姻，让绿色离；要么是外面的

103

第三者在推绿色离。无论是哪种情况，解决的思路都是要搞定绿色背后那只无形的大手，而非搞定绿色本人，因为背后的力量消失了，绿色自然会倒戈。

如果是绿色的父母在背后推动，那就要搞清绿色的父母心中所想，设法与他们建立良好关系；如果推动绿色离婚的是第三者，那就要巩固自己和绿色的关系，紧密陪伴，提供给绿色需要的舒适温暖的生活氛围，让外人无缝可入。当围城外那人发现始终摸不到城墙之切入口，久而久之，自然离去。

小莉和大宝是典型的互补组合。大宝绿色，脾气温和，凡事好商量；小莉黄色，无比清楚自己想要什么，两人琴瑟和谐。

但自从婚后小莉和大宝去大宝父母家做客几次后，大宝的妈越来越不喜欢小莉，因为大宝妈是红色，在意礼数，而小莉每次上门都没带东西，大宝妈心里不痛快。小莉觉得自己工作很忙，每次回婆家还要花时间去想送什么礼，既麻烦又没必要，自己和大宝每月都会给婆婆一笔数目不菲的零用钱，婆婆想要什么可以自己买，不是挺好的嘛。

另外，小莉和大宝的妹妹相处也不好。妹妹总觉得嫂子目中无人，说话直接，比如，妹妹找话题，问嫂子有没有看过一部当红网剧，小莉说"没兴趣"，问她平时下班干什么，她说"找事业机会，不能把时间浪费在玩上"。也许她并非有心批判妹妹，但久而久之，妹妹觉得跟嫂子不是一路人。后来，妹妹有个关系特好的女同事，因为打官司要找人请教法律问题，恰好大宝学法律，妹妹就把哥哥介绍给这个同事，在这个过程中，大宝的温顺敦厚、有求必应让妹妹的同事芳心暗许。

再往后，在生孩子的问题上，小莉和婆婆爆发了很大冲突，小莉认为要先忙工作，晚两年生，婆婆认为宜早不宜迟。在这场战斗中，大宝始终没发表意见。在战斗白热化时，妹妹趁机提出，不如让哥哥换个老婆，并引荐了自己的女同事。事情最后演变成，婆婆要求大宝必须和小莉离婚。

幸好，小莉在关键时刻寻求了性格色彩卡牌大师的帮助，在卡牌大师的分析下，她认清现状，克制了自己的黄色过当（性格色彩将性格的局限称为"性格过当"），对婆婆和小姑子运用了钻石法则。

①对婆婆，买了婆婆爱吃的美食以及一大堆礼物，去到婆婆家。婆婆一开始拉脸，给她脸色看，她也丝毫没有生气，而是用示弱的方法跟婆婆说："这么多年来我只顾自己工作，没有关心您，是我的错。"先道歉，缓和了婆婆的情绪，然后跟婆婆说："很多人都以为是大宝追的我，其实是我先看上他的，要不是您这么会培养儿子，大宝怎么会这么优秀。我要是离了，肯定找不到像你儿子这么好的。"一次不行，就多次上门。伸手不打笑脸人，婆婆礼物收得多了，软话好话听得多了，态度就缓和了，也不逼着大宝离婚了。

②拿出证据。小莉找医生给自己做了全面的孕检，证明身体一切正常，但是某些方面调养一下会更好，再拿着报告给婆婆说："其实，我也很想生孩子，但是大宝这么好的基因，不想浪费了，想花两年时间调养好身体，订好计划，两年后一定生。"就这样，小莉先搞定了红色的婆婆，让婆婆接受了两年后再生孩子。

③对小姑子，放下身段，主动谈心。这时小姑子发现企图动摇小莉地位的大势已去，也不好意思见到自己嫂子，但小莉坚持多次找小姑子，带去高级化妆品作为礼物，见小姑子脸色缓和，便和她聊自己对大宝的感情，说："以前我太强势了，真的很担心大宝会对我有心结，你最了解你哥，帮我分析分析。"表达了对小姑子的信任，让她当自己的感情军师，于是红色的小姑子也被搞定了。而那个在家门外的姑娘，没了内援，外部自然瓦解。

> 身在此山不识真
> 搞定画外关键人

挽回蓝色性格——消除误会，增进理解

蓝色提出离婚，不但是下定了决心，而且再三考虑，如果确实是因你的过错，让蓝色提出离婚，估计是无法挽回了。除非你们之间有误会，那你也需花出吃奶的力气，找到确凿证据证明是个误会，还要给蓝色足够的时间来接受和相信。

严格来说，蓝色如果很坚定地提出离婚，几乎不可能挽回。但好在蓝色在感觉出了问题之后，会有一个犹豫徘徊期，如果能及早发现，还有机会解开他的纠结和误会，重新梳理好彼此的关系。所谓"你本将心向明月，奈何明月照沟渠。若欲明月照你心，唯需剖心示明月"。

"跟乐嘉学演讲"课程的一名学员慕容在陪同事买房时，发现那个地段的房子有升值空间，虽然暂时没打算买，但考虑以后置业投资，就加了售楼小姐微信。售楼小姐为了业绩，时常发微信，表示暧昧的关心，如"您还在工作吗""再忙也要注意身体"，并伴发一些温馨文摘，如"飞得再高，也需要一个宁静的港湾，我愿做你永远的避风港"，再附上一张楼盘的伟岸照片。他有时旅途无聊，就顺手回复，一来二去，聊了不少，相互调侃，春色荡漾，风光旖旎。

虽然慕容认为自己既无身出，也无心出，最多不过是河边抛上了几颗小呀嘛小石头，但蓝色的妻子十分敏感，私下发现了他们的聊天记录。其妻没立刻质问，只说自己需要重新考虑些事，要安静独处，所以，要和他分房而睡。他立刻发现不对，想想也只有这事不够坦白，于是，主动找妻子报告咱啥事也没有，身和心都是你的，并且指天为誓远离房姐。

但蓝色的妻子还是告诉慕容，她要静静想想。于是，慕容答应妻子分房，但每天留意妻子起居，每天给她买早点，她要出门就主动接送，每晚拉着她聊聊自己白天发生的事。

坚持了两个月，妻子才从保持距离中走出，这时他再提出同房，妻子同意了，解除了一次婚姻危机。

可以想象，以蓝色习惯性的负面思维，如果慕容不加重视地对待妻子分房事件，婚姻也许不日将穷途末路。

> 卿思误语损情衷
> 心有隔碍抚旧尘

挽回黄色性格——改变自己，解决问题

当蓝色提出离婚，意味着他内心已经离开很久，并且做好了万全准备；而当黄色提出离婚，他只是想好了最关键的事，只不过有足够自信来处理离婚后的一切。所以，如果你提出疑问，就意味着对黄色的挑战，会激发他想搞定你的欲望，让他想出更有效的方法来更快离婚。

与蓝色不同，黄色的决定是否改变，并不取决于时间的长短，而是取决于他最在意的事情是否已经改变了。

所以，当黄色提离婚，你要去分辨，他到底是决定了非离不可，还是把"离婚"作为迫使你改变的手段。如是前者，那么，当下你想让他改变主意不太可能，因为黄色在决定离婚前，一定已反复拷问自己的内心，清楚知道自己到底要什么。

如果是后者，有时黄色的伴侣会不惜用极端化的方式迫使你改变，也许他会说"如果你再不……我们只能离婚了"。这并不意味着他要和你离婚，而是他想告诉你，他要求你做的这件事，对他而言很重要。当他说出这样的话语时，你要避免自己的情绪化，理解他的初衷，就事论事地和他交流，达成一致。

黄色的Angela提出离婚，是因为老公没有上进心，一味地依赖她，

无法成为她希望的伴侣。老公的处理方法是，当下不争辩，而是要求分居一段时间。在分居期间，老公改变了自己的作息习惯，给自己订立了事业发展的目标，再通过朋友给她传递消息，朋友居中安排两人见面。这次见面时，她发现老公真的变了。事实面前，黄色才愿意改变自己对人的看法。最终，她重新接受了老公。

小秦和大强相识于微时，两人婚后白手起家，历经十年辛苦，创下家业，拥有一家价值几千万的公司。想不到大强此时提出离婚。听到"离婚"二字，小秦才突然开始反思自己。

小秦是红＋黄，既有八面玲珑的交际能力，又有熬夜写项目报告、愈挫愈勇拿下大客户的业务能力；而大强是黄色，善于战略思维和顶层设计，两人不仅是夫妻，在公司运作中也极为互补。但由于性格原因，过去这些年，小秦经常因为情绪化而与大强在员工面前对着干仗，回到家里还会继续争论公司事务，互不相让。

大强为人抓大放小，对面子其实并不在意，但当他看到小秦的情绪化导致员工离职率上升、团队凝聚力下降时，也会批评小秦。但小秦又是业务一把手，公司收入很大一部分依赖于小秦的销售团队，所以，作为总经理的大强管理起来也很难。

过去几年，大强想了很多办法，比如，内部组织架构调整，挖同行业务强的人来公司顶替小秦的部分工作，让小秦有更多时间在家，不要那么急躁那么累，但每次尝试，都被小秦认为是想夺她的权，闹得不可开交。终于，大强给了小秦最后通牒——"离婚吧"，同时他也做好了分拆公司的准备。分拆后，他和小秦各拥有一个公司，两个公司业务有合作，但股份无关联，小秦最熟悉擅长的业务板块放在小秦的公司，而大强的公司变成一个行业平台，除了跟小秦的公司合作，还可和其他公司合作。

大强的理由是，对他而言，人生最重要的事情就是工作，如果继续这段婚姻，小秦一直无法摆正自己的位置，将会长久影响到他的事业发展，所以，不如各自飞高飞远，分开了还是合作伙伴，不需要掣肘。

小秦在离婚这当头棒下，开始反思，想起有个闺密学过性格色彩，还给自己用卡牌分析过性格，并且卡过一副婚姻牌阵。牌阵显示两人关系绷得很紧，若小秦再不改变，婚姻会出问题，而她当时不以为然，觉得风景一片独好，现在想起来，闺密早有先见之明，遂赶紧求教。运用性格色彩洞察了大强的性格、需求及动机后，小秦在闺密的支着儿下，收敛住了自己即将火山爆发的情绪，和老公平静对谈，提出三点：

①离婚可以；

②为避免双方损失，不要对公司员工及公众立刻宣布，而是先宣布一个好消息，公司业务扩大，即将成立一家新的平台公司，先把公司内部处理好，平稳过渡，再告诉大家离婚的事情；

③新平台公司刚成立，需要更多合作伙伴，小秦擅长这方面，可先承担这方面的工作，等合作伙伴招募到一定数量后，再放手，回来专心做老公司的业务。

大强按捺住内心的惊讶，同意了小秦的要求。老婆对于离婚的事情，丝毫没有情绪化，这太让他震撼了，更惊讶的是，老婆提的条件，完全是为他着想，主动解决他的问题，他完全想不通为什么突然换了一个老婆，但是无论如何，这个变化，让他成为最大受益者，他没有理由不去同意。

因为投入新公司的组建中，大强忙得根本没时间办离婚手续，而小秦也专注地开始处理公司事务及为新公司招募合作伙伴。三个月后，新公司完成所有团队组建，合作伙伴也招募到一定数量，在庆功会上，员工们起哄让大强和小秦亲吻，两人在众人面前拥抱热吻，彼此都感觉感情比刚结婚时还要好，离婚的事，无人再提。

在你早就严阵以待，刀已出鞘，做好准备开始奋勇厮杀、你死我活的时候，画风突转，眼睛里好像进了一粒沙子，还没等你揉完，对面那方突然收起了刀枪，背对着你，扭着屁股跳起了舞蹈，"嘟咕嘟咕嗒嘎嘟咕嘟嗒嗒"。怎么样，惊喜不惊喜？意外不意外？

挽回红色性格——出情感牌，至死也出

在四种性格中，红色最容易提出离婚，原因在于，红色的决定较易受到情绪影响，但说归说，做归做。记住：红色伴侣提出离婚，并不等于已经想清楚了，也不等于不能改变。

一位女学员，夫妻性格都是情绪化严重的红色。

某次家庭战争，吵得伤筋动骨，引无数街坊竞围观。其后，老公提出离婚，女方愤而搬走。僵持半月，气消了，念起老公的好，但老公铁了心要离。

她甚为了解老公，知道老公如果气没消，说啥都没用，只要情绪解决，问题自然解决。于是，她着手开始准备烛光晚餐。然后电话老公："我尊重你的决定，但在离婚前，希望能给彼此留下一个美好回忆，我不希望若干年后想起你，想到的是最后那次大吵出手的画面，所以，请你周日来开开心心吃顿饭，然后，周一去办手续。"

老公赴约，吃完她亲自下厨的拿手好菜，两人喝着红酒，聊起初遇、聊起钟情、聊起婚礼，她哭了，他也哭了，然后，两人抱在一起，一个哭着说："为什么？我们怎么会走到今天这步？"另一个说："都是我不好……"再说："不是，是我的错，我不该……"两人一个比一个柔，一个比一个软，多少短歌重弹，多少情缘盈缺，香雾浓浓，情峦叠嶂，最后，老婆说："既然你喝得不少，留宿一宿吧……"

老公顺水推舟，自然，梅花帐里，对垒牙床，直至鸡声漫唱，不愿上

朝。次日，擦干眼泪，双双许下白首不分离的誓言。

　　吉吉和丫丫结婚五年。吉吉做金融，事业处在上升期，长相斯文，架副眼镜，身高略矮。丫丫是公认的美女，做销售，常出差。吉吉不善言谈，当年追到丫丫，其实是在她一次刻骨铭心的失恋后。婚后，吉吉依然木讷，虽然爱丫丫在心，但很少说甜言蜜语。

　　一天，丫丫出差归来，回到房间一个人发了半天呆。吉吉以为她想工作的事，便没打扰。不承想她发完呆，突然对吉吉说："我们离婚吧。"吉吉以为她开玩笑，她却坦承在婚外遇到真爱，长相帅、银子多、个子高。吉吉见丫丫认真，不由得天旋地转，说："你真喜欢他吗，会不会只是一时冲动？"丫丫说："我最初嫁你，只因为觉得这辈子找不到真爱，没想到遇见他，他即真爱。"吉吉五雷轰顶，口不择言："你不要被外面的人骗了，他的情况你了解吗？他是单身吗，说不定跟你只是玩玩而已。"丫丫平静："他已婚，我开始也没有那么投入，但现在他为了我离婚，离婚证都给我看过了。"吉吉当场石化。

　　假如没有性格色彩，吉吉只有无奈接受婚姻破碎的现实，可他内心深爱丫丫，感觉没她自己就活不下去，却不知该怎么处理这个事。

　　在朋友推荐下，他来到性格色彩卡牌师面前，通过咨询，他知道丫丫的性格是红色，因为家庭经历及工作影响，呈现出无比强势自信的像是黄色的外表，但其实内心依然脆弱，重感情。所以，当"真爱"以浪漫的面目出现，又"为她离婚"给了她巨大认可，才撼动了她的心防。解决办法，依然是要用"情"来感动她。

　　于是，吉吉不再像以前那样压抑自己，学会了表达自己的情感。

　　当他和丫丫长谈，细说自己当年如何暗恋她，当她终于答应嫁给他时，他是如何感动，一桩桩，一件件，说得自己泪落衣间似痴狂，说得丫丫珠泪涟涟入愁肠。谈完，丫丫同意先不从家里搬出去，而是分房给段适应时间。与此同时，每当丫丫给异地"男友"挂电话时，吉吉都忍住情绪，只要和丫丫一起聊天吃饭，就只谈彼此的感情，谈丫丫的好，谈自己的舍不得。久而久之，丫丫在面对吉吉时，感受到的都是柔软和甜蜜，而电话那头的"男友"却越来越急躁，总在质问她为什么还不从家里搬出来，是不是想反悔，丫丫挂了电话后难过，吉吉还安慰她。如此一来，丫丫的心越来越偏向吉吉，最终，丫丫向那个"男友"提出了分手。

以上两个课堂中的实战，最终都通过性格色彩洞悉对方心理，危机干预，扭转乾坤。但须知，与其等对方提出后改变，不如提前改变，防患于未然。学习性格色彩后，只要对方脑海中有分开的念头时，你即可洞若观火、见微知著；既可冷静应对离婚危机，又可选择你要的出路和结果。

> 忆得旧时携手处
> 罗巾落泪别残妆

挽回不同性格的秘诀

- 🏃 忆得旧时携手处，罗巾落泪别残妆。
- 🏊 卿思误语损情亲，心有隔碍抚旧尘。
- 🧍 今年元夜灯依旧，明年元夜刮目看。
- 🛕 身在此山不识真，搞定画外关键人。

06 离婚
——如何与不同性格友好平顺分开

人们都说结婚要看性格，选择适合自己的伴侣，但其实，离婚也要看性格，对应不同性格的人，要用不同的方式来沟通离婚问题。如果不考虑对方的性格及能接受的方式，一时冲动，提出离婚，必将付出惨痛代价。

>> 该不该离婚

做性格色彩二十多年，因为婚姻问题来课堂的人，常常问，你说我该不该离婚？

世人常见的说法是"宁拆千座庙，不破一门亲""宁教人打子，莫教人分妻"。总之，如果人家婚姻出了问题，要劝合，不要劝分。传统观念觉得"离婚"大逆不道，羞耻万分，这个观念流传的结果是：很多人即使离了婚，也不愿意告诉别人，仿佛这是件天大的丑事，离异家庭的孩子因此被别人瞧不起，造成各种问题。与此同时，如果一个人在婚姻中极度痛苦，他可能因为怕被嘲笑而不离婚，从而引发更大的婚内悲剧。

总体来说，社会上对离婚者的偏见随着时代的进步，越来越少，但因为害怕别人眼光而不离婚，或离了不敢告诉身边亲友的人，依旧有相当数量。当然，假设整个社会极度开明，完全没人管你离不离，夫妻俩一旦有了矛盾就离婚，无异于拿婚姻做儿戏，不过是一种逃避罢了。逃避的离婚者，逃到下一段关系，依旧还是处理不好问题，因为这种人压根儿不知道自己的问题是什么，只会一味归咎于别人。

所以，如果要回答"该不该离婚"这个问题，得分两种情况。

第一种情况，你其实打定主意不想过了，但害怕别人对你有看法。

表面上，维系着一个名存实亡的婚姻，打着为孩子好的旗号，其实就是希望亲友也好、师长也好、专家也好，有个人跟你说，你们合不来，离了吧，你就不用为自己的决定负责。

这种情况，男人不离婚的原因无非是，怕名誉受损，影响自己的事业，何况家中红旗不倒，外面彩旗飘飘，婚姻就是那么回事，睁眼闭眼和谁都是过；女人不离婚的原因无非是，怕孩子处在单亲家庭，自己贴上离异标签，一个人生活艰难过不下去。总之，不论是对自己还是对孩子，离婚都是创伤。

实际上，孩子或许是你下不了决心的借口而已，你真正害怕的，还是离婚本身。

一个孩子在不幸福的家庭氛围中所受到的苦，或许比父母离婚大多了。身边有朋友回忆起父母鸡飞狗跳的婚姻生活，说得最多的是，我就想不通他们为什么总不离婚，说是为了我，我可不背这个锅，我巴不得他们离婚，三个人一起解脱。

须知，鞋子合不合脚，只有自己知道。专家也好，老师也罢，谁都不能替你做这个决定，因为谁也无法替你过接下来的人生。一旦你把做人生重要决定的权利给了别人，往后余生，你永远有一个借口，就因为谁替我做了一个选择，所以我才怎样。这位同学，你应该做你自己幸福的第一责任人。

第二种情况，你其实还没想好该不该离。

不离吧，日子难熬，相处困难，性格冲突，无日无之；离吧，回头看看还有孩子，还有共同财产，还有对自己不错的对方家人，最重要的是，两人还有感情。

对这类人，我想说的是："你有什么非离不可的必要吗？"

绝大多数夫妻关系问题，通过本书和性格色彩都可化解，寻找到彼此相处的最佳方式，让爱情之花在婚姻中亦能生根发芽。

当然，如果你深入洞见了自己的需求，深入洞察了你们关系中本质的不可调和，觉得离婚让彼此解脱重生是最佳选择，那就好好地离，别反目成仇，尽量减少冲击和伤害。尤其有孩子的家庭，离婚时糟糕的做法，将会直接对孩子产生负面影响。让我再次申明这个观点，对孩子伤害大的并不是离婚本身，而是夫妻双方都没有足够的爱给孩子，并且让双方的恶劣关系严重影响到孩子的心理健康。

> 不同性格常见的错误离婚方式

♣ 和红色性格谈离婚的错误方式——总想快刀斩乱麻

某夫妻恋爱时，女方工资比男方高，婚后，老公飞黄腾达，收入是老婆数倍。因为经常出差，老婆开始疑神疑鬼。

红色老婆要求老公出差时，必须每晚给她打电话，否则就打个不停。电话接通后，无论老公在做什么，立即要求视频通话，看看周围还有谁。老公回家后，双方发生口角。

老公折了面子，提出离婚，红色老婆的第一反应是"是不是外面有人了"，老公再三解释没有，但老婆不信，老公一气之下："我就是有人了，你把我怎么着吧？"随即收拾东西搬到父母家住。老婆和儿子住在原来的地方，心怀怨愤，坚决不离，宁可天荒地老，让你也没得好日子过，而老公坚持要离。

随着两人关系越来越恶劣，老婆受到严重刺激，甚至会教儿子骂爸爸，用微信语音发给老公。每当老公打开微信，听到上幼儿园中班的儿子以稚嫩童音说"爸爸是个坏爸爸，爸爸是个坏爸爸……"，瞬间，真的想死。

由于红色的冲动和热情，伴侣在跟红色谈离婚时，有可能因为言语的冲撞而一时气愤，说出伤害对方的话，而此时，红色正是心灵最脆弱之时，心想：你都要离开我了，还说我不好，忍无可忍不再忍，我跟你拼了……结果，可想而知。

跟红色谈离婚，切勿急躁。

因为红色注重情绪和感受，当你急于离开时，会激发起红色各种隐藏的心思和各种意想不到的酸话、狠话，譬如，"这么急干吗，急着去投胎吗？外面哪个狐狸精等着你，就等不及这一两天了？结婚的时候也没看你这么急啊，怎么现在离婚这么起劲呢？你是不是早就设计好了？"

故此，你的话语顾及红色的感受，是解决问题的关键。否则，红色的情绪化爆发，甚至不惜"伤人一千，自损八百"，最终两败俱伤。即便最终把婚离了，双方依然有过人生共同轨迹，如果有了孩子，更是不可能割断。记得：切莫激怒对方，给自己制造仇敌，正所谓"做人留一线，日后好相见"。

■ 和蓝色性格谈离婚的错误方式——总是交代不清楚

广州学员白玉兰，因为离婚时没妥善交代，造成了一段终身遗憾。事隔多年，她才知道她前夫的性格是蓝色。

两人当年结婚，奉父母之命媒妁之言。婚后，丈夫去了武汉工作，异地夫妻，见面稀少，男人也一直少言寡语。后来，她在广州遇到一个性格相投的男人，两人天雷勾地火，私订终身。她觉得对不起前夫，但又不知怎么面对，就给他发了条微信，只说觉得两人不合适，要离婚，没说具体原因。

117

蓝色前夫收到信后，足足半年没回复，也没回家。后来，还是前夫的姐姐告诉她，前夫同意离婚，代转离婚协议，所有手续皆由姐姐全权处理。她再婚后的第五年，得知前夫自从离婚后就一直独居，工作也辞了，不和任何人往来，据偶然去探望他的朋友说，他已完全陷入抑郁状态，不和任何人交流。

她知道前夫是一点儿小事就想很多的人，自己突然离开，没任何交代，会让前夫无法理解。但因为之前没学过性格色彩，她不知道这个心结对前夫来说，会如此严重，以致多年还无法恢复正常生活。她感到对不起前夫，想找前夫谈当年的事，但前夫不肯见她，也不肯见任何她家的人。她感到很愧疚，可惜已无法补偿。

由于蓝色的严肃和严谨，伴侣在试图跟蓝色离婚时，可能会想逃避掉那个直面的过程，也尤其害怕回答蓝色各种各样的问题，但这实非明智之举。

跟蓝色谈离婚，切勿语焉不详。

因为蓝色重理智更甚于情感，如果你不给任何合理的理由，只是说要离，蓝色会自己想很多。他必须找到一个名正言顺的说法，但单凭他一个人在那儿瞎想，必然钻入牛角尖，有无数偏差，最后，你根本不知他想到了哪里。看起来事情解决了，其实在蓝色的心里，依然发酵，甚至离婚之后，还向不可知且不可控的方向发展。

▲ 和黄色性格谈离婚的错误方式——总是针尖对麦芒

有位先生，江湖人称鲁汉，因婆媳关系而离婚。

他和黄色老婆有个可爱的儿子，原本相处尚可。但老妈的性格也是黄色，孤儿寡母把他拉扯大。婚后他老妈、他、他老婆同住一个屋檐下，老妈和老婆不时发生矛盾，都无比固执，他夹在当中，里外不是人。

儿子出生后，老妈和老婆的育儿理念完全不同，每每会为孩子喝奶、睡觉的事，打得你死我活。随后，老妈逼迫，如果不离，就断绝母子关系。他没辙，只好提出离婚。老婆早就对他的婆媳关系处理感到不满，便说："离婚可以，房子归我，儿子归我，其他我都不要。"在这点上，婆婆毫不相让，尤其不肯让媳妇带走孙子。没办法，诉诸公堂，最终判定，孩子归老婆，老公有探视权；房子也给老婆，但老婆要给老公一笔钱，两不相欠。

离婚后，老婆立刻带着孩子回了老家，造成老公探视困难。后来，每个月老公都去老婆的老家看孩子，老婆没一次让老公进门。每次老公都是买了一堆儿子喜欢的玩具和爱吃的零食，放在老婆家门口，徘徊良久，无奈离去。如此，吃了一年闭门羹，直到现在，老婆依然没让他进门见过孩子。可怜这个娃哦……

由于黄色的理性和强势，伴侣在和黄色谈离婚时，往往在财产、孩子的处置这一类问题上互不相让，到最后，离婚变成一场争夺之战。发展到严重的状态，很可能双方的家庭都会介入，大战一场，看看最后哪一方能胜出。

跟黄色谈离婚，切勿空谈情感。

一定要视为一场双赢的谈判，而不是只顾自己一方的利益，当然，如果完全退让也不可取，因为黄色会更加觉得你理亏，从而要求更多。一旦陷入利益争夺，最苦的首先是孩子，其次是双方如果在婚内拥有共同的商业利益，恐怕也会因为离婚而灰飞烟灭。

● 和绿色性格谈离婚的错误方式——总是后手不安排

"很后悔！学性格色彩太晚了！"公牛在上完"性格色彩读心术"课程后，悔恨莫及。因为没处理好跟前妻离婚的事，他成了家人和朋友眼中的千古罪人。

红色的公牛成婚晚，因家人催婚，和绿色的妻子小米因相亲而闪婚。

妻子性情和顺，全无主见，婚后，他发现两人毫无共同语言，索然无味，时间久了，觉得婚姻可有可无。他想着，与其耽误彼此的终身幸福，不如早点分开，各觅良人，于是，提出离婚，房子留给妻子。妻子无异议接受。

办妥离婚手续后，公牛在城市的另一端租房，恢复单身。半年后，有了新恋情。突然有一天，小米的老爸打电话来："你怎么照顾你老婆的！怎么会让她流产了！"他大吃一惊，原来小米离婚后，跟家人什么也没说，住在原来的房子里，家人打电话问起，前妻支吾以对，未说离婚之事。离婚一周后，小米未见月事，去医院检查后，发现怀孕。由于性格犹豫，不知该不该留下这个孩子，也不知该和谁商量，过了两个多月，不小心流产了。又过了几个月，小米的老爸才从小米同事那儿听说此事，立刻给女儿和女婿打了电话。

由于公牛在和小米离婚时过于乐观，认为自己无比大度（把房产留给绿色），认为小米自己会向父母交代，所以，潇洒甩手而去。但结果是，这事因为小米的流产和前丈人的震恐而扩散，最终舆论变成"公牛在老婆孕期出轨，导致老婆流产"这样一个让公牛瞬间社死的结论。

虽然事后公牛担负起扶养前妻的责任，并且与前妻一起去前丈人和前丈母娘家解释，坦承自己考虑不周、做事不到位，但在老人家那里还是留下了一个"不负责任"的印象。更麻烦的是，已经扩散的不实传闻很难完全澄清，公牛的新恋情也因此黄了。

由于绿色的温顺和懦弱，伴侣在跟绿色谈离婚时，往往过于顺利和简单，以致忽略了方方面面的安排。虽然绿色无争，但绿色也有亲人好友，当旁观者发现绿色从这段婚姻关系中无声无息退场，而你的安排欠妥时，本能地会给你贴上"恶人"的标签，这给你带来的无形损失，是难以估量的。

跟绿色离婚，切勿管杀不管埋。

意思是，谈完并不代表就结束了，还有很多后续的事情等待着你处理呢。你需要考虑得更周全一些，根据绿色的情况，主动做出一些应有的善后安排，他们习惯了被动和跟随，生活突然发生变化，完全没有了自理能力，对于未来是两眼一抹黑。因为与其他性格完全不同的是，绿色真的对很多事情都是迷糊和不知所措的状态，在情感和做事这两方面都有着无限依赖（详见《性格色彩识人宝典》）。在你作为绿色伴侣的那最后一刻，尽到应尽的责任，离婚之后，也要再次确认对方一切安好，做一个仁至义尽的好前任。

>> 友好离婚的正确方式

如何与红色性格的伴侣友好分手

关键——不要将责任全部归咎于对方，先给一段情感缓冲期，让对方能适应。

因为红色非常感性，断然结束，会让红色情绪失控，丧失理性。缓冲后，如果彼此都觉得无法继续，谈离婚时，要注意给予对方认可和肯定，千万不要恶语相向，传递给他"离婚，是因为你不好"的信息。否则，就为了这句不认可，为了自己这么多年的付出不是一个傻子，红色也会引发无休无止的大战，你终将为了那几句不认可对方的话，付出惨重代价。

红色学员艾小雨在课堂上分享，终于明白她的前夫为何将性格色彩课程作为给她的离婚告别礼物。她不得不承认在两人的离婚问题上，前夫处理得很得体智慧。

最早在一起是因为彼此情感炽热，离了对方一天都活不下去。结婚十多年，两人一直没小孩，逐渐感到彼此活在不同圈子，情感越来越淡。其实她觉得，离了老公，自己一个人也可过得很好。但当老公试探性提出离婚时，她依然无法接受。

老公没逼她，而是约定给彼此一年时间，她可慢慢考虑彼此的关系，在这一年里，她可做任何她想做的事情，他都会支持她。一年里，出于对这段关系的不舍，她尝试了很多方法与老公增进感情，老公都不抗拒，但最终她还是感觉，两个人的心确实已经远了，很难有共鸣，半年后，她主动同意了离婚。离婚时，老公告诉她："你在我心中，依然是那个美丽的小公主。我们曾经走过的日子，是无论谁都无法取代的，也会成为彼此永远的美好回忆。"听到老公这些话后，她觉得自己真的放下了。

对红色伴侣，离婚时，注意以下三个要点。

1. 给予情感缓冲期，不要说离就马上离。

2. 在情感缓冲期内，保持友善，但假如你真的不想再合，也要保持界限。

3. 最终离开时，给予对方真心的赞美，给曾经走过的日子画一个美丽的句号。

即便你心中有百般不爽、万般痛恨，但是此刻，你已经准备要给这段婚姻画上一个休止符，那为何还要去追究对错？既然你不准备改造对方，或是放弃了将其改造成一个你更接纳的人的想法，为何还要唠唠叨叨地阐述是是非非呢？即便是你们两个当事人，恐怕在彼此讨论对错时，也是各执一词，翻着旧账，但外界的人们不关心谁对谁错。如果你不准备对簿公堂，不如索性给彼此留下个好的念想，看着对方，愿你有情人终成眷属，愿你在尘世获得幸福，多好。

> 风风火火反激怒
> 欲速不达须缓行

如何与蓝色性格的伴侣友好分手

关键——非常清楚地交代，避免不必要的误会和心结。

一般来说，一方要离婚，不会丝毫没有前兆，而蓝色天生就是发现蛛丝马迹的专家。但问题是，蓝色习惯了把自己想的憋在心里，也不求证，可惜这个所想，未必是真实答案。

所以，如果和蓝色分开，一定要把这事是怎么发生的交代清楚，以免蓝色根据自己所想去推断原因。负面思维的蓝色，按照自己想法推断出的原因，往往比真实原因还要糟糕。

所以，与蓝色谈，重点在谈过去。把你自己的责任交代清楚，如果蓝色有做得不对的地方，也可如实提出你的看法，不放大也不缩小，这才是让蓝色想通和平静的最好办法。

对蓝色而言，离婚是一种痛，与其糊里糊涂地痛，不如明明白白地痛。蓝色不缺乏走出低谷的能力，但无法承受一直在低谷中找不到答案。

千小云庆幸自己在处理与蓝色前夫离婚问题时，学过性格色彩，知道蓝色的人心中所想。

婚前，蓝色前夫暗恋她很久，而她自己则是因为一次痛彻心扉的失恋，而投入蓝色前夫的怀抱。两人婚后，她始终觉得自己不爱前夫，又怕提出离婚伤害他。过了一段时间，她得到一个机会，可以出国攻读博士。当拿到 offer 时，她纠结了，到底是和前夫谈离婚，还是不谈离婚，就这么出国去拖个几年再说。

通过学习性格色彩，她发现，自己之所以想拖，其实因为自己的性格是红色，一直在逃避。她心里很清楚，拖延，不但无助于解决问题，反会让前夫浪费更多的时间等她，最终受伤更大。于是，她和前夫开诚布公地谈了一次。

前夫提出了若干疑问，她一一做了解答。她真诚地向前夫道歉，之所以答应和他结婚，其实是之前失恋时想抓住一根救命稻草，并非真的爱上了他。谈完后，前夫说考虑一下。她知道以前夫的性格，没这么容易走出来，所以，也没强迫前夫马上答应。在筹备出国的过程中，她还是与前夫保持沟通，告诉前夫自己心里的想法——自己已经想好了离婚，但不希望前夫受到伤害。

出国后，她定期给前夫写信，把前夫当作普通朋友一样交流，大约过了一年，她回国探亲时，前夫告诉她，已经做好了心理准备，两人和平分手。离婚后，前夫没主动找过她，但她还是会逢年过节，给前夫的爸妈送份礼物，尽份心意。后来两人都各自结婚，而且都过得不错。

对蓝色伴侣，离婚时，注意以下三个要点。

1. 专门花时间说明为何离、为何现在提出、为何当初要结、到底发生了什么导致离，交代清楚并耐心解答对方的疑问。

2. 如果蓝色一时间难以理解，就给予一些时间让彼此沉淀，之后再约谈，直到谈清为止。

3. 想好后事如何安排并与对方商讨出最终方案，而非自行其是。

很多人在跟蓝色提离婚前，会非常担心蓝色记恨自己。蓝色看似很难搞，那是因为其他性格通常很难走进蓝色的内心深处。其实，只要在理解他的前提下，不要简单粗暴地提出离婚，而是耐心给予解释，并且尊重他，给予足够时间让他去咀嚼和消化，最终，他也可以理智地祝福你，并且心中不留伤痕。

重点是，你须明白，你做这一切不是为了他，而是为了将来的自己不会感到愧疚和不安。

步入死局皆有因
有始有终有交代

124

如何与黄色性格的伴侣友好分手

关键——不要站在敌对面，树立"为了彼此更好生活而离婚"的共同目标。

黄色的格言是："与天斗，其乐无穷；与地斗，其乐无穷；与人斗，其乐无穷。"如果你提出分手时，不小心把矛头指向了黄色，对黄色而言，这不是谈离婚，而是吹响了战斗的号角，而黄色对于战斗，从不惧怕，且全力以赴。

当战斗欲被激起后，黄色的第一想法是"凭什么你要甩掉我，即便要离婚，也不能由你来提出"，于是，会在财产、孩子、说法等问题上设置障碍，处处与你为难，甚至有可能团结一切可以团结的力量与你作战，当离婚与否变成了"谁输谁赢"，即便你赢了，最终，也扒下几层皮，人仰马翻，耗尽生命的元气。

所以，要把"离婚"和"对立"分开来，把"婚姻的问题"和"个人的问题"分开来，告诉对方是婚姻出了问题，离婚则是为了更好地解决问题，而不是黄色的伴侣有什么问题。

当对方对于离婚的问题有疑虑时，请用实际行动证明给他看。

学员云中兔在与黄色老婆谈判离婚时，运用了钻石法则。

两人结婚多年，有一个女儿。离婚的主要原因是黄色老婆的妈妈——丈母娘也是黄色，在两个黄色的掌控下，家里都是她俩说了算，云中兔感到自己没地位，对老婆的情感渐淡。由于黄色丈母娘对亲家也不客气，发生了不少矛盾，所以，云中兔的爸妈也支持他离婚。

当云中兔打算和老婆谈离婚时，充分考虑了老婆的性格及能接受的方式，所以，他只字不提对老婆的不满，而是告诉老婆："我和你离婚，是因为我爸妈和你妈无法相处。过往我已经尝试了所有方法，但是无效，可能他们真的性格不合。我爸妈只有我一个儿子，对我而言，他们非常重要，所以，非常抱歉，都是我不好，我没法协调好他们的关系，只能选择离婚。"

这样提出离婚的方式，没伤到黄色的自尊心，所以没激起黄色反弹。老婆理性地说："好，如果你一定要离，女儿归你。"当云中兔听到这话，非常惊讶，因为他知道老婆爱女儿胜过爱他，但他意识到，如果他质疑，黄色老婆会认为他不想要女儿，从而怀疑他离婚别有用心。所以，他说："好的，女儿归我。"

接着，黄色老婆和云中兔开始谈家里东西如何分割，房产存款怎么分配。全部谈完，黄色说："我改主意了，女儿归我。"这时，他很清楚，黄色是用女儿的抚养权来试探他离婚的决心。于是他依然平静地回答："好。你想要女儿，那就归你。无论归谁，我们都一样爱她。"黄色老婆发现老公的决心不可撼动，就迅速达成了协议，且在最短时间内安置了住所，让女儿和自己住，里面女儿需要的东西一样不缺。离婚后，学员每周看女儿两次，常带女儿出去玩，黄色前妻从不阻拦，只是设定好回家时间。两人虽然离婚，但在抚养女儿方面依然协作很好。

在云中兔的智慧做法中，首先，避免了将矛头指向黄色老婆本人，而是找到一个合理的理由——双方父母处不好，这就让自己和黄色伴侣不会处于对立面。

其次，云中兔坦承了自己的问题，是自己处理不好双方长辈的关系，所以"引咎辞职"，这种态度，是让黄色舒服的。

在"女儿归谁"的问题上，黄色老婆的两轮试探，他都接招了。

对黄色伴侣，谈离婚时，须注意以下三个要点。

1. 客观阐明离婚的原因，不要归咎于黄色。

2. 明确阐述无法继续在一起的可能，并举出分开对于彼此都更有利的理由。

3. 对于离婚后的摊子，切实负起责任，积极处理，勇于承担。

在和黄色谈判的过程中，"接招"非常重要。所谓"接招"，就是黄色抛出的难题，你能接受、能解决，这证明了你离婚的决心。与此同时，始终保持情绪的平静也十分重要。当黄色发现你在面对和解决所有问题时真的很理性很冷静，便会就事论事，速战速决，因为黄色足够坚强，只想在合理的范畴内，尽可能争取自己想要的东西。

> 而今情缘虽末路
>
> 仍可彼此奔前程

如何与绿色性格的伴侣友好分手

关键——也许你可以主动帮伴侣安排退路。

Vivi 的绿色老公对她百依百顺，非常包容，但给不了 Vivi 想要的感觉。

因为老公太听话，如果就这么和老公离婚，她会内心愧疚，所以 Vivi 提出与老公离婚时，设法为老公物色了一位伴侣——她的老同学，一位红 + 绿的温柔女子。离婚后，她有意制造机会，让老同学和前夫接触，撮合二人，最终，老同学嫁给了她的前夫，两人过得很幸福。她也觉得放下了一桩心事，快快乐乐地去追寻自己的幸福了。

这事听上去有点儿喜剧，把你的闺密介绍给你的老公，然后，再目送他们的背影远去。

哇，好有爱的画面。没法子，你必须理解，绿色的一生，是在惯性中生活，一旦习惯了某种生活模式，即便再怎么糟心，绿色都可以忍受，而打破惯性，对绿色则意味着改变；改变，对绿色则意味着天崩地裂。在绿色的心目中,"忍受"二字的力量没那么强,更精准的说法是,绿色的忍受阈限值,大大超过其他性格的标准。

对绿色伴侣,离婚时,须注意以下三个要点。

1. 感谢绿色曾经的付出,以柔和的方式提出分开,尽量减少绿色的压力。

2. 主动了解绿色的困难,不管是与绿色的家人沟通,还是离婚后对绿色的生活安排,都了解清楚,并想办法安排和支持。

3. 离婚后,在适当的频率内,关心绿色遇到的事情和困难,直到绿色适应为止。

所以,你帮着绿色前任介绍对象,这事放在其他性格身上,心里硌硬得慌,但在绿色的身上,这事靠谱。正所谓"君子有成人之美",完全可行。

> 知你莫若枕边我
> 红娘牵线我当荐

对我们每个人而言,投胎这事不需要技术,完全靠运气和天意,但结婚的确是门艺术,结婚的对象,结婚的时机,这些都是智慧。但相比结婚,离婚更是门有难度的艺术,该不该离?怎么离?分手以后是做亲人、朋友还是仇人?这些都需要学习。重要的是,绝大多数人,一生在这个问题上没有太多犯错的机会。一次错误,就会让自己伤筋动骨,万劫不复,为了避免不必要的时光耗损和人生重创,愿你有朝一日万一离婚时,两个人也能像结婚时那样依旧充满对未来的希望。

如何与不同性格友好离婚

- 🏃 风风火火反激怒，欲速不达须缓行。
- 🏃 步入死局皆有因，有始有终有交代。
- 🧍 而今情缘虽末路，仍可彼此奔前程。
- ♟ 知你莫若枕边我，红娘牵线我当荐。

07

——如何重燃不同性格的婚姻激情

去痒

　　婚姻中最大的危机，并非出轨，而是"七年之痒"。这种痒，近年来，渐渐加速为"三年之痒"。能将婚姻中存在的危机用"痒"字来表达，精准地道出"食之无味，弃之可惜"的无奈，这个不知名的高人，很有想象力。普天下的婚姻，"痒"，几乎家家户户都可能遭遇，不动声色间，润物细无声地被悄悄渗入。

　　还没等你醒悟，婚姻就变为一种奇怪的状态——沉默、无趣、缺乏激情。你感觉不对，但你就是说不出哪儿出了问题；什么事都成为一种习惯、责任、义务，毫无惊喜。从前的浪漫与激情、卿卿我我都不见了，甚至，私密的悄悄话也无影无踪，感觉拉对方的手就像"左手摸右手"。

　　最近，一份社会调查表明，55%的家庭处于无性婚姻的尴尬。因为夫妻义结金兰，早不谈爱，但依旧可以温馨长久地生活在一起，前提条件就是大家彼此性格和谐。而普天之下，除非婚姻中性格搭配是绿夫绿妻不会吵架，也不需什么婚姻激情（详见《性格色彩恋爱宝典》），其他任何性格搭配，总会有各种各样的不满意，这些，皆因性格差异！

　　那么，到底如何才能重燃婚姻激情呢？首先，你要了解不同性格为什么会在婚姻中丧失激情。

>> 不同性格为什么没有婚姻激情

♣ 红色性格没有婚姻激情的原因——失去感觉

当风花雪月转为枯燥无味，没有恋爱时的激情与浪漫，红色不再有激情。

红色可能在婚前就担心：感情会不会变？要不要结婚？结婚了，爱没了，结婚有什么意思？当婚后生活不再跟以前一样充满激情时，会黯然神伤，担心对方会不会不像以前那么爱他？还会恣意想象，是不是生了孩子身材变差？是不是年龄增大导致法令纹加深？

一个红色学员，婚前是话剧团演员，众星捧月；婚后做了全职太太。丈夫下海创业，她全力支持，夫妻相濡以沫，走过患难岁月。丈夫进入事业上升期后，她莫名烦躁。她痛恨丈夫在外从早忙到晚，回家倒头便睡；她受不了丈夫难得周末在家，依旧戴着耳机不停接电话；她尤其无法忍受，婚前两人可抱在一起聊通宵，而现在，当她和丈夫靠在床头，她想好好聊聊心事，才刚开口："你知道我在想什么吗？"丈夫便生硬回答："别想太多了，我们现在不是挺好的吗？"让她的期待瞬间化为乌有。

类似这种情况，大多数的红色天天都会遇见。因为红色总是希望生活朝朝有新奇，处处有精彩，并且幻想，婚后时不时来场魂断蓝桥，各种惊喜漫天飞舞。如果不是这样，就会认为对方丧失了激情。

最关键的是，不少红色会因此给对方脸色看，使小性子，让对方去猜。这样做，无非是为了得到伴侣的关注，可惜，事与愿违，弄巧成拙。

红色如果希望婚后像婚前一样，首先要做的，就是控制自己的情绪，并且学会合理正确地表达情绪，让对方知道你需要什么。

■ 蓝色性格没有婚姻激情的原因——失去信心

当距离越近，看到对方越多缺点，越对未来失去信心，跌入负面思维的深渊，蓝色不再有激情。

蓝色认定了一段婚姻，就想保持永不变化，因为蓝色追求完美，对婚姻也是一样。但如果婚后发现，对方并非像自己想象的那样完美，可能会为了琐碎之事发生争执。关于蓝色，性格色彩课堂上说得最多的，就是尽人皆知的挤牙膏案例（详见《性格色彩原理》）。而最容易跟蓝色在生活上冲突的，就是红色，皆源于红色的大大咧咧，不拘小节。

一个朋友婚前跟老公几乎没矛盾。婚后发现老公生活邋遢，每天不更衣，一屁股坐在床上，脱掉的衣裤乱放，用完的毛巾也是，走哪儿放哪儿，几乎每个房间都有老公的毛巾。每次，她都会把这些东西按她觉得合适的规则摆放整齐。她觉得这样做了后，老公应该可以看得到，下次就不会乱放了。遗憾的是，她高估了红色。

有一天，她红色的老公突然找不到毛巾了，就问："老婆，我的毛巾哪儿去了？"她说："卫生间镜子旁边那个架子上第三个挂钩的毛巾是你的。"她老公夸张道："精确如斯，夫复何求啊！"

这就是蓝色无声的力量，在蓝色看来，不说，有时比说更有力量。如果通过这样的方式，让对方明白自己的习惯，那自然最好，如果对方依旧不明白呢？蓝色可能就会陷入无边的纠结，心情低落，滋生消极。

▲ 黄色性格没有婚姻激情的原因——失去平衡

当重心放在事业上，忽略了爱情和家庭，天平逐渐失衡，却毫无觉察，黄色不再有激情。

恋爱时，为了婚姻的目标，黄色会花更多时间去追求，但一旦结婚，就会觉得阶段性任务完成，心思要更多地放到事业上，会觉得对家庭有了更强的责任感，想通过事业打拼，把好的生活给家庭。只是没想到，全力集中在事业，难免会忽略伴侣的感受。

在这点上，一位企业家做了很好的诠释。曾经身价千亿的他发了条朋友圈，"我的人生如此失败，没有任何意义"，引发诸多猜测。结果，他最后在网上说得很清楚，"最近状态不好，挫败感源自平衡不好工作和家庭，大家不必牵强附会，瞎猜联想，感谢朋友们的真诚关心鼓励"。作为一个企业家，坦承自己工作和生活的失衡，真是难能可贵（他的性格是红＋黄，并非纯正的黄色，关于红＋黄组合性格和典型黄色的差别，详见《性格色彩识人宝典》）。

顺便说一句，失衡这事，不分男女！不仅是男人，黄色的女人也会发生同样的状况，甚至变本加厉。

课上有位女学员，离婚后才发现性格的重要性，通过看书了解了性格色彩，走进课堂。

她回顾了自己婚姻的全部历程，惊讶地发现，五年婚姻，她和老公共度的时间不到 150 天，其余时间都在出差当中。

她经常忘记老公的生日，拒绝老公发出的一起旅行的邀请，甚至在老公生大病的时候，她都没有中断自己的行程。

老公提出离婚，也是写了封邮件给她，而她过了三天才看到。

等她回家想和老公谈一下这件事时，老公已经把自己的东西搬出去了。

● **绿色性格没有婚姻激情的原因——你上当了**

其实，这个小标题，是个假问题！！！

绿色完全没有丧失婚姻激情的问题，因为，绿色在走入婚姻之前，这种性格就没啥激情。相反，如果伴侣在婚前对绿色不够了解，到了婚后，会因为绿色的没有激情而丧失掉自己的激情。

所以，这一节的标题应该改为——为何绿色在婚姻中没有激情？

婚后，夫妻俩共同承担家庭事务，很多事需要相互商量、共同决定，而这时，绿色的毫无想法、无所作为，对于不喜欢一言堂、愿意凡事有个商量合计的伴侣，就是莫大的无奈和痛苦，成为婚姻的一大阻力。

"乐老师，很抱歉打扰了你，但我实在无法跟一个绿人继续生活下去了！"一封读者来信引起了我的注意。这位叫小林的女读者看完《性格色彩原理》，发现自己的老公是标准的绿色，瞬间仿佛找到了知音，倾诉了她和绿色老公婚内的问题。

"今天，我在饭桌上崩溃，大哭了一场，因为他无论什么事都不做决定，我太累了！！从办婚礼要订几桌酒席、请哪些客人，到婚后买房买哪个楼盘、装修用什么材料，他从没任何主意。每当我问他，他就说'都听你的'，貌似很尊重我，可是，我很累啊，我也要工作，还要应付很多人际关系，我没那么多精力去思考那么多问题。今天是我们搬进新家以来第一次自己做饭，我买好了菜，指挥他洗菜切菜炒菜，全部做完了，我比他还累。我坐在桌边，跟他说：'你给我盛碗汤。'他居然问我：'用哪个勺子盛？'我一下子就崩溃了。"

绿色，婚前婚后的感觉都差不多，可能对他影响最大的就是婚后家庭关系的维护。比如，绿色的男人，当老婆跟妈妈发生矛盾了，这个关系应该怎么维护。因为一般绿色的人都会觉得这些事情，其实没有多大的事儿，但是他又希望身边的人能够和平相处，同时面对两个至亲至爱，孰轻孰重，真的会让绿色伤透脑筋。

既然我们知道不同性格在婚姻中没有激情的原因不同，有的是原来有后来没了，有的是原来就没有，那么应该如何对症下药，让伴侣有婚姻激情呢？

>> 如何让不同性格的伴侣重燃婚姻激情

如何重燃红色性格伴侣的激情

红色希望对方给自己关注，希望在对方眼里，自己永远貂蝉常驻，永葆吕布。红色的女子为了保持美丽或身材，常买各种保养品，不懂其人，就会因为红色强烈的购物欲而产生矛盾，被败家子一枚活活气死。了解红色后，就会明白，虽然银子重要，但每天下班回家给个吻，晚上睡觉前深情凝望，道声晚安，说句"老婆怎么越来越美啦"，或帮她做顿饭，用好看的碟子和装饰花营造浪漫的气氛，这些你看不上的伎俩，对红色而言，好生受用。

那些关系处理得很好的夫妻，常会在纪念日或情人节，为自己的伴侣准备具有仪式感的活动。一顿烛光晚餐，一次美好的旅行，这些听上去俗不可耐，可不得不承认，的确都是红色伴侣喜欢的玩意儿。

学员雀这样说：

性格色彩卡牌大师课程结束后，我回到家里认真思考自己的婚姻。结婚多年，我每次出差回家，他很少问我在外面有什么收获或碰到什么困难，甚至当我没出去过一样。看似婚姻中没有很大问题，其实，早就失去了红色最需要的浪漫和感性，两人就像一个屋檐下的兄弟，只是搭伙。这次回来，我决定打破僵局，用钻石法则影响他。

运用所学分析，先生虽然有时霸气侧漏，有时细心体贴，但根本还是个红人，只是由于常年的工厂管理工作所需，让他看起来严肃刻板，不会说好听的话，但其实我很清楚，他心里非常在意我的认可。

于是，我决定从小事做起。他剪了新发型，我说这个发型真精神，很适合你工作；他拿出好久没穿过的衣服，我会说这件衣服挺帅气的，很衬你的肤色；他用我买的剃须刀剃胡须，我会说小伙子这么年轻，太会打扮自己了。这是我从没做过的事情。以前的我，对他即使有崇拜，也从不表现，而是喜欢用批判的语言让他有压力，让他知道我比他更优秀、更有魅力。通过贬低他抬高自己，通过打压他而让自己内心获得成就感，就是要超越他，不能让他太嘚瑟，到时骑到我头上欺负我。

此外，我也学会了在他工作有压力时主动宽慰他，而不是批评他没做得更好。之前他在深圳考驾照考了两年半都没有拿到，我数次挖苦数落他笨，车都学不会。最近，我们双双考到驾照，我夸他聪明，说他在我心里一直是最棒的男人。我感受到了他的变化，他也会常夸我皮肤好，周末还会想办法带我出去玩，和我一起骑单车去买水果，穿过红绿灯的时候，他把我拉到道路内侧，用身体挡在我面前，在他身边，我感受到满满的安全感和关心，仿佛一切都回到了恋爱时。

点燃爱火的一个秘诀，就是两人一起尝试些新的东西。不管是新餐厅、度假胜地还是新爱好，任何一种新鲜事物，都会推高大脑中的多巴胺——当你坠入爱河时，也会产生这种物质。即使这些经历并非性爱活动，也会触发激情，让彼此更为交融。

学员秋哥说：

我们成婚五年后，那时最多一个月才勉强做一次爱——而且质量也并不让人满意。对我俩而言，做爱变成了责任。没有激情，没有亲昵，没有取悦对方的渴望。

老婆开始抱怨我因公外出花掉了太多时间，而我却觉得自己在家被冷落了，为了得到老婆的关注，我觉得自己在和孩子争宠。

我意识到，必须得做点什么。我给了妻子更多的赞美和礼物，自己则承担了更多的家务，并保证让妻子有属于她自己的时间。

我跟妻子建议两人各自罗列出我们在一起最好的时光——骑自行车绕城兜风，在家里烧烤，出去野餐——然后，我们夫妻二人将这些活动重温了一遍。我们还决定尝试一些新鲜的事物——一起去附近的村庄采摘，一起玩年轻人的剧本杀，一起在新的街区看一场电影。一切都变得有意思极了。

最重要的是，我开始学会倾听，并将批评的口吻转成支持赞成、充满爱意的语气。我发现，我们之间更有激情了，对彼此都充满了渴望。

现在，我们每周有两次私密时光，时间是在 12 岁的女儿睡着后。每周的周二和周五，老婆都会拉直头发，并露出她最漂亮的内衣。有时在早上，我就会告诉老婆："今晚，我想要你。"老婆则会娇羞地答道："那要看你今天对我好不好了。"

良好的婚姻，就是保持适度的水温，水温太高，感情太浓，不易持久，容易把人烫伤；可如果持续寒冷，就觉得冰凉刺骨。对红色而言，除了保持适度的水温，偶尔还是需要水温有些忽上忽下的，如果长久保持不变，很不幸，红色一定会在温水中睡着的。

所以打破"一成不变"，是让红色保持激情的秘诀。即便在天堂里生活，如果每天都毫无变化，时间久了，红色也会觉得无聊的。

如果你的伴侣是红色，你切莫因为觉得他对你兴趣消失，就以为你俩的爱到了尽头。记住：红色是天生好奇的动物，有太多办法可以重新吸引他的注意力了，核心关键在于——变！变！！变！！！

> 时常习剑换剑穗
> 剑身逢春生机燃

如何重燃蓝色性格伴侣的激情

平时多观察他的习惯和喜好，多做少说。因为蓝色会更多地关注你有没有做到，而非你有没有说过。

此外，你还可跟他去探讨生活细节。比如，家具如何摆放更节省空间，酸菜鱼怎样做会更好吃。电影《喜欢你》里，金城武饰演的男主角是典型蓝色，他跟女主角的恋爱，就是因为他本身对吃非常懂行，研究透彻，追求每道制作工序的完美，而女主角又是非常会做菜的主厨，爱情就在美食间擦出火花，且逐渐升温。

那么，在面对蓝色伴侣时，也可从这个角度出发，跟他切磋他喜欢的东西，感情才不会因时间而冷却。

学员燕清在课后是这么说的：

老公凡事求稳妥，他做事一向瞻前顾后。2004 年大学毕业后，一直在同一家公司同一个岗位任劳任怨，没有任何变化。而我，很早就创业，由于工作较累，回家难免会有情绪，而老公又特别讲究细节。

孩子出生后，我感觉他不像之前那么爱我了。孩子哭了，我抱起孩子，拍了几下，孩子还是哭，他就会默默地从我手中把孩子接过去，哄好。他不时还会问我："你为什么不早点把一切准备好？""你为什么总是自作主张？"虽然声音并不响，但我觉得这都是对我的批判，听起来很刺耳。有时，我会对他发火，甚至把离婚这么伤人的话，都放在嘴边。

好在一次偶然的机会，遇到性格色彩，走进"性格色彩读心术"课堂后，我正确认知了自己的问题，开始用性格色彩洞察老公。

其实，他是蓝色，讲究细节是他的天性。之前的我，以为老公在孩子出生后对我态度转变，是因为不爱了。在性格色彩 II 阶课上，顿悟原来他不是不爱，他给我的是种无声的爱。他不善表达自己的观点，很多事放在心里，我知道他对婚姻也有一些不满，累积下去，终将成为婚姻的"定时炸弹"。

于是，我开始关注生活中的细节。我发现他的工作很辛苦，因为他责任心特强，回到家里，有时真的挺累，我就给他拧个热毛巾擦脸，帮他接下手中的包，让他可以快点坐到沙发上休息；带孩子时，我也会用心记住他嘱咐我的话（因为这方面他确实比我懂得多），让他放心。

之前的我，总是一意孤行，做什么决策都是自己决定；现在的我，每次都会征求他的意见。如果有分歧，也会耐心和他解释，直到双方达成一致，而不像以前那样急于行动。

在这些细碎的改变之后，我和他的关系变了。以前我们在家里总是板着脸，经常僵持，现在我们一起商量家务事和孩子的很多小事，很享受这个过程。

蓝色经常给伴侣一种喜欢讲道理、喜欢说事情、不喜欢表达情感的印象，实际上，由于性格的不同，蓝色表达情感的方式很多时候是藏得很深，需要你细心体会的。所以，认为蓝色"没有激情"可能是你没有感知到他对你的爱，也可能你对于情感表达的要求比他能做到的要高。

要想让自己和蓝色伴侣的情感生活更丰满更有感觉，你首先不是要改变蓝色，而是要先提升自己的感知力。

有时，蓝色可能只是淡淡地说了一句话，却体现出为你考虑、对你包容；有时，蓝色只是默默地做了一个动作，却是完全为你而做，帮你节省了时间和精力。

如果你是一个可以随时感知到蓝色情绪和意图的伴侣，你会发现，与他相处的所有细节，都是满满的情意。和你在一起，也许他不像红色那样激动和狂喜，但那些藏在细节里的柔情蜜意，足以撩动你的激情。

同时，你要对自己做事提高些要求，因为蓝色对事的标准要求高，虽然他很爱你，但也很讲原则，当发现你事情做得不妥时，还是会客观指出。更多时候，他希望即使他没有直说，你也能自己意识到并改正。只有你提高对自己的要求，和他调到同频，你们才能真正心有灵犀。

二弦声里唯清商
通幽洞微细端详

如何重燃黄色性格伴侣的激情

你可能很容易感觉到被他无视，你会思考这人是不是不爱我了，其实，非也。

黄色，一生中有无数需要完成的目标，完成一个，又会有下个目标出现。如果婚姻是黄色人生的目标之一，那么婚后，黄色就会给自己设立更高的目标。比如，一年挣多少，何时换大房子等。这些事，可能你没那么在乎，但对方会觉得，这会让你们的生活更好。黄色的关注点，绝不会局限于一日三餐、儿女情长。

首先，跟黄色相处，一定不要在其做事时去打扰影响，绝对不要选择去跟黄色伴侣所专注的目标做斗争，要让黄色来选择谁更重要。

其次，既然伴侣是黄色，在对自己要求高的同时，也不会允许伴侣差太多，所以，平时生活中不要过于依赖黄色，给彼此足够空间，你要让自己的生活丰富多彩。当你真的委屈，需要黄色伴侣关心时，"适当示弱"是最好的方式。

两个主妇，老公都是黄色。有一天，两个主妇都买了新餐桌回家。

第一个主妇，觉得老公总是忙于事业太辛苦，不想麻烦老公，故此，生活中大小事情经常包办。时间久了，老公觉得她什么事都能做，根本不需要自己，也就啥都不管了。所以，按照惯例，主妇就自己把桌子装好。但她心里想着"你也不问问我需不需要帮助，也不来帮帮我"，自个儿生闷气，也不明确跟老公说。可惜，黄色老公根本不会去问："你怎么啦？为何不高兴？"

另一个主妇，很聪明，提前给老公打了电话发嗲："老公啊，我今天给家里换新餐桌了，你早点回来，帮我一起装啊，我今天从商场弄回来好辛苦啊，都没力气做饭了。"老公那天刚好没啥事，就回来帮老婆一起做饭装桌子。弄好后，主妇拍了张照片，发了朋友圈，并且写了一句"老公真棒"。当天晚上很多人点赞，夸她老公。这位主妇把截图发给老公，还附了一句话："老公，有你在真好。"

所谓"示弱非真弱，逞强不真强"，现在知道了吧。你是一个女人，如果你的老公是黄色，你不会示弱，你太独立，你最能干，你超级无敌，你，你，你是要付出惨重代价的。

记住：黄色并不是不会关注你、关心你，只是黄色伴侣需要你直截了当地明确说出——"亲爱的，我需要你！"

君为大鹏我为雀
忙时分头闲在边

如何重燃绿色性格伴侣的激情

绿色淡雅安静，能给伴侣最大限度的包容，但是，你万万莫要期待绿色能制造出什么惊喜。对惊喜的模样，绿色向来是惝恍迷离。因为此生他既没给过别人惊喜，也没因为别人给他惊喜而欢呼。绿色最擅长的，莫过于把精彩纷呈的生活过得一成不变，终日番茄炒蛋、蛋炒番茄，百年如一、花样不变，呵呵，如此甚好，味道不错哦。

如果你的伴侣是绿色，那你就不得不在生活中放慢步调，原地踏步，齐步走，一、一、一二一，同步之后，再给绿色提一丁点儿要求，再一点点提速。这样，才能适合绿色的慢步调，徐徐带动，又不会跟你的要求起太大冲突。

小田的丈夫是绿色，为了让老公在情人节给她买自己喜欢的花，她等了很久。

开始，她告诉绿色丈夫，过节时，你要是给我买束花，我会很开心的。情人节到了，绿色丈夫买回来一束玫瑰，她有些沮丧，因为她并不喜欢玫瑰，但老公看情人节大家都买玫瑰，也不知老婆喜欢什么

141

品种，就跟着买呗。之后，每次她自己买花回家，都会跟老公说，我其实喜欢的是郁金香，你知道了吧，下次买花别再买玫瑰了，又贵又不好看。绿色老公回答"噢"。再后来，过节时，她终于能收到自己喜欢的花了。

要想拿到爱人的花，这么费劲吗？算了，那我不要了，这种事，还要我说？难道不应该是你主动发现，主动送来吗？我去向你要，你说，我这是得多贱啊！没有花无所谓，反正我习惯了，让我开口要，对不起，没这个习惯，老娘我不要了。

如果你有如上想法，别，只能证明你还沉浸在自己的性格需求中，没有对绿色有深入骨髓的认识。当你和绿色朝夕相处老夫老妻后，你就会真正理解让他们变得敏感和自我觉察比给加西亚送信还要艰难。

你可能会觉得，跟绿色相处真没劲，什么话都要直说才能明白。没错！

如果你习惯于让别人猜心，如果你习惯于让对方和自己拥有默契，假设你找了绿色伴侣，这一辈子在这方面还是不要做太多梦了。对擅长听话照做、不愿费脑细胞去分析的绿色而言，如果你对绿色有太多读你心的期待，你会失望，你会抓狂，你会痛苦。所以，你必须自己下手去改造。重要的是，绿色享受这种被改造的过程，因为不需要由绿色自己动脑子，有人安排好自己的生活，多么美好。

在《聊斋·报恩》中，狐女小翠对丈夫的这种改造，更为彻底。狐女小翠为帮母亲完成报恩，主动上门，嫁给16岁的王家痴儿，逐渐爱上了单纯天真的丈夫。丈夫心智极低，要改造这样的老公，难度可想而知。然而，小翠制定了现在看来相当周密科学的步骤：第一步，小翠教他踢球，户外启蒙；第二步，以脂粉涂丈夫如鬼，调养性情；第三步，把丈夫装扮成霸王，自己当美人，使之适应正常社会；第四步，让丈夫当主角，扮演皇帝，进入高层次角色。最后，在成为王家媳妇的期间，她不仅为王家带去很多欢声笑语，还治好了丈夫的病，痴儿脱胎换骨。傻子经常扮演智者，也会聪明；聪明人常扮演愚者，也会愚笨。角色扮演游戏，实际上就是对症下药的教育。

聊斋式的引导，对绿色特别见效，因为绿色真的需要你去教，直接教，不掩饰地教，因为不这样做，绿色真的不会主动去想。

> 问世间激情何物
> 直教人口手相授

>> 给天下所有夫妻重燃婚姻激情的忠告

有个唯美的离婚短片：

一对夫妻在日常的琐碎中早已失去激情，毫无共同话题，在平淡的日子里时刻煎熬着，终于，老公提出了离婚……妻子没哭没闹，平静思考了一晚，说："离婚可以，但你要答应接下来的三十天完成我的一个要求，算是我最后的愿望。"男人想着反正三十天后就离婚，这一个月，任你折腾罢了。

妻子的要求很简单，每天给她一个拥抱、一次牵手、一个吻，睡前说声"我爱你"。老公刚开始无比敷衍，犹如行尸走肉，但时间一久，隐隐感觉到好久没对妻子如此上心了。没想到，最后几天，竟发自肺腑地真心拥抱她，亲吻她，紧紧十指相扣。

一个月快到了，他那么不舍，可她已离开。当他看着屋里满满的爱心便笺条时，悔恨交加，发誓一定将她找回。

没想到街头看到一起交通事故，旁边的包，正是他送她的礼物。他五内如焚，慌乱奔跑，幸运的是，人没事。这次，他紧紧抱住了她，发誓再不放手。

拥抱，有种很神奇的魔力，能让两人更近距离地贴近对方，给人足够的安全感，给人更多的温暖，不仅是身体的温暖，更多的是心里的暖流！

严寒时的一个拥抱，使人瞬间温暖；

寂寞时的一个拥抱，让人找到港湾；

绝望时的一个拥抱，令人重燃希望；

气愤时的一个拥抱，当可心平气和。

诸位，你有多久没抱过你的伴侣了？

甭管什么色彩，甭管什么性格，都需要拥抱。

拥抱从今天开始，不！从现在开始，就从此刻开始。

书阅此处，站起来去找他（她），给个拥抱；如果两人此时不在一处，拿起手机，发个拥抱的符号，求抱抱。

不求抱到天荒地老，只求此刻。来，郎君，娘子我要抱一个。

如何重燃不同性格的激情

- 🤸 时常习剑换剑穗，剑身逢春生机燃。
- 🏊 二弦声里唯清商，通幽洞微细端详。
- 🏋 君为大鹏我为雀，忙时分头闲在边。
- ♟ 问世间激情何物，直教人口手相授。

08 亲子
——如何解决不同性格的育儿冲突

一位母亲对我说，她那个 10 岁的孩子，特别淘气，常在学校闯祸，老师电话告状，每次爸爸都非常生气，回家后大发雷霆，一顿竹笋烧肉伺候。可她认为男孩免不了淘气，好好跟孩子讲道理就行了，发脾气打骂又解决不了问题。结果，每次孩子的问题还没解决，夫妻两人倒是先干上了。

一位父亲对我说，孩子二年级的时候，想给孩子报钢琴班、舞蹈班和书法班，回家跟孩子妈妈说了，没想到他老婆当着孩子的面就说："这么小的孩子就应该多玩，周末学这么多，哪有时间去玩啊！不用去……"搞得自己既没台阶下，又纠结，不知道到底该不该报班，难道就听孩子妈妈的话，周末放任孩子去浪费时间？
…………

夫妻分歧，是家庭内部矛盾，是发展过程中的必然存在，设法解决就好。但多数情感中，大家往往各执己见，将情绪不断放大，矛盾就被逐渐激化。开始可能就是因为孩子多吃了颗糖、少吃了碗饭，到最后都会演变成"不负责任""玻璃心"等无端指责，彼此伤害。

婚姻战争，随着孩子长大，因夫妻的养育观念不同，战争规模渐有扩大化、多元化、立体化、规模化之势。大家彼此心里想的是，"你跟我吵就算了，你还想把我的孩子给带歪，破我底线啊"。在教育孩子这种大是大非的问题上，夫妻俩都生怕孩子未来出偏差，即便其他问题上可以忍，但为了孩子，舍得一身剐，绝不妥协。

>> 不同性格父母的育儿理念

如果正在阅读本文的你，刚好夫妻间的育儿理念相差太大，就先找个小切口，看看你们彼此的差异。譬如，孩子长大后想出门闯荡，不想在父母身边，不同性格的父母就有不同想法。

♣ 红色性格父母——别走啊，快走吧

以快乐为导向的红色父母，分为两种情况。

第一种，把自己的快乐寄托在孩子身上，对"留守"相当煎熬。因为红色父母对孩子有强烈的情感依赖，一旦孩子不在身边，寂寞感和惦念感十分强烈。所以，往往希望孩子选离家近的大学和工作，哪怕因此束缚孩子的发展，只要能经常见面，比啥都重要。

第二种，由于个人生活非常善于寻找快乐，巴不得孩子早点长大独立，这样，自己就可快快乐乐地过日子。对他们而言，"留守"不但不是折磨，反是解脱。

■ 蓝色性格父母——心不舍，脑可舍

情感上，舍不得孩子；但理智上，会帮孩子分析利弊，看看留在家里和去远方哪种选择更好。从稳妥角度而言，蓝色不希望孩子出外闯荡冒险，但如果孩子有充分准备，会尊重孩子的决定。

▲ 黄色性格父母——快点走，别黏我

坚定地认为"孩儿志在四方"，即便父母有足够的物质条件，也不希望孩子躲在父母的羽翼之下。从孩子很小的时候就开始灌输"自强不息"的理念，为培养孩子的独立性，不惜绝情狠心，赶着小鸡快出门。

● 绿色性格父母——走也行，留也行

一切随缘，看孩子自己的想法。即便孩子请求父母为他做主，绿色也会说："你自己觉得好，就好。天要下雨娘要嫁，人生的路自己走，你自己决定吧。"绿色不认为自己能为任何人做出决定，或为他人承担人生责任。

以上是不同性格的父母对孩子成长和独立的看法。如果你和伴侣属于不同性格类型，很可能就有较大分歧，必然发生矛盾。譬如，以下常见画面：

黄色的小熙，送 4 岁女儿上幼儿园。第一天去幼儿园，对孩子来说是完全陌生的。小熙把女儿送到老师手上，转身要走，女儿哇哇大哭，闹着回家，小熙没去哄女儿，头也不回，走了。

小熙的想法是，如果第一次就哄，会哄成习惯，导致女儿越来越依赖。为培养女儿的独立性，一开始就不能妥协。

但这一幕恰好被一位家长看到，这位家长认识小熙老公，就告诉他："你家那口子真狠啊，把女儿送到幼儿园，女儿哭成个泪人儿，她就这么走了。"老公是个大红色，听后心痛不已。回到家里，就对小熙说不该这么做。这老公的妈也是一个红色，比儿子更疼孙女，也加入讨伐小熙的阵营。而小熙坚持认为自己没错。

一家人越说越激动，唾沫星子横飞，鸡飞狗跳，不得安宁。

以上，是红色男人和黄色女人的冲突。

红色的阿伟在大学时与蓝色女友相恋，毕业后步入婚姻，有了儿子之后，两人矛盾越来越多。

蓝色妻子遵循科学育儿法，为孩子拟定了严格的时间表——吃、喝、拉、玩、学，皆有法度。虽然妻子不需要他帮手，默默包揽所有

照顾儿子的活计，但他从旁看到，还是如鲠在喉、不吐不快。

在红色阿伟看来，没什么比让孩子开心更重要，对时间管理得那么严格，对孩子行为约束得那么细致，岂不是把鸟儿关在了笼中，对孩子身心发展无利有害啊。但是讲道理，他又讲不过妻子，每每他长篇大论，妻子只要轻轻一个反问，就击中他的语病，令他气急败坏。

于是，他火了又忍，忍了又火，终于，在一次带全家外出做客前，准备出发时，看着妻子为了初秋还谈不上冷的天气，给儿子裹上一层层的衣裤，包得像个蝉蛹，瞬间感到那些衣物不是裹在孩子身上，而是裹在自己身上，要窒息了，无名火爆发，对着妻子大吼一顿。妻子一言不发，取消了行程，两人冷战，一个半月之久。

以上，是红色男人和蓝色女人的冲突。

看到了吧！这就是性格差异造成育儿观念的分歧，如果双方能懂点性格色彩，解决问题会变得非常简单。

所以，养孩子这事，不同性格都有各自的长短板。如果你看到伴侣的长处，就会欣赏；如果你看到伴侣的短板，就会难受。不同性格的父母，若真能理解性格差异，可在育儿问题上相互取长补短。

四种不同性格为人父母的风格

♣ **红色性格：** 过度保护孩子，像老母鸡，总想把孩子呵护在怀里。

■ **蓝色性格：** 按规则要求孩子，时时关注那些孩子没做好的部分。

▲ **黄色性格：** 看重孩子独立，过于严厉，像老鹰般把小鹰推下悬崖，逼它起飞。

- **绿色性格：** 顺其自然，自由生长，可能会忽视对孩子
  能力的培养。

>> 如何处理与不同性格伴侣的育儿冲突

当父母教育孩子意见不一致时，到底怎么办？

当孩子在场时，有两大基本法则。

法则一：遇到意见不一，要冷静。孩子做错事，一方诉诸责骂体罚，另一方明知打骂不对，也不要发火，可先圆场规劝孩子："看你爸（妈）为你气成这个样子，我知道你愿意听他（她）的话，以后改正，就不打你了。"这样，既教育了孩子，也暗示对方就此"罢手"，既维护了父母尊严，缓和了紧张气氛，也激励了孩子改正错误的信心。

法则二：莫当孩子的面去指责对方。当父母一方批评孩子时，另一方明知不妥，也不宜当孩子的面横加干涉，指责对方。要用帮助另一方说服孩子的语气，婉转地把不正确的话纠正过来。这样，既不伤害对方感情，也教育了孩子，比相互指责或"火上加油"效果好。

当孩子不在场时，无论是哪种性格的父母，都要多沟通以求意见一致。特别在以下三个方面更是如此：对孩子的评价要一致，培养的目标要一致，教育的要求要一致。可是，当面对不同性格的配偶时，我们该如何取得一致？

对红色性格伴侣——认可对孩子的付出，避免只是让孩子开心

你要多认可他对孩子的付出和用心，但要引导他多关注孩子的能

力，而非只是让孩子高兴和舒服。

一位学员告诉我，他老婆的性格是红色，儿子两岁多，养成玩iPad的习惯。因为妈妈总觉得一切最好的都要给儿子，看见别的家长给孩子买iPad，她也要买，而且要买最轻薄最贵的。儿子玩起来就不撒手，整天打游戏，晚上不睡觉，一直在玩。他看到，就会制止，但每次他试图制止，儿子就会去找老婆，老婆总会心软，给孩子玩。当他和老婆意见不一致的时候，老婆会对他大吼大叫，非要给孩子玩，于是，孩子总改不掉这习惯。

学习性格色彩后，他意识到要帮助孩子改掉习惯，要先解决老婆的问题。于是他开始对老婆运用钻石法则。

第一步，"老婆，你为这个家、为孩子真的付出很多，看到你这么辛苦，我好心疼。"当他用认可和肯定的口气跟老婆沟通时，老婆的心情也好起来："老公，你要知道这都是因为我爱你，爱孩子。我有时候对你凶一点儿，你别介意。"

第二步，他开始逐步引导老婆："老婆，你看电视里那个小孩，从小就很独立，会做好多事情，多棒啊。你说，要是咱们儿子也能那样该多好，等儿子长大了，咱俩就享福了。"老婆也接受了他的引导："咱们孩子估计不成，你看他整天玩游戏，哪有时间学那些东西呢？"他发现，其实老婆对儿子玩iPad的事情也有担忧，只是危机感不够强烈。

第三步，他开始分享其他父母的成功经验："老婆老婆，我有一个重大发现！你看，这个溜溜球，好多明星父母都推荐，说可以让孩子训练动手能力，而且又好玩，咱给孩子试试吧。"红色对新鲜事物的热情，让红色父母容易去尝试新的东西。这样，就可让孩子从玩电子游戏变为玩真实游戏，对保护眼睛、活动肢体、训练运动能力和锻炼协调性都有好处。而且，白天跑得多，玩累了，晚上容易困，入睡也容易了。

红色伴侣为何宠爱甚至溺爱孩子？因为红色容易代入孩子的角度。红色有个很大的特点，就是童心未泯，很容易和孩子站在一条线上。当孩子要求多玩一会儿，或者想要得到自己喜欢的食物和玩具时，只要萌萌地撒个娇，红色的爸妈瞬间破防，难守底线，原先给孩子定下的规则也抛之脑后。

跟红色伴侣沟通孩子问题有个难点，就是一旦让红色伴侣觉得你和他站在对立面，感受会立即不好，并且可能会瞬间放大感受，导致情绪化。于是，孩子的问题，变成两个大人之间的问题，亲子问题变成夫妻感情问题。

要想影响红色伴侣加强对孩子的要求，同时不引发红色伴侣的情绪化，只需做到两点。

1. 认可红色伴侣对孩子的付出

无论他过往做得有多少对多少错，要看到他为孩子好的初心，通过认可拉近双方的距离，让夫妻双方相互理解彼此的感受，让伴侣知道自己之所以希望对孩子严格要求，也是为了更好地爱孩子。

2. 提醒红色伴侣平衡好孩子的快乐和成长

除了关注孩子的心情和感受，也要关注孩子的成长和能力，也就是提醒他关注之前他可能忽视了的理性的层面。当他有了意识之后，再提出可行的建议，与他一起探讨出最佳的方案，让他有参与感，也有认同感，那么，之后双方合力来执行这个方案就变得容易了。

> 金鳞岂是池中物
> 只要有你便化龙

对蓝色性格伴侣——夫妻保持统一口径，莫对孩子太多束缚

要认同规则的重要性，并且在孩子面前，和伴侣保持统一的口径。但在单独面对伴侣时，需要提醒他，给孩子更多发展的可能性，而非用规矩束缚孩子的成长。

一位学员苦恼于蓝色老婆让孩子从小就规行矩步，他担心孩子失去活泼的天性。他的孩子性格是红色，老婆曾一度怀疑孩子有"多动症"，还咨询了专业医生，但在他看来，孩子再正常不过。

他不在家，老婆在阳台上收衣服，让孩子帮忙在厨房洗菜。洗菜这活儿，对孩子来说不难，而且老婆之前教过他怎样可以把菜洗干净，洗的过程中不把水溅出来。但老婆收完衣服来到厨房，发现台面、地上全是水，原来孩子洗菜时玩水，水漫金山。老婆看到这一幕，啥也没说，把孩子拉到卧室，关上门，问孩子："哪儿错了，知道吗？"孩子吓坏了，说："对不起，我玩水了。"妈妈继续问："打几下？"孩子哭着说："打一下。"妈妈："打一下够吗？"孩子："打两下。"妈妈："打两下够吗？"……直到孩子说："打五下。"妈妈才不说话了。孩子伸出手来，妈妈啪啪打了五下。打完，妈妈问孩子："下次再玩水，打几下？"孩子说："打五下。"妈妈说："打五下够吗？"孩子哭着说："打十下。"妈妈才不说话了。

每当老婆不在家，他和孩子就玩得特别开心。老婆快回来，孩子就不敢玩了，自动跑回房间，乖乖写作业。在老婆的管教下，孩子的学习成绩很不错，但孩子对妈妈的惧怕，让他感到担忧。

所以，他选择了一种对蓝色而言最合适的方式，让她认识到教育孩子的问题，就是带蓝色老婆参加了性格色彩课程的学习。通过系统学习性格色彩，并且在课堂上耳闻目睹了许多鲜活案例，蓝色老婆也

153

学会了理解孩子的性格，调整自己教育孩子的方式，按照孩子的天性来给孩子所需要的，在学习的方式上给孩子一定的灵活度，而非让孩子和自己一模一样。终于，这位学员的家庭教育问题得到圆满解决（关于不同性格的孩子如何用合适的方式教育，详见《性格色彩亲子宝典》）。

蓝色伴侣为何对孩子要求如此苛刻？

因为相较其他性格而言，蓝色心目中对事情有一个比较高的标准，但他们自己却并不认为标准高，而是视之为理所当然。蓝色对自己就是严格要求，自然也会以自己认为正确且理所当然的标准来要求孩子。同时，蓝色的记忆力和数字逻辑普遍都比较好，喜欢把一切量化，这样教育孩子是能让孩子的行为越来越规矩，但也会让孩子丧失活力。

当蓝色固执于自己的教育方式时，伴侣要想说服他很难，会痛苦异常。

跟蓝色伴侣沟通孩子问题的难点在于：蓝色接受新理念较慢，其固有观念经过长时间的思考和论证后会被严格执行。

如果你突然跟蓝色说，以前的方法不对，要用新的，蓝色会有很多的怀疑。如果你在被质疑时情绪化，或失去耐心不愿沟通，蓝色会在心里更加否定你的建议，也会因为一次失败的交流，在心里长久留下"你不懂我"的印象，影响夫妻情感。除非你是一个理论高手，能讲得既有逻辑又清楚，且给他足够时间消化。

所以，你看，就像案例中的红色爸爸一样，他做了一个明智选择——带蓝色妈妈来课堂学习。

要想影响蓝色伴侣改变或调整原先不完善的教育方式，在引进新理念的同时，要注意两个要点。

1. 语气中肯客观

不要用明显的情绪化的语言和夸张的语气去说服蓝色，他们本能会对此排斥，由此会怀疑你是冲动的，是没有经过大脑思考的，从而更难接受你推荐给他的新知。

2.耐心回应质疑

蓝色在接触新理念时，会提出很多质疑，很正常。对他们来讲，如果无法理解，就无法行动，要让他们理解，就得解答他们的疑问，而他们的逻辑思维很强，所以，提出的问题往往环环相扣，解答时不仅需要专业，更需要耐心。

> 你是敬始慎终人
>
> 今日诚意荐新花

对黄色性格伴侣——认同须让孩子有作为，强调培养孩子的感受力

要和对方强调，我们要把孩子培养成一个有所作为的人，这个大目标是一致的，除了让孩子坚强独立，也要培养孩子与人交流和体贴他人的感受力，这就需要我们多关照和关爱孩子。只要黄色能认识到问题的重要性，不需你给他方法，也会快速调整。

一位红色的女学员和黄色的老公在教育儿子的问题上有分歧。老公强势，对儿子采用棒喝式教育。儿子顽皮，黄色老公说了不听就打，鸡毛掸子打断好多根。

初中时，儿子早恋，老公知道后，直接去学校，要求把儿子换到其他班，与早恋对象分开，希望老师只要看见儿子和早恋对象接触，就立马告诉他，以便最快速度扼杀住小小年纪早恋的不正之风。

儿子的早恋被成功地碾压粉碎，此后，心理留下阴影。现在，儿子没考上大学，在家里复读。老公只要发现儿子没用功学习就骂，儿

子总是情绪化发火，然后又屈服。如此循环，家里充满了火药味。

没学性格色彩之前，女学员拗不过老公，只能听老公的，搞得自己要抑郁了；学习性格色彩后，她开始想办法影响老公。

因为老公喜欢打高尔夫，所以，她约了自己的一对夫妻朋友，加上自己和老公，一起去打球。实际上，这对夫妻朋友有教育孩子的成功经验，两个孩子分别上了哈佛和麻省理工。在打球时，她不经意说起这事，果然，老公主动问了那对夫妻关于孩子的事。从他们那儿，渗透给老公"快乐教育"和用爱教育孩子的理念。经过这次交流，老公对儿子的态度有些松动，也会不时地问"吃饭了吗"，关心下孩子身体。

但是，因为老公是黄色，即便知道要关爱和给予孩子快乐，但只要看到儿子做了他认为不对的事，还是会第一时间呵斥。如果儿子顶嘴，会立即强压，"不想待在家里学就滚"，类似这样的话，顺口就溜出。

所以，女学员的第二步，是设法让老公也来参加"性格色彩读心术"的课程，借助老师和同学的力量让他蜕变。她知道老公不信权威，尤其听不进别人的推销，所以，虽然她不时在老公面前说性格色彩的好，但并未强迫老公去学习。有一天，老公惊讶地发现，原先那个没主见没力量的老婆，已经运用性格色彩卡牌能解决别人的问题了，变得很自信，于是主动提出，要去课堂上看看。

最后，黄色老公参加了性格色彩课程的学习，并很快学以致用，以比老婆更快的速度，调整了自己育儿的方式，实现了女学员所期待的家庭和睦、其乐融融。

黄色伴侣为何不关注孩子感受？

因为黄色认为结果最重要，不管孩子在努力的过程中怎么苦，只要结果对孩子好，那就值得。同时，黄色鄙视弱者，他们认为自己是强者，老子英雄儿好汉，孩子作为自己的骨血延续，当然不能输给别人，所以，越是看到孩子软弱、耍赖、可怜巴巴，越觉得孩子需要鞭策。当黄色"铁面无情"时，非黄色的伴侣极为难受，一方面很同情自己的心头肉，另一方面不敢去说服黄色，久而久之，敢怒不敢言，引发夫妻矛盾。

跟黄色伴侣沟通孩子问题的难点在于：黄色极其自信，除非你拿出事实和结果证明了他错你对，否则他光凭气势就把你压倒，根本不可能被你说服，搞不好，连孩子带你一道批判一通。

要想影响黄色伴侣多关注孩子的感受，用更柔性的方式引导孩子，同时不要把孩子的问题变成两个大人间的战争，需要做到两个要点。

1. 要不断地用结果来证明

比如，找别人家孩子的成功案例作为结果，或者自己学习完性格色彩亲子教育方法后在黄色不注意的地方小试牛刀，让孩子的学习成绩进步、自理能力增强等，黄色就明白你的方法是对的了。

2. 不要否定，要给予尊重

即使证明自己是对的，也不要否定黄色，要把好的结果部分地归因于他。比如，因为他在家管好了孩子，分担了你的家务，你才能有时间去学习好的方法理念，这样黄色会觉得这是你们共同完成的，也会有成就感，从此就更加支持你。

> 夫妻目标全一致
> 你乃主公我为臣

对绿色性格伴侣——佛系教育法可能一事无成，督促培养孩子习惯

绿色对自己和别人都没太多要求，这的确会让孩子在轻松的状态

下自由生长，但是，也可能让孩子在早期无法建立良好习惯，而这些习惯，本可让孩子受益终身的！

重中之重，是让绿色伴侣明白——毫无底线的纵容会害了孩子！不能事事无所谓，一味当老好人！当绿色清楚知道这样的后果时，也会有心改变，但是，由于性格的局限，他们还是不知道应该怎么做，依旧处于无力的状态！

这时，你需要继续给绿色一些具体的可落地执行的框架和方法。如果你对绿色只给目标不给方法，他肯定无法独立完成任务。

记住：要让绿色作为配角，辅助你一起担负起孩子的教育责任。如果你把重担和责任全部扔给绿色，绿色会跑的。

一位黄色朋友来访，说起孩子教育，满是担忧。

她的伴侣性格是绿色，对儿子完全放养，凡事都告诉孩子"差不多就行了，别那么努力"。在他的影响下，孩子每天除了写作业，就是拿着手机漫无目的地玩游戏。孩子上初中，正是人生观和世界观建立的重要时期，她认为，如果这个时期不给孩子多些积极向上的引导，孩子以后就废了。她之所以如此担忧，是因为自己的事业正在关键期，平时没太多时间去引导孩子，而老公又是无欲无求的绿色，所以她看着着急。

经过课堂学习，这位黄色妻子决定从工作中尽量拨出时间与儿子相处，一起打球、带孩子出去吃饭等，用自身力量来带动影响孩子；同时，在参加完性格色彩课程学习后，也找到了影响自己绿色老公的方法。

这个黄色妻子告诉绿色丈夫："我希望孩子在上高中前，能找到未来的发展方向，并且养成良好习惯——不管老师是否布置作业，都能自发地每天学习自己感兴趣的内容。这些习惯会让他终身受益。我很需要你来配合我一起完成对孩子的教育，行吗？"当黄色妻子明确提出目标，并且表达出她很需要绿色的帮助后，绿色毫无异议地同意配合。接下来，黄色再把任务分解，告诉绿色老公，在黄色自己没时间陪孩子的时候，如何带孩子去科技馆看最新科技，带孩子去听音乐会，激发孩子的科学探索欲和音乐细胞，帮孩子找到他感兴趣且对未来有帮助的事。

在黄色妻子的指挥、绿色丈夫的忠实执行之下，孩子的精神面貌有了很大转变，不再整天做"低头族"捧着手机，有了健康的业余爱好，每天都很充实。

绿色伴侣为何对孩子毫无要求？

因为绿色天性中缺乏自我约束力，也基本上没有什么追求进步的动力，他们自己能取得一些成绩，多半也是在别人或环境的推动下达成的。所以，要让他们作为父母去坚持不懈地推动孩子，比登天还难。

跟绿色伴侣沟通孩子问题并不难，只要你有明确的主张和理由，他们很容易被你说服。但在具体执行时，他们就像游戏黑洞，总守不住规则和底线，导致你给孩子立的规矩形同虚设。并且，孩子也会发现一个家长严格，另一个不严格，一旦犯了错误就躲到不严格的家长身后，你气不气？嘿嘿，孩子猴精，就是喜欢看见你气得要死又拿他没办法的样子。

有些家庭中，绿色除了陪伴，对孩子教育的其他方面是缺席的，一切都由伴侣来说和做。如果伴侣比较强势，也许能镇住孩子，但是这样会让伴侣很累，对绿色也会有很大的怨言，还是会影响夫妻感情，对孩子的教育也不利。

所以，要想影响绿色伴侣，让他和你一起担负起教育孩子的责任，找到一个可行的方案，你要注意两个要点。

1. 后果放大

要和绿色伴侣交流，让他清晰认识到问题的严重性，必要的时候，可以把后果衍生并放大，因为孩子的问题小时候不解决，确实会在他长大以后演变为更严重的问题。当绿色有了意识，愿意配合，愿意多做点事时，就会好办一些。

2. 明确分工

要有明确的分工，你做什么，绿色做什么，分配给绿色的工作要是他能力范围内的，并且告诉他，如果孩子出现了怎样的情况，他可以怎么处理。让他明确知道做什么、怎么做，并且让他如果遇到处理不了的情况，第一时间告诉你，你可以支持他和他一起来寻找更好的办法解决。

> 孩子报废谁来担
> 我做一来你做二

养育子女的冲突，由夫妻双方教育方式不同而引发，而教育方式不同，又与夫妻各自的性格息息相关。

读到此处，你已发现，本文貌似讲育儿，其实，讲的是夫妻间应该如何更好地沟通。懂得彼此性格，会好好说话，有效沟通，家里的大事小情都会顺遂；不懂性格，不会说话，就无法解决彼此的差异和矛盾。为了孩子，会吵；为了钱，也会吵；为了彼此父母的问题，一样会吵。所以，重中之重，要学好性格。

关于父母该如何教育孩子，是个庞大的系统工程。你需要首先了解自己为人父母时的优点和缺点，知道你的缺点给孩子带来怎样的负面影响；其次，学习怎样读懂不同性格孩子的内心，知道怎样激发他的潜能，怎样让他意识到自己的短板；最后，学习应该怎样正确教育和引导不同性格的孩子。在《性格色彩亲子宝典》中，会给你一些系统的方法以供参考。

如何与不同性格的伴侣
沟通孩子教育

- 🏃 金鳞岂是池中物，只要有你便化龙。
- 🦩 你是敬始慎终人，今日诚意荐新花。
- 🧍 夫妻目标全一致，你乃主公我为臣。
- 🏯 孩子报废谁来担，我做一来你做二。

09

善后
——如何向不同性格的娃解释离婚

有了孩子能离婚吗？

有些朋友坚定不移地认为：不管怎样，孩子在一个完整的家庭，肯定比在一个破裂的家庭要好。所以，为了孩子幸福，就算自己的婚姻痛苦不堪，生不如死，也要打落门牙肚里咽；为了孩子的幸福，哪怕洪水滔天，家中刀剑相搏，打死也不离。这是为人父母的一种觉悟，这是一种大无畏的自我牺牲精神，苍天有眼，会看到我这些用心良苦的奉献，结婚是为了稳定，离婚就是破坏稳定，必须严打，这就是正能量。

有这些想法的朋友，真的，已经沉浸在自己的这番主见中，完全被自己深深感动了。

所以，他们的结论就是：只要有了孩子还离婚的人，全部都是自私的人！这些人，只管自己快活，不为孩子考虑！再说了，你离婚以后，还要再找一个，照样吵架，找个不吵架的哪那么容易，你说说，和谁过不是过，眼睛一闭，其实都差不多，日子不就是这么回事嘛。

以上这些，听上去都好有道理啊，搞得我热血澎湃，差点都快被感动了，直到有一天，我遇见了一个男孩。

这个孩子偷偷告诉我一个他的梦想："我希望我爸我妈赶紧离婚。"

我赶紧死死按住他的嘴巴，狠狠地对他说："你在说什么！你疯了！你怎么可以有这样大逆不道的想法！你给我赶紧闭嘴！闭！嘴！"

孩子看着我，目光平静，表情不惊。我轻轻松开手，才刚刚松了一松，孩子就说："他们虽然没有离婚，可他们每天吵架，我没法做作业；他们砸东西，我吓得发抖；他们不说话，家里一点儿声音都没有，像个冰窖。"

孩子说着说着，两滴眼泪滑下来："我现在已经是中度抑郁了，每天要靠吃药才能睡着。我很羡慕张小咪，她爸妈早就分开了，可是我看她爸妈也能经常带她玩，她比我过得开心多了。老师，你说，会不会是大人们自己没本事处理好自己的事，只能拿我们小孩做挡箭牌？你说，他们干吗不离呢？分开了，他们有好日子过，我也有啊。"

我说："你，你给我闭嘴，你怎么可以这么想？"

他说："嗯，我就是一直偷偷在想，算了，不说了，我该吃药了。"

…………

那一天以后，我一直在想，哪里出了问题呢？

现在，假如你和伴侣已经达成一致，准备友好地分开，你们很想避免离婚这件事本身对孩子的冲击和影响，来看看性格色彩到底可以帮到你什么。

>> 不同性格孩子对父母离婚的态度

♣ 红色性格孩子

红色孩子秉性乐观且追求快乐，父母出现冲突，红色孩子强烈期盼父母和好，一家人重新回到快乐美好的时光。

如果在毫无准备的情况下，被告知父母离婚，红色孩子可能会出现强烈情绪震荡，甚至觉得是不是自己做错了什么，难以接受这个现实。尤其是当被问到"跟爸爸还是跟妈妈"这个问题的时候，红色孩子的情绪反应会非常大，因为在他心目中，任何一方都是他难以割舍的。当然，如果红色孩子长期生活在父母剧烈冲突的家庭，与他想要的快乐背道而驰，他也会出现"你们在一起这么痛苦，不如分了算了"的想法，本质上，是因为他对不快乐氛围的承受限度很低。

倪小姐和樊先生结婚多年，育有一女。一家三口都是红色。

婚后一年，由于工作原因，两人分居两地。有了女儿后，倪小姐又工作又带女儿，十分辛苦。老公独自在异地打拼，也很辛苦。自女儿懂事起，就听见父母不断争吵，不仅见面时吵，还经常打着长途电话吵。女儿8岁时，樊先生中秋节回家探望，本该开开心心，可惜夫妻俩一言不合，吵着说要离婚。

倪小姐冲进女儿房间，抱着女儿大哭："你爸这个死没良心的，他要抛弃咱们娘儿俩！你从此就是没爸爸的孩子了，好苦命啊！"被老妈这么一哭，女儿也吓哭了。最后的结局，是倪小姐拉着女儿去樊先生面前一起哭，直到樊先生道歉为止。

如此折腾了几年，女儿考上初中后，倪小姐和樊先生真要离婚了。倪小姐哭着跪在女儿面前："女儿，我对不起你呀……"话还没说完，女儿就异常冷静地说："你们离婚吧。"

如上，母亲是红色，女儿也是红色。由于婚姻中反复的冲突、情绪化的折腾及折磨，让母亲决定离婚前，已经跟女儿反复发泄情绪，导致红色的女儿从小饱尝父母冲突之苦，时间太久，以至于有了"与其这么痛苦，不如你们分开"的感受。当母亲想要离婚的时候，女儿的冷静，其实是情绪受折磨到极致的一种平静。

■ 蓝色性格孩子

蓝色孩子心思细腻，性格内向。他们对父母教导的规则和戒律都会认真遵守，当有什么事情想不通时，更多是放在自己心里琢磨，所以，给大人一种"猜不透他在想什么"的感觉。

父母离婚，对蓝色孩子而言，意味着原有的生活规律发生重大变化，他可能需要搬出现在的这个家，也会很少再能见到父母中的一个，这对蓝色孩子的世界都是极大的变动。他们可能不会因此而在父母面前啼哭或吵闹，但郁郁寡欢的表情会长期浮现在他们脸上。蓝色孩子的不沟通，将会是父母在和孩子解释离婚问题时的一大障碍。

小文的父母离异后，没有告诉孩子，只是跟小文说，妈妈要去外地工作，小文要在本地上学，所以跟着爸爸。小文当时没有说什么。但是过了一段时间，即便是较为粗心的爸爸也发觉孩子不太正常，吃饭的时候，吃着吃着，就陷入思索，忘记了吃饭。睡眠也明显不好，早上起来两个黑眼圈。学校里老师也反馈小文学习成绩下滑，考试交白卷。蓝色的小文本来就容易多思多虑，即使没有父母这档事，平时也会看父母脸色，当父母吵架时，他躲在角落，紧紧攥着衣角，心里想"是不是我不乖，所以爸爸妈妈才会这么生气"。后来，父母离婚没有告诉他，他只知道从那以后再没见过妈妈，于是心里想"妈妈不要我了，是不是我做了什么，让妈妈不高兴了"。

蓝色孩子记忆力好，他会回想和妈妈相处的细节，比如，妈妈曾经说过他，让他不要总低着头，走路要挺拔一些；又比如，妈妈说过他讲话声音不够响亮，不像男孩。这些他都会反复回想，自责，越想越负面，所以，才会如此。

蓝色孩子一旦有了心结，就很难消除。父母离婚问题对孩子来说是一件大事，对蓝色孩子来说，尤其如此，如果处理不好，可能会酿成悲剧。

网剧《隐秘的角落》中，蓝色孩子朱朝阳，目睹爸爸婚外恋，父母剧烈冲突后离婚，给他的心灵造成极大伤害，后来更是因为爸爸对他同父异母的妹妹比对他好，心理问题不断加剧，最终犯下不可挽回的错误。

▲ 黄色性格孩子

黄色孩子主见性极强，不轻易受到大人影响。对父母离婚的事情，黄色孩子会有自己的判断。如果他认为父母在一起就冲突，很难相处，甚至会主动提议父母离婚。如果他认为父母中的一方是过错方，也会坚定地站在无过错方这边，像个小小的捍卫者一样。

看哭了无数人的一部电影《神秘巨星》，讲述了一个 14 岁印度少女尹希娅追求梦想的故事。因为父亲对母亲长年使用家庭暴力，甚至当着孩子的面暴打妻子，性格中有较多黄色特质的尹希娅，坚定地站在母亲一边，甚至自己跑去找知名律师，请教如何能让父母离婚。对黄色孩子而言，他相信即便父母离婚，自己也能生活得很好。

另外，如果黄色孩子不希望父母离婚，他不会像红色一样去找父母哭诉，而是自己想办法解决。

薇薇安是个理性的母亲，离婚时和前夫商谈好，不告诉家里任何人，也不告诉儿子，反正两人各有工作，聚少离多，早就分房睡了。离婚后，薇薇安偶尔去前夫家住上一两晚，孩子也没什么异样，一切如常。

三年后，孩子上了初中，薇薇安觉得是时候了，告诉了孩子，结果，儿子平静地说："我早就知道了。"

原来，儿子早在三年前，就发现父母关系不对，担心他们离婚，还私下去问小姨："怎样才能阻止两人离婚？"小姨觉得小屁孩的问题搞笑，随口说："离婚要拿户口本的呀，把户口本藏起来，不就离不了了。"儿子悄悄去找家里的户口本，结果，户口本下面压着父母的离婚证。儿子发现父母已经离了，木已成舟，无法挽回，就什么也没说，当作没事发生一样。

黄色孩子会尽力在父母关系中做出自己的努力，但也会理性地接受父母离或不离的结局。

● 绿色性格孩子

绿色孩子随遇而安，大人说什么听什么。对于家庭的变动，绿色孩子也会感到不安，但好在绿色善于为他人着想，容易想开，心大，只要离婚能平稳进行，离婚后，父母能保障好绿色孩子的生活，不至于颠沛流离，绿色慢慢也就适应了新生活。

大头和前妻离婚，前妻性格刚烈，脾气暴躁，两人的女儿是绿色，温顺乖巧，离婚时判给了前妻。因为女儿一直很乖，所以，大头和前妻离婚时，也没多和女儿说什么，就简单告诉她，爸爸妈妈不在一起住了，你跟妈妈。

离婚后，前妻忙于工作，把女儿扔给保姆来带。过了一段时间，大头去看女儿，发现小家伙很可怜，吃的是凉掉的饭菜，衣服脏了也没人洗，保姆不负责任，绿色女儿也不敢告诉妈妈。

其实，对绿色来说，不是解不解释的问题，而是能否把离婚后孩子的生活安顿好。离婚了，爸妈还都爱你，这话不该只停留在口头上，只要有实际的保护和关心，离婚后绿色孩子的日子也过得好，其实，真没太大问题。

>> 对不同性格的孩子谈离婚的方式

学习正确地和孩子谈离婚的方式之前，你需要先了解最常见的错误方式，以避免同等的灾难降临到你的头上。

和孩子谈离婚的错误示范

小浩成长在一个冲突激烈的家庭，13岁那年，母亲向父亲提出离婚。为了争夺孩子的抚养权，父母双方各执一词，分别给13岁的孩子带来了巨大的心理压力。

母亲列出了父亲的十八条"罪证"给儿子看，指出了父亲种种的不好。

儿子："妈妈，我爸没有你写的这么坏啊？"

母亲瞬间崩溃，气急败坏地说："你还是我儿子吗？你竟然说出这样的话？这么多年妈妈为你做了这么多，你现在竟然和我说你爸爸好！你对得起妈妈吗！"

儿子："妈，我没有说我爸爸好，我只是说他没这么坏！"

母亲歇斯底里："你什么意思，你的意思是你和你爸爸过是吗？好啊儿子，你真是太让妈妈伤心了，你怎么能这么对待妈妈！你浑蛋啊！"母亲失声痛哭。

儿子："妈妈，我没有说我要跟我爸过，我只是说离婚就离婚，为什么要把他写得这么不好！"

妈妈："行吧，我也看出来了，你跟妈妈根本不是一条心啊！你要是跟你爸，咱娘儿俩永远别见面了！"

13岁的小浩看着白纸上劣迹斑斑的父亲，还有表现得委屈无力的母亲，内心充满了无助、痛苦与纠结。不仅这样，母亲还鼓动外婆和小姨，在小浩面前继续"攻击"父亲，希望让孩子彻底对父亲产生憎恨，顺利夺得抚养权。小浩的内心不想让父母离婚，他希望通过自己在中间的"讲和"，可以挽回父母的婚姻。他每次和母亲表示出爸爸还不错的时候，母亲都会歇斯底里地表示出对儿子有此想法的伤心欲绝。

而当他和父亲也用同样的方式想"讲和"，尝试在爸爸面前说一些妈妈的好话时，换来的也是爸爸极端的责骂，甚至是殴打。这样的日子持续了两年，这样的场景出现了无数次。

正值青春期的小浩，每当被夹在中间，都非常委屈和郁闷，他不知自己到底哪里错了，也不明白只是希望一家子能好好过日子，你俩为什么把所有气都撒在我身上。慢慢地，小浩不愿再和父母多讲话，性格变得自卑，孤僻，敏感，不爱讲话，做任何事都缩手缩脚，生怕自己做错了什么。而这样的性格特点影响了小浩往后十几年的做事思维与方式，直到走进性格色彩课堂，才慢慢找回自我，重新绽放。

拼命说对方的坏话，怂恿孩子产生仇恨心理，逼着孩子在父母间表态，这些都是糟糕做法中的极品，很不幸，恰恰这些做法在生活中随处可见。

那么，到底该如何向孩子解释离婚？在阐述向不同性格的孩子运用不同的方法之前，须知，无论孩子性格如何，以下七条原则，是天下离婚父母都需要遵守的。

1. 不要隐瞒

当孩子问到父母间的状况，不要对孩子有所隐瞒。孩子只要年龄不是特别小，对父母状况会特别敏感，如果你隐瞒，孩子会产生自卑感，认为自己和那些父母没离婚的孩子不一样。

2. 慢慢透露

不管孩子有没有问，都该慢慢向孩子透露离婚的事，如果全部一下子透露，孩子还不能完全理解。可循序渐进，慢慢表述离婚的事，这样，孩子更容易接受。

3. 解释通俗

向孩子表述时，解释要通俗易懂。最好用举例或讲故事的方式，告诉孩子爸爸妈妈为什么会离婚，便于孩子理解。

4. 与你无关

解释过程中，要和孩子强调，父母的离婚和孩子无关，是爸爸妈妈之间出现了一些问题，否则，会让孩子自责。

5. 莫说坏话

解释过程中，千万不要和孩子说对方坏话。无论离婚的原因是什么，不管谁有错，在孩子面前说对方坏话，都是错误的行为。离婚已经伤心，还说对方坏话，孩子会更加伤心和为难。

6. 爸妈爱你

告诉孩子，父母虽然离婚了，但是不管爸爸妈妈是不是生活在一起，你永远都是我们的宝贝，爸爸妈妈永远都爱你，离婚丝毫不会影响对你的爱。

7. 控制情绪

不要在孩子面前表示出过度伤心或过度开心，孩子会不好受。过度悲伤，让孩子觉得前途渺茫；过度兴奋，让孩子觉得你狼心狗肺。学会在孩子面前控制情绪，否则时间长了，会影响孩子的心理发展。

在遵循以上基本原则的前提下，因为不同性格孩子的心理差异，根据接受反应的区别，对不同性格的孩子，有不同的钻石法则可堪运用。

对红色性格孩子——让孩子感觉离比不离更好

要做好多次沟通的准备，因为红色孩子非常感性，即便你给了他充分的理由，他心里也知道父母的离婚是不可挽回了，依然很难马上接受。对红色孩子使用的语言要强调情感和感受，切勿用强压的方法。一旦孩子的情感受到伤害，那就不仅仅是离婚的问题，而是对大人的信任也会动摇。

当你第一次和孩子沟通离婚问题时，孩子无法接受，闹情绪，那就先暂停，不讨论这件事。过几天之后，再找机会和孩子谈心，让他把委屈和不满都说出来，如果还是不能接受这件事，就继续搁置，再过几天再谈。这样，一点点让孩子从情感上的不接受到逐渐接受这个事实，这段时间里，大人要给予他充分的耐心和陪伴。

性格色彩学员小梅跟老公协议离婚，主要原因是她想独立创业，而老公希望她相夫教子，二人协商后无法达成一致，不得不分道扬镳。

领证后，她没有立刻告诉女儿，因为她知道大红色的女儿很感性，突然知道这个消息，会有很多不好的想象。所以她先是告诉女儿，妈妈工作很忙，要搬出去住，但会每周回来两天看她。女儿没有多想就同意了。

之后，她每周陪女儿两天，要么回家来陪，要么把女儿接到自己住的地方。时间久了以后，女儿也习惯了小梅在外面的居所，每周都会去小住。第二步，她从侧面引导孩子，比如，给孩子吃梨的时候，就问孩子："梨是分开来吃好，还是整个吃好？"孩子说："分开来吃好。"从潜意识层面给孩子植入"分开未必不好"的理念。同时，她在孩子面前经常说前夫的好话，放大前夫对孩子的爱，比如，"你看爸爸又给你买东西了，爸爸好爱你呀"。也会表达自己对孩子的爱："宝贝你太可爱了，我爱你。"让孩子渐渐感受到，即便爸爸和妈妈不住在一起，即便爸爸和妈妈很少见面，但两个人都很爱她。离婚一年多以后，她告诉了女儿自己和前夫离婚的事情，女儿接受了，之后依然活泼开心快乐。

红色孩子最大的问题是情绪容易受到外界影响，所以，对待红色孩子，需注意以下两点。

1. 关注孩子的情绪

即使你给孩子解释离婚时已经用了最柔和的方式，孩子也表示接受，但由于红色孩子的情绪化较为明显，他依然有可能在之后某天突然感到低落，这时，你需要持续关注并及时给予情绪疏导。

2. 提升孩子的自信

单亲家庭的红色孩子更容易感到自卑，尤其当小朋友们问他："为什么总是你爸爸（妈妈）一个人来参加家长会，你的另一位家长去哪儿了？"所以，你需要在平时就多认可孩子，给他不断设立小目标，当他达成或取得进步时，再及时给予肯定。

> 别有幽愁随处生
> 自当陪伴为解忧

对蓝色性格孩子——把离婚当作一个命题来探讨

对蓝色孩子，可以把从决定离婚到实际搬出去的这段时间，拉得更长一些，以便让孩子有足够的心理准备来适应。那么，在这段时间内，父母应该做什么呢？

首先，父母不要沉浸在负面情绪中，因为蓝色孩子非常敏感，如果父母整天哭丧着脸，孩子嘴上不说，心理压力会非常大。

其次，正好可以用这段时间，跟孩子多沟通，从多方面解除孩子的疑虑，例如：

"为什么离婚？"——离婚并不代表父母之间相互敌对或者仇视，而是为了尊重彼此，让彼此未来的生活过得更好而做出的理智的决定；

"离婚之后怎么办？"——离婚后，父母还是好朋友，还会共同承担爱孩子、照顾孩子、教育孩子的责任，任何时候，孩子如果想念父亲或者母亲，随时都可以找到他们，这种联系不会断绝；

"离婚后可能面临什么问题？"——离婚后，可能会有外面的人不理解，会说一些闲话，这些都在所难免，孩子如果遇到任何问题，受了任何委屈，一定要告诉爸爸妈妈，爸爸妈妈会帮孩子解决。

老高决定离婚，并与妻子达成一致，在实施离婚的具体行动之前，首先想到了自己蓝色的闺女。

小家伙虽小，已经具有相当强的逻辑思维，而且非常敏感，瞒着她是不可能的。老高借着每晚辅导她功课结束后的一小段聊天时间，开启了离婚话题。

他首先举了课本上有的一对名人离婚的例子，问她知不知道什么是离婚。让他意外的是，孩子对离婚的定义理解很准确。于是，他继续和女儿探讨，离婚是好事还是坏事，女儿也给出了"不好不坏，有些时候是好事，有些时候是坏事"的客观中立的答案。顺着这个话题聊了一会儿，他并未点出自己和孩子妈妈要离婚的事情，而是仅仅从道理上探讨了一番，就结束了谈话。

过了几天，他又借着另一桩事，跟孩子聊起这个话题，孩子问："爸爸，你考虑离婚吗？"他说："如果爸爸妈妈离婚，你会怎么想？"孩子想了一下，提出了一系列问题："你们一定要离吗？""有没有可能不离？""如果离的话，你们还和我住在一起吗？""如果不住在一起，我想你们了，去哪里找你们呢？"老高一一耐心做了解答，聊完，依旧没有斩钉截铁地说要离，因为他知道，蓝色孩子接受这件事需要一个过程。

如此过了一个多月，在和孩子聊天时，他感觉孩子内心已经接纳这个事情，于是告诉孩子，自己决定离婚，孩子平静地接受了。

事后，老高和前妻都遵守对孩子的承诺，按时陪伴孩子，随时关注孩子的心情和感受，孩子也正常健康地长大。

蓝色孩子最大的问题是容易负面思维而且不告诉父母，所以，对待蓝色孩子，需要注意以下两点。

1. 耐心分析

可以在解释完离婚问题后，随时借助电影电视里的类似剧情，问蓝色孩子看法，并与之耐心地讨论，分析离婚这事对大人和孩子分别意味着什么。在分析讨论的过程中，解答疑问并引导到正向的结论上。

2. 安排谈心时刻

因为蓝色孩子喜欢安静不喜欢热闹，所以当父母像对待红色孩子那样带他出去玩时，他可能会更加沉默不讲话。比较适合他的方式是和他约好，每天有一次谈心时刻，形成约定和规则，这样可以多了解他的想法，以免他在你们不知道的时候思想走入死胡同。

> 欲速不达需缓冲
> 循循善诱导正念

对黄色性格孩子——平等而郑重地谈一次

大人们需要把黄色孩子当作小大人，郑重地跟他谈一次。告诉他，爸爸妈妈因为什么原因打算离婚，在最终决定之前，想听听他的意见。黄色孩子会提出很多疑问，这是好事，因为让他有参与意见的机会和权利，意味着对他的尊重，这是黄色非常需要的。

黄色痛恨被当作任意摆布的物件，此时如果不给他机会，不解答他的疑问，日后会成为亲子关系中的隐患。当黄色孩子发问为什么大人要离婚时，我们只需要理性而平静地告诉他原因就行了。

梅大师的性格是黄色，生了个娃也是黄色。离婚这事对梅大师来说不是什么了不得的事，但学习性格色彩后，他清楚自己儿子的性格，也非常尊重儿子，所以他专门和儿子谈了一次：

"小子，你不是小孩子了，老爸要告诉你一件事，你有任何不理解，可以直接说出来。我和你妈离婚了。"

儿子不哭不动容，直勾勾地看着他："为什么要离婚？"

梅大师："性格不合，我有我要做的事，她有她要做的事。"

儿子："那你们当初为什么要结婚？"

梅大师语塞片刻，心想这小子反应真快："当初我们没有学习过性格色彩，不够了解彼此，但我们当初是相爱的，所以才有了你。现在我们分开，依然对你好，对你的一切都不会变。"

说到这里，儿子才点了点头，表示同意。

黄色孩子最大的问题是希望自己主导和掌控事情，所以，对待黄色孩子，需要注意以下两点。

1. 请教建议

在让他明白离婚已经不可挽回的同时，请他给父母双方一些建议，他希望父母做到什么，能满足的予以满足，不能满足的也说明原因，表达父母对他重视的态度。

2. 呼唤孩子的责任感

可以适当强调他已经是大人了，在之后与父母中的一方一起生活时，很多事情要靠他自己来完成。通过唤醒他的责任感，他会觉得自己在家庭中的地位更重要，从而更加懂得自我约束。

> 甘罗十二为宰相
> 儿已长成可议事

对绿色性格孩子——怎么解释都行

对绿色孩子，其实怎么解释都行，但要注意一点，不要让他觉得离婚是件特别严重的事情，不要让他感到太大的压力。所以，作为父母，在和绿色孩子聊这个话题时，语气放缓，控制好自己的情绪，尽量轻描淡写，多关注孩子的反应即可。

一位离婚女学员上完性格色彩课程后，忏悔自己，并向绿色女儿道歉：

我前夫喜欢喝酒，喝醉了就打我、打孩子。我们有一儿一女，儿子红＋黄，女儿绿色。

我至今记得，儿子8岁、女儿3岁的时候，前夫喝醉了，接到学校打来的电话，说儿子在学校发生了一些事情，需要家长去学校见老师。他一接到电话，火冒三丈，立刻赶回家。儿子和女儿正在一起玩，看见他气势汹汹，女儿就躲在了我身后。前夫抓住儿子就打，我抱着儿子不让他打，他就用手打自己的脸。在这一番惨烈的场面之后，忽然传来女儿的哭声，原来她已经悄悄躲在被子里哭了起来，我心里感到万分的内疚。

后来我们申请了加拿大移民，我带着孩子们先去了加拿大，没过多久，听说前夫有了外遇。我感到这段婚姻无望了，但还是拖了很久没有离婚。

女儿8岁的时候，儿子住校上学，我和女儿散步，问她："如果爸爸和妈妈离婚了，你赞成吗？"女儿不知道该怎么回答，问我：

"妈妈，你想离婚吗？"我说："如果我和你爸爸离婚的话，你和哥哥就没有一个完整的家了，会给你和哥哥带来很大的伤害。"她说："那不离婚的话，你开心吗？"我没有控制住自己，大哭起来。她吓了一跳，不停地说"妈妈别哭了"。在这次谈话的结尾，她说："妈妈你决定吧，不用考虑我。我跟你或者跟爸爸都是可以的。"后来我打电话问儿子，儿子说你早该离婚了，妈妈我们支持你。

在孩子们的支持下，我提出了离婚，并且离婚后过得比之前更好。但女儿之后就很少跟我谈心了，我问她有没有什么事，她说一切都好，让我不要担心。读中学后，女儿去英国留学，我们联系越来越少。直到我走进课堂，才明白原因所在。对于一个绿色的孩子，在离婚问题上我要她帮我做决定，已经是十分为难她，而我还在她面前情绪崩溃，导致她觉得妈妈是很脆弱的，之后很多事情都不敢告诉我，怕我更加伤心难过，这也阻断了我们母女之间的正常交流。

下课回家后，我给女儿打了一个电话，说："女儿啊，这么长时间是妈妈对不起你，这么多年一直都没有意识到自己的过失在哪里。现在才知道给你小小的心灵带来了这么大的伤害，对不起女儿，是妈妈错了，我不应该把自己婚姻的选择权交给你这么小的孩子来承担，无形之中给你带来了伤害。对不起，妈妈从来没有想过要伤害你。"

当女儿听到我跟她说这些话的时候，她说："没事的妈妈，已经过去了。我没事的，你开心就好，我就是怕你会想起不开心的事。"听她这么说，我的眼泪唰唰地往下流。

我跟女儿讲："你以后有什么事情一定要告诉我，妈妈特别希望知道你的情况，妈妈已经变坚强了，今后你无论遇到什么事情一定要告诉我好吗？"

从那以后，女儿跟我的交流多了很多，不时给我打电话问："妈妈你在干吗呢？有事情的时候也要休息哦，不要太累了。"

听着女儿说这些话，除了感恩还是感恩。

绿色孩子最大的问题是，他们太为别人着想，以致忽略了自己。所以，对待绿色孩子，需要注意以下两点。

1. 不要给他压力和选择

只需要告诉他一切已经安排好了，需要他如何做，如果他感觉有困难可以告诉爸妈，爸妈帮他解决。

2. 给孩子明确指令

离婚后，绿色孩子会不知道有问题该去找谁，需要爸妈为他考虑周到，并明确告诉他谁会负责他的学习，谁会负责他的吃喝玩，如果遇到问题可以找爸妈中的任何一个，爸妈都会一样地来帮他。

> 云淡风轻闲扯话
> 四亭八当天地平

如何对不同性格的孩子解释离婚

- 🤸 别有幽愁随处生，自当陪伴为解忧。
- 🏃 欲速不达需缓冲，循循善诱导正念。
- 🚶 甘罗十二为宰相，儿已长成可议事。
- 🛕 云淡风轻闲扯话，四亭八当天地平。

第四篇

不同性格的修炼法则

引子 婚姻即修行

　　相爱容易相处难，生活，一半烟火，一半清欢。想要相爱相守，你必须学会用适合对方性格的方式和他相处，而非用你自己喜欢的方式。

　　在前面这些章节，你已经多次从不同角度和不同问题上一窥"钻石法则"的踪迹。如果你还想探索更多钻石法则的妙用，了解更多如何与不同性格相处的法则，可参详本书的伴生姊妹——《性格色彩恋爱宝典》。本书的最后一篇，谈的是不同性格应该如何自我修炼；而《性格色彩恋爱宝典》的最后一篇，谈的是如何与不同性格相处。两本书，你中有我，我中有你，相互呼应，相辅相成，相得益彰。

　　在《性格色彩原理》中已阐述，性格色彩的四大作用是"洞见、洞察、修炼、影响"。花若盛开，蝴蝶自来，一个修炼好个性的人，能正确解决人际关系中的冲突问题，能带给伴侣良性的互动，相互滋养，让关系越来越好的同时，也能提升自己的魅力和吸引力，让伴侣越来越离不开自己。

　　所以，本篇，我会用"不同性格在情感中的修炼法则"，来为不同性格的你揭开怎样让鸡汤变鸡肉，让幻想变现实，找到自我蝶变的钥匙。

01 红色性格的情感修炼法则

随意粗心者须知

红色天性爱自由，随心所欲，不拘小节，常会忘记已经答应了伴侣的事。除非从小成长在一个极其严谨的家庭或环境中，被严谨地调教过，否则，在家务之道上也容易粗心大意。若伴侣是绿色，的确没那么在乎，可其他性格难免会对红色的随意感到不满，严令其更改，红色则会因批评而委屈，双方时不时爆发争吵。

红色如果没深刻意识到自己的随意惹下的麻烦，并主动去修炼，在伴侣看来，你"屡教不改"的原因是你明知故犯，根本不想改。久而久之，量变引起质变，失望到绝望，绝望到崩盘，关系岌岌可危。

艾小姐是个粗心的红色，爹娘也是红色。从小她被哺育在这样一个随意的家庭，父母从没要求过她做事要有条理和仔细。

恋爱没多久，艾小姐很快结婚。刚结婚，电瓶车就被人偷走，她想了很久，只能模糊想起自己曾去过美容院，车钥匙可能会落在那里，但又不是很确定。事后，她去找车钥匙，没找到，报警无果，老公骂她粗心。因为闪婚，婚前很少拌嘴，婚后，艾小姐一被批评，就羞愧混杂着委屈，边鬼哭神嚎，边大声解释，老公见她反应这么激烈，更烦，对她的指责从这事开始翻旧账，历数她的种种不靠谱，刀

183

刀见血，句句见肉（老公的性格也是红色，只不过相比于艾小姐，做事没那么粗心，但情绪上不输艾小姐，可是相当地饱满啊）。

艾小姐一气之下，写了遗书，想用极端的方式来让老公后悔。当然，她遗书发出去没多久，自己就后悔了，也没这么去做。

此类戏码，每天上演。

两人同去旅游，到了火车站，开车前一分钟，发现买的票是第二天的，来早了一天。为了不错过行程，他们想方设法，倒了几趟车，才到目的地。

两人一起看电影，在售票机上买票，艾小姐明明记得点了两张票，可付完钱后，打出来四张票。老公厉声质问，两人直接干架，电影没看。老公扬长而去，她更委屈，明明是我主动做事，你啥都不做，最后，反而恶人是我，天道不公啊。

婚姻始终在磕磕碰碰中蹒跚前行。每次争吵后，她都想离婚，总觉得老公为什么不能包容自己呢？越想越伤心，越想越难过，越想越愤怒。

后来，两人有了孩子，因为艾小姐工作辛苦，晚上，老公负责给孩子冲奶粉。冲奶粉的水要先烧开，放凉后再冲，但老公把开水放在那儿凉的时候，她总是一不注意就拿起来喝了，喝完后，也没为孩子再烧一壶水。所以，老公发现凉水没了，娃的口粮居然被亲娘给搅和了，而这个娘自己还稀里糊涂地毫无觉察。

每当艾小姐在外忙活一天，夜里回到家，喝了水，倒头就睡之后，半夜总被老公叫醒。她以为周公梦游太虚被紧急呼叫必有天塌之事，结果，自己男人浩然正气地拷问她为啥不长记性，为什么又把用来给孩子冲奶粉的凉水喝了。

艾小姐只觉得天时怼兮魂灵怒，你，你，你，居然因为这么绿豆大的事就把我叫醒，不顾我上班劳作之苦，就劈头盖脸批我一通。罢了，日子别过了。

184 　艾小姐的老公，更是觉得莫名，明明这事你错了，不仅不知悔改，还死不认错，且态度恶劣。你不顾娃的身体，是枉为人母；你不听我的教导，是枉为人妻。罢了，日子不过就不过。

在婚姻中，过于随意的红色，常常感觉自己是无辜的。

"我不是故意的呀！""你为什么就不能包容我呢？"这都是红色倍感委屈时的口头禅。红色可以完完全全无视自己的随意给他人造成的种种麻烦和伤害。比如，艾小姐因为粗心造成的财物损失、耽误的事情、浪费的钱、损耗的心情……

♀　红色的艾小姐，心里想的是："你态度好点跟我说就行了，用得着上纲上线吗？"

♂　艾小姐的男人，心里想的是："好好说，你肯听吗？你也不算算，到底已经和你说了多少遍，有用吗？？认真和你说，你都不听，难道和颜悦色你就听了？？？我还不了解你！！！只会嘴巴答应，从来就没做到，得了吧你。"

♀　红色的艾小姐，心里想的是："我是有错，但这么小的错，你怎么就不包容我一下呢？"

♂　艾小姐的男人，心里想的是："既然是这么小的错，那改起来很容易，也不是什么天大的顽疾，你为什么就不改改呢？你说改，但是不改，就是因为你不觉得你是错的。"

可惜，当随意粗心的艾小姐的那位伴侣并不懂性格色彩，既没看过《性格色彩恋爱宝典》最后一章"不同性格的相处之道"，也不懂情感中钻石法则的运用，更不知道怎样运用正确方法帮助艾小姐改掉自己的毛病时，艾小姐呀艾小姐，该怎么办呢？

离婚？No！若然如此，世上怕是没几个人的婚姻能过下去了。

自救！怎么救？修炼方法如下。

第一招 制订计划

红色要想改掉自己随意的毛病，必须提升自己的计划性。

每晚必做两件事。

①总结今天干了啥。哪些干好了，哪些干砸了，分析原因。

②计划明天要干啥。从重要到不重要排序，如果有些事曾经干砸过，把之前的教训作为注意事项标注。

总结和计划，每晚坚持，发现一件事情干砸两次以上，特别容易忘，就把注意事项写在纸条上，贴在容易看到的地方，比如，冰箱上、门上——"敢喝宝宝水，脸上生痘痘"，等等。

看起来，事儿似乎很小，不就是每天做计划，想办法提醒自己吗？可要做到不随意、不忘事，对红色来说，忒难。

一位性格色彩学员曾为自己的粗心大意无比苦恼，她的女儿和她一样粗心。

女儿戴了牙套，吃饭要摘，睡觉要摘，摘下来就忘了戴。这个当妈的也大条，根本不记得提醒女儿。比如，她带女儿出去吃饭，饭前女儿把牙套摘下来放在桌上，吃完饭，忘了戴，当妈的带着孩子回到家，老公问："孩子的牙套呢？"她才发现，赶紧跑回饭店，服务员已经把牙套扔进垃圾箱了。

她也不想这样，所以，后来就自己带着装牙套的盒子，女儿牙套一取下来，就装在盒子里，再把盒子装进自己口袋，希望这样可避免丢失。但麻烦是妈妈很容易在饭后忘记让女儿戴上，于是，女儿从中饭到睡觉这段时间，都没戴牙套，直到第二天，老公发现女儿没戴，问她，才想起来，牙套在盒子里，而盒子还躺在她的外套口袋里。

于是，她改为，吃饭时把牙套装进盒子，盒子放在桌上，可想而知，之后的事情是，牙套同盒子一起忘了拿，又丢了。

因为这样的事，老公经常不开心，他们又很疼爱女儿，总给她配比较好的牙套，弄丢一次，两千多元就没了，半年里面弄丢七八次。

学习性格色彩后，这位红色粗心的妈妈有了很大改变。

她发现，之前一直搞不定牙套，是因为她没真正认识到问题的根源是自己性格中的随意。红色对条理性的修炼，一定要做计划，而不是仅仅改变一个行为，否则不可能持续。

为了修炼自己的条理性，她列出了自己过往杂乱无章的一系列表现。

● 自己的作息不固定，影响了女儿的作息。
● 容易忘记出行时间，事到临头才想起，慌忙收拾行李，仓促间忘东忘西。
● 弄丢不少东西，造成财物损失。
● 不喜欢预算，买东西不比价，自己的钱没存，老公给的家用不到月底就花光光。每月最后几天，看到想买的东西不能买，很痛苦。
● 安排全家活动时忘记了老公有出差计划，往往是买好景点门票才跟老公说，结果老公说去不了。
● 不教女儿做计划，所以，女儿也是走一步看一步，毫无计划。

针对以上问题，她根据重要程度排序，并针对每个问题列出需要每日完成的事项，以及近一个月的安排。在每日事项中，按照紧急程度来排序。排好之后，她的心定了，不像之前那样抓瞎。然后，把需要重点提醒自己的事挑出来，加以强调。

比如，"牙套"属于"女儿"每日都要注意的事情，优先级高，而且随时都要注意。所以，她在如下三个地方给自己提示。

①女儿的床头贴着"牙套"的彩色标签，这样，女儿每晚睡觉

187

时，她都会确认，取下的牙套有没有放好，每天早上起床，都会确认牙套有没有戴上；

②出门时，在大门面向里面的一侧，贴着几件出门前需要提醒的事项，其中有一项就是"牙套"；

③手机屏保上，写着几件在外面要注意的事项，其中一项就是"牙套"。

如此计划和提醒，她再也没忘过女儿的牙套。并且，当她密集按照计划实行一段时间后，有些事就无须提醒也能记住了，这些事就从重要的提醒位置上取消，替换成几件新的需要重点记忆的事。

以上，就是对做计划和提醒的示范。同时注意，做计划要预留空间。譬如，但凡出行，至少提前三天预订，绝不拖延到临出发才做，以免忙中出错。

第二招 找到鞭子

蓝色和黄色并不缺少自我改变的方法和毅力，但对这两种性格而言，最难的是改变心态，他们要面对"为何我要变"的抗拒。一旦他们决定，不需外力，仅凭自己的努力就能做到。尤其是黄色，一旦决定改变，改变速度之快超乎想象。

性格色彩的企业培训部门，有一个长期客户是罗氏制药公司。某次内训时，有一个环节，以小组为单位，每个人在纸上匿名写下对组内其他人的性格反馈，然后把对同一个人的反馈纸条装进小盒子，交给本人。一位黄色的管理者H，她收到的9张纸条有8张都写着"不够有亲和力"，这让她十分震惊，因为一直以来，她从没觉得自己有这方面的问题。

188 随着课程进行，听着老师讲解的一个个案例，她突然意识到，前不久，她的领导推荐她升任另一个部门的更高级别职位，在360度评估报告中，她在其他方面得分都很高，唯独同事关系评价得分低于合格线。其实就是因为她一直有事说事，不参与任何跟工作无关的话题，同事们聊天，她也面无表情。所以，大家感觉她高冷，无法亲近。

当她终于明白，亲和力是她职场晋升的瓶颈时，豁然开朗。为此，她写了一封简短的 E-mail 给培训老师表示感谢。

对黄色来说，再难的事，只要知道问题出在哪儿，解决是分分钟的事情。相隔仅一个月，又到了给这家公司做培训的日子，H 笑容变多了，虽然还是不多话，但与同事目光接触时明显柔和许多。老师问她如何改变的，她说："我观察一位亲和力强的同事，发现她经常露出大大的微笑，所以我给自己定了目标，每天上班时必须对着同事微笑至少两次，每次必须露出八颗牙。"

一旦决定，就能彻底改变，那是属于黄色和蓝色的专利。因为他们自身内驱力强，无须他人推动，就能改变，他们只需要说服自己即可。两者的差别是：黄色立竿见影，蓝色循序渐进。

然而，红色，完全不同，他们容易有改变的意愿，向苍天发出一声怒吼，发誓"我要改变"，但红色缺少自控，必须通过环境压力和外界推动才能改变。所以，对于红色，找到推动自己的鞭子，非常重要。

好友 Rick，极有智慧，在母婴用品行业很成功，但在减肥这事上，努力多年，未有成效。我们各有各忙，平均一年见一面。我常和他立下重金赌约，一个月减肥达到多少斤，即可赢得彩头，达不到，需接受惩罚。每次在赌约期内，他都达成目标、减重成功。但当我们很久不见，再见面时，总会发现他复胖如初。

后来，他找了个对形象很有要求且性格有点儿强势的老婆。老婆婚后干了三件事：

①提前购买新衣——扔掉他几乎所有宽松超大码的衣服，只留下

屈指可数的几件，给他买了小一码的十几套行头，如果他在下个季节到来前不减肥成功，就没衣服穿了；

②严格控制饮食——禁止外食，家里饭菜少盐少油，多素少荤，严格控制卡路里，如果 Rick 吃完饭还饿，就无限量吃生黄瓜，其余都不能吃，吃黄瓜吃到吐为止；

③制订训练计划——每天早上 6 点叫 Rick 起床，督促他出门跑步一小时，准备好早饭，7 点可以吃，如果回来时间早，不许进门，要继续去跑步，直到 7 点回来吃饭。

Rick 在老婆的督促下，八个月成功减重 29 斤，且之后未有反弹，终于脱离了严重三高。

所以说，红色的修炼需要鞭子。对修炼规章脉络条理这种既麻烦复杂又不好玩的事情，他们单凭自己的力量很难坚持，最好是找到家庭中的同盟者——伴侣，共同完成。

红色做好计划后，可用书面形式给到伴侣，邀请对方与自己讨论，结合伴侣的建议做优化，定稿后，请伴侣做监督员，严格执行。

1. 建立奖惩

红色如果没按照计划执行，可接受伴侣惩罚，比如，罚自己拖地、洗碗；如果坚持一周不出错，也邀请伴侣给自己奖励，比如，两人看场电影，在监督与奖罚中增进感情、增加情趣。

2. 真诚邀请

在邀请伴侣监督时，态度要真诚，不要嬉皮笑脸，因为过往的随意可能让伴侣很头疼、很心烦，甚至很受伤。如果你当作游戏和他说，可能会触痛他的内心，引起情绪反弹。他可能会挖苦你两句，也可能漠然以对，这些反应又会激起你的连锁反应。

预防这些不良情况，就是真挚表达自己的诚意，比如："老公，我的计划你已经看了，你也知道我这样没条理已经很久了，总是找不到东西、赶不上飞机和火车，我自己也很头痛，我特别需要一个人来监督我执行计划，你愿意帮我吗？"

万一，你过往的习惯实在"罄竹难书"，伴侣对你没信心，不愿做你的监督员，你也不要放弃，冰冻三尺，非一日之寒，万万坚持，不能翻脸，用行动表达你的决心。可以自己一个人先努力修炼，等他看到你的改变之后，对你重拾信心，再邀请他帮助你一起修炼。

3. 沟通方法

监督开始后，你还需要教给伴侣沟通方法。当你犯错时，伴侣可心平气和地告诉你，他希望你变得更好，然后指出你的问题，而不是直接宣泄负面情绪和指责，因为前者帮你修炼，后者可能让你破罐破摔。

比如，你可以说："老婆大人，我这个人呢，你也很了解，我特别想做好，但有时就是会忘记、会懒，如果你发现了，一定要指出，但你如果大声吼我，我情绪一上来，可就听不进去了。为了让我更好地做到，你能不能以后心平气和地跟我说，告诉我错在哪儿，我会改的。如果我按计划改掉了，老婆大人请你不吝夸赞，这样我更有动力。"

当然，你自己要注意，伴侣履行监督员职责，指出你的问题时，千万别甩脸、情绪化，绝对不能耍赖，说话不算话。要知道，建立信任很难，重建信任更难，毁灭信任却很容易。伴侣指出你的问题，是应你的要求而履行职责，一定要感谢；错了，就接受事先说好的惩罚，之后，依然开开心心，继续修炼。这样的你才最可爱，也才会让伴侣更信任，放心与你继续同行。

> 莫以错小而为之
> 制订计划求鞭策

吃醋怀疑者须知

红色天性乐观，容易看到事物美好的一面，但有些红色在情感中特别容易吃醋怀疑，即便伴侣一切如常，还总会担心"他是不是不爱我了""他现在这么爱我，是真的还是假的""他还能爱我多久"，其实都是源于自身缺乏安全感。这分为两种情况。

①从小缺爱。这类红色从小缺少父母的关爱，要么父母不在身边，要么父母忽视了关注他的需求，所以比起其他红色，更加渴望从情感中弥补童年的缺失。

②受过伤害。这类红色受过情伤，也许被背叛或被抛弃，在开启新的恋情后，极其没有安全感，害怕旧事重演。

因为情感需求高度丰富，当他们需要陪伴、安慰、夸奖、赞美、共鸣及肢体接触时，希望立刻从伴侣那里得到满足，一秒钟都等不及。一旦伴侣供给不足，红色就跌宕起伏，胡思乱想，觉得伴侣不爱自己了，自己要被抛弃了；见面时，把自己摧残成一个凄凄惨惨戚戚的可怜样，搞得人莫名其妙。

甚至因为缺少安全感，很多红色会限制伴侣和其他异性交往，酸劲十足，动不动就来个灵魂拷问："你是不是不爱我了？"

学了性格色彩后，一位学员终于搞懂他的朋友为何情感上那么悲惨：

王小毛，网红知识主播，自媒体粉丝量大，常做直播。老婆是个特没安全感的人。因为他长得帅，很多迷妹纷纷在评论区留言，老婆见到这些话，就会把王小毛的手机抢过来，非常有敌意，然后，强行让他拉黑对方，不让他拍视频，不让他直播，给他的工作带来极大困扰。

王小毛除了直播，也常在线下讲课。老婆有时也在现场听，但是听的过程中，她发现有些女同学会在课堂或课外说："毛毛老师，我好崇拜你呀，你是我的男神。"其实他对那些女生根本没有丝毫意思，但老婆就会对那些女生产生敌意，甚至由别人的只言片语引发遐想，然后，和他闹别扭，导致他无心工作，甚至大发雷霆。有一次，他在酒店讲晚课，晚上十一点多还没下课，老婆就在同一酒店的房间，发信息给他的助理说："让王小毛回房间，不然我就跳楼。"

老婆逼着他不停发朋友圈，不但要发他们两人在一起的照片，还要发两人戴戒指的照片、两人出去玩的照片。在她的眼里，所有认可他、喜欢他的人都是她的敌人，必须坚决肃清。最后，王小毛精神崩溃，整天想什么都不要了，什么都不带，离开这座城市，到另一个地方重新开始，但是，最终还是下不了决心离婚，依旧在痛苦中沉沦。

相互信任，是夫妻关系存续的基石。如果夫妻失去最基本的信任，互相猜疑，会制造很多原本不存在的矛盾。

猜疑，会迅速加剧你俩的敌意，破坏婚姻和谐。

猜疑，会让一个人没办法正常思考，思维失衡，判断问题带有明显的个人偏见，激发偏执。

而被猜疑者会觉得委屈无辜，觉得对方无聊，不讲道理，甚至产生抵触和厌恶。

故此，加速婚姻毁灭。

而猜疑的关键原因就是——对自己缺乏信心，对对方缺乏信任。

在所有性格中，猜疑最明显最强烈的不是蓝色，而是前面所说的没有安全感的那两种红色。

因为蓝色婚前就分析过伴侣，对伴侣可能的行为有预测，万一婚后伴侣有让自己怀疑的做法，蓝色不急于表达，先观察，伴侣可能压根儿都不知道蓝色在猜疑自己。

但是，红色往往婚前热恋甜蜜时，缺少对伴侣的分析和研究，看见的都是对方的优点。婚后，发现伴侣对自己有所疏忽，不安全感泛滥，放大感受，觉得一切都不好了，把怀疑和愤怒的感受诉诸言辞，让伴侣很崩溃。

193

第三招 深刻反思

婚姻中没安全感的红色，首先必须深刻认知到一个事实——让你没有安全感的源头，不在对方身上，而在你自己身上。是你自身的性格导致了安全感缺失。

对红色而言，认识这点很难。很多红色，一方面，拼命索取情绪价值以满足自身安全感的缺失；另一方面，对伴侣充满抱怨，认为自己的痛苦源于对方没给自己足够的安全感。

红色唯有先从自己身上找原因，学会面对真实的自己，不再无限放大感受，冷静洞见自己，才能斩断疑神疑鬼、胡思乱想，迈出修炼的重要一步。

乐乐是一位长相大气美艳的女编导，做节目选题时，采访了一家科研单位。单位里有个博士生在读的男生，正在那里实习，与乐乐彼此看对眼，互有好感。

他们初见的场景是，科研单位这个项目组的人集体招待乐乐，请她吃饭，有男有女，席间聊得很开心，饭快吃完时，项目组的几个人过来加乐乐微信，博士就在旁边，腼腆不好意思，乐乐就主动加了他。

加微信后，乐乐发现博士很会聊天，而且很有学问，幽默风趣旁征博引，两人越聊越热火，再约出来喝咖啡，很自然成了恋人。相恋一年后，博士跟乐乐说，他老妈催婚，问乐乐愿不愿意嫁给他。乐乐觉得这个男生很优秀，而且比她之前的男朋友都对她更好，基本上乐乐要什么，男生没有不答应的，只是有时候乐乐工作忙，男生会有点儿情绪，乐乐觉得这不是什么大事，反而可以说明男生很在乎她。于是便同意嫁了。

婚后，男生博士毕业进了一家研究所，圈子比之前更小了——之前还会在学校和两个实习单位之间来回跑，现在彻底两点一线。而乐乐接了几个新节目，同时开工，除了录制节目，还经常出外采风、跟合作单位应酬，博士开始对乐乐诸多怀疑。乐乐忙的时候，博士给她发微信，她没顾上回复，博士就电话和微信一通狂轰滥炸。每次乐乐回家，都要接受盘问：今天去了哪儿？见了什么人？男的女的？男的是什么背景、多大年纪、结婚了没有？

乐乐不胜其烦，干脆说没男的，全是女的。博士说怎么可能，乐乐说既然你知道我不可能不接触男的，这么介意干吗？于是，两人吵架。

某次吵架时，博士说出对乐乐的两大怀疑——

怀疑一：初次见面，乐乐主动加了他微信，博士认为，既然你主动加了我，那么也有可能主动加别人；

怀疑二：恋爱时，乐乐曾无意中告诉博士，自己有个前男友，谈了四年，感情很深，因为家人反对而分手，博士认为，你和他感情那么深，分手时感情也没破裂，他在你心里肯定很重要，我肯定取代不了他的位置。

博士的两个怀疑，都纯属自己想象。

通过性格色彩的学习，博士洞见了自己，梳理了过往的成长经历。

红色的他，对情感需求很高，渴望伴侣给他很多关注和情感体验，当伴侣因忙碌而忽略他时，他的不安全感就发作。而且，小时候家里穷，父母只顾谋生，没给他关注和认可。虽然读书好，但因为穷，心里有自卑感，从小学一路读到博士，都是在学校里，工作后，也在一个小圈子里，思想保守，喜欢乐乐的开朗热情，又觉得这么时尚洋气的姑娘，一定认识很多优秀男人，为啥看上我，越发加重了不安全感。

在性格色彩老师和同学的建议下，博士梳理了内心感受，跟乐乐深谈了一次，心平气和地主动分享了自己的担忧和不安。乐乐很惊讶，她之前觉得老公对她要求太高、总是不满，没想到，老公其实内心脆弱，很需要她的帮助。

这次聊完，他们约定，每天不管多忙，都留出半小时，相互交流，不让不安的情绪过夜，分享时，只说自己的感受，不可指责对方。

他们坚持了一个月，发现，这招，有用！以前他们爱得火热，但其实真正的信任感，是从此刻才逐渐建立起来的。

第四招 补足自信

红色没安全感，或许是由于过往经历，或许是由于和伴侣的性格差异，而伴侣也没能及时觉察和满足红色对安全感的需求。

解决没有安全感的核心方法是——红色要给自己打强心针，让自己内心更强大，充满自信，从而彻底摆脱自己在情感中"无法自足"又"求而不得"的痛苦局面。

一位性格色彩卡牌大师讲述了朋友咨询的一个婚姻问题：

平时聊天，我得知他和新婚妻子相处有问题，因为之前都是同事，所以，对他的妻子我也有一定了解。

她做销售，长相普通，微胖，不爱打扮自己，心直口快，容易得罪人，工作热情也不高，大部分注意力都在老公身上。他俩相处的最大问题是，妻子对被他关注的需求非常高，只要没及时接听电话，妻子就责备他，一点儿都不在意他的感受。另一点就是，妻子的疑心非常重。

有一次，他和一位女性朋友吃饭谈事，妻子打来电话，朋友不小心打开免提。妻子问他在干吗，朋友说正在和朋友吃饭，电话那头突然传来一句"是个美女吧？吃好饭去开房吗，呵呵"。这话通过免提，传到那位女性朋友耳中，朋友瞬间无语，很是尴尬。

妻子总想和他"腻"在一起，这种亲密需求还会被对比，一旦丈夫和其他异性稍微走得近些，就会引发"警觉"，担心失去对方。

196　当男人对感情的表达不如女人爱男人那样主动和强烈时，这个红色的妻子会通过讽刺来攻击男人，以表现她对男人的在意和爱。但是，男人不但没感觉到爱，反觉得女人不可理喻。

我把女人一切行为背后的动机分析给男人听，男人慢慢明白了很多。同时，因为男人不够主动，总是忽略妻子对感受和表达的需求，造成沟通及情感障碍。最后，我给他三点建议：

①多用语言或肢体表达对妻子的爱；

②如果你爱她，要把性格色彩分享给她，告诉她两个人因为性格差异导致表达爱的方法也有差异；

③一人在外，主动与妻子多互动，不要冷落她。

妻子在得到老公很多的理解和关怀后，萌生了改变的愿望，成为性格色彩的学习者和修炼者。

她把重点放在关注自己的内心上，发现自己不够自信是因为觉得老公很优秀，以前一起共事时喜欢他的人就很多，而他却选择了自己，而妻子自我感觉无比平凡，不安全感一直都有。现在，两人工作不在一起，一有风吹草动她就很担心，害怕老公会离开自己。其实一切根源都在自己身上，在于自己不够有信心。

于是，她给自己定了两个目标：一是事业，二是个人形象，两方面都要提升。

她学完卡牌后，先给身边朋友卡，朋友说"很准"，让她增强了信心。之后，她在每次见客户时，都随身带着卡牌，有机会就拿出来和客户一起玩。客户发现她很懂他们，心的距离拉近了，就总主动找她卡牌，她就有了更多机会推荐公司产品。短短半年，个人业绩翻了两倍，领导发现她是个人才，提升为部门经理。另一方面，她在性格色彩学员圈里交到很多朋友，相约一起健身，学化妆，学穿搭，身材越来越好，人也越来越美，由内而外散发着自信。

当她沉下来关注自己的目标，也没那么多时间查岗、做福尔摩斯了，有时老公打电话找她，还找不到。以前忙于监控，没啥自信，朋友圈里只发公司广告，毫无个人生活，现在朋友圈元气满满、各种烟火气息。以前的同事注意到她的变化，纷纷跟她老公说"你老婆变化太大了吧！现在好瘦好漂亮"，搞得男人好有危机感，上班没事居然主动问她在干吗，还常找她聊天。

真正让你没有安全感的根源，不是伴侣常出差，常见客户，常常太忙冷落你，去哪儿没有给你报备，信息没有及时回复，而是你内心深处始终不敢直面的东西：不自信，偏见，情绪化。

所以，从现在开始，把注意力放在自己身上，你不是你伴侣的附庸，请大胆做自己，着眼于让自己更迷人。一个女人最致命的性感，是聪明的头脑、稳定的情绪和独立的生活方式。

> 自胜自强补自信
> 以内养外放光彩

黏人依赖者须知

　　和伴侣有足够的亲密度，这是红色的天性需求之一。在很小的时候，红色孩童相比其他性格的孩童，就更喜欢用拥抱、抚摸、亲吻等肢体接触来传递内心对爱的表达，成人后，亦是如此。在黏人这事上，表现千变万化：

　　● 工作时也喜欢给伴侣发信息聊天，没有实质性内容的聊天要聊很久，实在没话说了，就发表情包。发一个"想你了"的猫咪表情，伴侣回"我也想你"；红色继续回"要抱抱"的小熊表情，伴侣回个微笑表情——其实意思是，可以了，我知道了。但红色继续发"亲一下"的噘嘴表情，这时伴侣已觉得无聊了，半天没看手机，过会儿一看，红色发了一连串的"在吗"的敲门表情……

　　● 两人在一起，喜欢像树袋熊一样跟伴侣抱在一起。伴侣想打开电脑做事，红色非要腻在一起；睡觉时，非要贴在伴侣身后抱着，搞得伴侣大汗淋漓，红色也不肯放，习惯用语是"不嘛""我要""我就要"。

　　● 总喜欢问伴侣："你爱我吗？""有多爱？""要是我死了你怎么办？"总希望伴侣不停示爱，说多少遍都不厌。不论伴侣去哪儿，都希望伴侣带上自己，即使在朋友面前，也像连体婴一样黏着，不让黏，就拉脸。

　　红色为何黏人？

　　除了亲密需求很高，红色还有很强的依赖性。

　　当拿不定主意时，红色会依赖伴侣做决定。比如，红色买衣服，拿不定主意，会问伴侣自己穿哪件好看？如果伴侣不在身边，赶紧分别试穿，拍照发过去，等着对方快点帮着拿个主意，这些都是做事依赖。

　　当需要被认可时，也渴望伴侣给予认可，寂寞无聊时，需要伴侣解闷，总而言之，"我的世界，只有你"。比如，伴侣出差，红色晚上睡不着，一定要给伴侣打电话，普通电话不足以慰藉，还必须视频，电话结束还要亲几下，这些都是情感依赖。

红色的黏，或许最初让伴侣有点儿感动，有点儿得意："哇，这个人这么爱我，一天也离不开我。"但日子久了，黏得没有距离感，黏得呼吸困难，没人受得了。一旦伴侣提出拉开距离，红色反会无比委屈："我爱你，难道还错了吗？"其实，伴侣只是想，我被你黏得快喘不过气了，咱能不能稍微保持一点点距离，就一点点行不？都给彼此多一点点自己的空间，行不？可红色却认为，为什么要一点点？为什么呀？在天愿为比翼鸟，在地愿为连理枝，连理枝如果不连在一起，这还叫啥连理枝，那是单飞雁好不好！

在《性格色彩恋爱宝典》的下半部分，专门有四章钻石法则三十二招，阐述如何与不同性格伴侣相处。如果你是那个被黏的人，掌握钻石法则，可对黏你的那人去运用，用对了，瞬间搞定。

但是，如果你就是那个黏人的红色，你担心你这个坏毛病，万一有一天惹得别人失去耐心。你想改变，该怎么做呢？

第五招　保持距离

红色心里明白，伴侣专注干自己的事，不代表不在乎，伴侣忙工作没及时回应，不代表不爱，甚至，很多红色也想克制自己，别那么黏啊，但是，常常感慨"臣妾做不到啊"。上一秒暗暗发誓："我再也不能这么黏他了，大家要有彼此的空间。"下一秒马上变卦："啊啊啊啊我好想他啊！是手机坏了吗？怎么还没回复我！！"

网上，有很多情感大师会告诉你——伴侣喜欢你，就会每时每刻回复你的信息，不管是谈重要客户，还是洗澡或上厕所，都会随时随地不停地看手机，只要你有信息，必定秒回，因为他爱你——这种毒，害苦了多少红色！

须知，距离太近，不给人家留有呼吸的空间，会把彼此烧死，红色应该学会把握尺度和距离。

当两人保持距离时，红色会觉得特别美，但总忍不住想和对方紧贴；而当两人完全摒弃了距离，对对方一览无余，没有了揣测和想念的空间，反而失去了感觉。

小拂恋爱时很黏人，婚后比之前更喜欢黏人。开始，老公觉得没问题，时间久了，有点儿怕。两人在一件小事上，总也无法达成一致。

小拂上厕所，不喜欢关门，要么门虚掩，要么开条缝，老公一不注意，就以为里面没人，开门看见小拂，就忍不住说她两句。

一说，小拂就受不了："我这么信任你，对你完全透明，你怎么可以嫌弃我呢？"

反过来，老公在卫生间总把门反锁，小拂觉得锁门的动作让两人隔了堵墙，很不舒服。有时故意在老公进厕所时跟进去，要求和他"同呼吸共命运"。老公觉得不可理喻，非常崩溃。

红色要时刻提醒自己，靠得太近，会让美感荡然无存，长时间贴在一起，更会让伴侣窒息。你有你的兴趣爱好，我有我的独处空间；你有你的下午茶，我有我的健身房；你有你的三五闺密，我有我的肝胆兄弟。

安排好时间，不要成天和伴侣腻在一起。不在一起时，要克服"黏"的心态和状态。比如，给伴侣发信息，切勿啥也不做，干等回复，等到心急火燎；一条信息发完，不管对方何时回复，都不影响你的心情，开开心心忙自己的事，这才是健康美好的爱情。

夫妻相处之道，也就是把握夫妻间的距离之道。夫妻间，关系亲密，并不意味着彼此就不能有些小秘密。特别是兴趣爱好有差别的夫妻，不能强求对方要和自己有一样的爱好。要保持一定距离，认同对方的喜好，然后有各自的朋友圈子，和睦愉快相处。

须知，留白的婚姻，更让人轻松愉悦。

第六招 找到自我

爱情上头的红色，恨不得整天腻在伴侣身边，把其他事情都荒废。可惜，靠山山倒，靠人人跑，如果你总像一个挂在伴侣身上的长不大的袋鼠，一旦伴侣离开，你失去的不仅是爱情，还有所有的生活乐趣。

在一次情感卡牌咨询中，牌主选了"以他人为中心"这张卡牌，并且为自己解释："其实我不是以他人为中心，而是以他为中心，恋爱的时候，我的整个世界只有他，我觉得自己很累，因为要随时关注他的一举一动，情绪完全被他牵引，感觉自己都不像自己了。"

以上是《性格色彩卡牌指南》中的一个片段。这种"自己都不像自己"的状态，多数出自红色在情感上对他人的依赖。当一个人所有的情感需求都依赖于一个特定的人来满足时，就会出现这样的情况。

为什么红色无法独处？从性格和后天经历方面，都可以找到答案。

红色渴望获得他人的关注和认可，两情相悦时，红色从伴侣身上得到巨大的被关注、被认可、被喜爱的感觉，这种感觉，让红色"上瘾"。所以，他们会不停地要，要得越多，得到越多，越开心，有种"黏不够"的感觉。

很多红色跟我说，单身时感觉一个人挺好，一旦开始恋爱，黏得不行，控制不了自己，就是这个原因。从热恋中如胶似漆的感觉，到暂时分开，红色觉得，独处会让自己瞬间失去重心，特别不适。这时，如果不能及时找到感兴趣的事来转移注意力，红色很难克制自己，就会故态重演，希望找回黏在一起时被关注的快感。

红色改正"黏人"的毛病，必然经历类似"戒烟"时的戒断反应：要克制自己不发信息不打电话，给自己找点事做，非常难。正做着自己的事情，忽然想："他在哪儿？他在干吗？"很想跟他发个信息聊聊。即使明知对方在忙，可能自己发了，对方也不会立刻回，但就是忍不住发。而当对方没有回复时，自己还不停地发，发多了还后悔，若是对方持续不回，自己还有怨气。

性格色彩卡牌大使姗姗分享了一个卡牌咨询案例：

一次给朋友卡牌，我让她摆了情感关系牌阵。当她摆出她和她老公的牌时，我发现他们的牌型正是课上教的一种典型牌型——夫妻双方都有"内心保守"这张牌，而且整副牌当中的1分牌牌面相当多（详见《性格色彩卡牌指南》）。

因为情感关系牌阵，能直接显示两人在情感中的状态。

我朋友很热情开朗，但在情感中出现了"内心保守"，说明她心里有事不愿告诉她老公，同时，她还有"情绪化"这张牌，说明她心里有很多不开心积压着，无法对伴侣倾诉。

她老公那边出现了"内心保守"和"批判性强"这两张牌，说明老公对她有很多不满，也是憋着不说，这样，两人生活在一起，哪里还有心情亲热，只怕见了面，也会横眉冷对。

通过卡牌分析，即使她不说具体情况，我也能看出来，他们夫妻生活必然出了问题，而且正处于冷战中。

于是，我直接问："你们夫妻有多久没有性生活了？"她看着我，非常震惊："你怎么会知道的？"

我说："这是卡牌透露的信息。"

她告诉我，他们刚结婚时，感情非常好，两人成天黏在一起，都忽视了工作，当老公发现工作受影响后，对她冷淡下来，而她却深陷其中，还是继续。

后来，两人因这类问题常吵架，老公明确指出，两人需求有差异，让她多理解自己，而她则觉得老公应该多迁就她，毕竟，她的一

203

切做法都出于爱。热吵无数后，慢慢化为冷战，老公不理她，她也不理老公，连夫妻生活都没有了。

经过深入咨询，姗姗的朋友发现了自己的问题，来到课堂学习后，她试着开始修炼自己。

她发现当她一个人时，内心很焦躁。于是，她开始自我洞见。她发现自己总想要男人成全自己的婚姻爱情，可是这样的想法，往往被现实击得七零八落。这世上，每个人本该自己掌握人生，当她把决定权交到别人手里，需要别人来成全自己时，她已经身不由己。

有一天，她忽然发现，独自一人书写心情，无比美好。渐渐地，她学会独处，享受心灵的宁静，整个人变得更淡定、更有力量了。写多了，写得越来越好，她注册了公众号，尝试把自己的文字搬到上面，发了朋友圈，点赞的人很多。她的精神世界宽广后，就不再是以前那个总想用100%的时间和老公黏在一起的人。

事实上，成天在情感的困惑中担惊受怕疑神疑鬼的，多数都是闲得发慌的人。想一想，有一天，当你把自己的爱好经营得风生水起，每天忙碌充实，怎么还会计较他周末是否有应酬？怎么还会计较他晚上是否加班？怎么还会计较他陪你的时间是多还是少？你会忙得连上厕所都要快步小跑，哪里还会有时间胡思乱想。

对习惯于依恋的人而言，万万不可把自己的全部人生寄托在对方身上。婚姻中的所有问题，你都需自己解决；婚姻中的心态，你也需自己调整。

与其苦苦纠结男人哪里令你不如意，不如寻找自己的那片天空，成全自己的碧海蓝天。届时，你会发现世界无比精彩，人生广阔无边，根本不会在一个方寸大小的地方纠结不已。

再恩爱的夫妻，也是两个独立的个体，各有习惯，各有爱好，各有事业，相互扶持，也相互独立。这样的感情，才能令双方轻松愉快，才能成为彼此的骄傲。

记住：学会独处，是红色个性修炼中重要的一课。最好的生活状态就是，一个人时，安静而丰盛；两个人时，温暖而踏实。

只求关注了无益
须知窒息令人狂

情绪冲动者须知

　　婚姻里，最怕的就是控制不住自己的情绪。很多时候，我们任由情绪爆发，发泄心中的不满，说出一堆狠话，做出冲动决定。情绪发作既伤了对方的心，也毁了这份来之不易的缘分。故此，行事不可任心，说话不可任口。在一段好的婚姻里，做事、说话都不能随心所欲，慢上三拍不迟。

　　一位红色女学员分享了自己控制情绪化的修炼过程：

　　下午 5 点 30 分，得知二姑奶奶因病离世，不禁潸然泪下。老公突然回来，看到我的状态非常诧异，我告知原因后，他试图安抚我。然后，琢磨着晚餐怎么做饭的老公看到餐桌上已经煮好的红薯，音量立马加倍，充满责备地说："怎么又煮红薯了？现在这个点吃红薯，晚上还要不要做饭啊？"

　　确实已经连续两天用红薯给孩子们当加餐，老公昨晚特意强调今天下午不让孩子们吃了，换换口味。尽管我答应了，但还是煮了。如果平时见他这么嘤嘤，我可能一笑了之，因为确实理亏。可今天我大声反驳："煮都煮了，现在说还有什么用啊，多吃一天又怎么样啊？"

　　"我兴致勃勃提前回来，做饭的心情都整没了！"

　　我本来就情绪不佳，看他这样因一点儿小事找碴儿，更伤感，于是，眼泪哗啦啦流。老公以为我还在因姑奶奶的事伤心，走到我旁边，用手指点江山："你现在应该怎么样怎么样……"

　　"不要用手指着和我说话，懂不懂得尊重人啊？"我更生气地喊起来。

　　"莫名其妙，我怎么没尊重你啦？用手指一下就不尊重啦？你这么说，以后你家的事，我都不操心了！"

　　见 3 岁的女儿在一旁看热闹，我就问她："你觉得妈妈不对，还是爸爸不对？"

"妈妈不对！"

"为什么？"我很纳闷。

"因为妈妈生气！"

女儿的话点醒了我，我想到我学过性格色彩，这不就是一个修炼的机会吗？

"我承认刚才我放大了情绪。我当时就想自己静静地消化下伤感，结果你一回来问东问西不说，还为了煮红薯责怪我，所以，我因为没得到你的理解和认可，更窝火。"

"你学性格色彩不是用来修炼自己的吗？怎么你学了半天还总是想改造我？行了行了，你做好自己就可以了，我怎么做，那是我的事！"

"咦啊，老公，你这两个反问好专业，问到点子上了。就在刚刚，我也意识到我又犯了要求别人、改造别人的老毛病。"

我明显感到老公被夸后的得意。

"通过分析，我现在找到我们刚才冲突的根源了。你从头到尾的关注点在事上，一直都在想怎么解决问题。而我，从头到尾沉浸在自己的感受中，并且希望你能关注我的感受。所以你好心帮我解决问题，而我不但不领情，还吼你。你说是这样吗？"

"就是啰，想帮你，才说你，不然的话，懒得理你！"

"哈哈哈，典型的黄色思维——批判就是爱。你看，刚才我陷在情绪中，忘了这一理论。"

"难怪我们在工作中拼死拼活地干，还有那么多人不理解不认可，原来问题出在这儿！"

到此为止，冲突完美化解！

红色情绪化，也许起初的爆发跟伴侣无关，但是，带着情绪交流，只要有一句话没对上，或没被认可，反被说自己的不是，就点燃了红色爆炸的引线，于是，愈演愈烈，最终不可收拾。幸好，这个案例中的主人公学过性格色彩，一个转念，及时察觉到自己的性格过

207

当，向老公说出自己的感受，不仅没指责，还用认可化解了老公的不满，可谓"化腐朽为神奇"。

懂了性格后，就会发现，任何冲突，都可以成为一个修炼契机。观念转变后，就不用再害怕冲突。遇到冲突，自我洞见，想明白自己和他人的动机，然后用符合性格的方式来沟通，化解冲突矛盾的同时，还会有一种自我改变、让自己变得更好的兴奋感。

对红色来说，只要解决了情绪问题，婚姻中的绝大多数问题都会自动解决。

第七招 换位思考

红色情绪化时，会放大感受，觉得全世界自己最惨，全天下自己最无辜，自己的那个伴侣是狼心狗肺的坏人，对他这么好，怎么可以这样对自己……这些内心戏，完全是基于自己的角度。如果红色可以从伴侣的角度来看待问题，很多情绪完全可以自动消解。

大鱼是个红色男人，懂浪漫，喜欢小资生活。一天，老婆出差，他独自在家。这是婚后他第一次一个人在家，突然感到有点儿寂寞，就给老婆发了个信息："老婆，我想你了。我一个人在家，好无聊。"黄色老婆回复："去看你的专业书。"大鱼一口老血喷出来，太不解风情，太煞风景。

他正要回复："跟你说情话真是无聊透顶！"忽然停住。他意识到自己情绪化了。

如果带着这种情绪给老婆发信息，必然包含一些指责的味道。他跳出自己的情绪想了想，老婆是黄色，没有那么多花花肠子，见他说"无聊"，便给他指了条路，让他看专业书，正是为了解决他的问题，何错之有？这样一想，便释然了。而老婆过了几秒钟，又发来一条信息："老公，我也想你。"

原来大鱼和老婆一起学过性格色彩,当他自我洞见的时候,老婆也洞见到自己的回复太生硬,赶紧补救了一把。两人均感到十分幸福。

这种神奇的相互理解,到底是怎么发生的?

原理在于,系统学习过性格色彩的人,不但清楚自己的性格,而且知道对方的性格,可透过对方的行为看动机,从而更好地理解对方。

在大鱼的例子中,大鱼知道自己是红色,也知道自己有情绪化的问题,所以当老婆的回复激起他的情绪时,他能及时换位思考。他知道老婆是黄色,比较理性,遇到一件事,第一反应是解决问题。当他可以瞬间想到这么多,理解了老婆不是不爱他,而是想帮他解决问题时,自然就能控制住自己的情绪化。

另外,大鱼老婆也学过性格色彩的课,她清楚自己的性格是黄色,而大鱼是红色,比较感性,重视感受。当她回复大鱼"去看专业书"后,瞬间意识到,大鱼在此时需要的不是解决问题,而是希望自己的感受能被老婆关注。所以,她立刻补救,表达了自己的情感,让大鱼感到被关注的满满的幸福感。

当伴侣的回应和自己期待的不同时,红色本能地会情绪化,但可以用性格色彩瞬间换位到对方性格的角度去思考,就可以化解自己的情绪。

同样,当性格不同,以自己的想法评判对方,很容易导致红色的情绪化,但是换位思考,从对方性格的角度来理解,就会避免情绪升级带来的损失。

小南学完性格色彩,在理解自己的丈夫上,迈出了一大步:

学性格色彩前,我认为先生是位不切实际、异想天开的空想家。

他告诉我,刚来深圳时一个月的工资只有 5000 元,会花 2500 元去小区租房;工资 7000 元,他就买苹果笔记本电脑;工资 1 万元,他花了大概 3 万元去买浪琴手表。

我听到这些，很不满，也很担忧，我觉得他的能力和欲望不匹配，太虚荣，跟这样的人过日子，心里不踏实。每次他要买我认为跟我们家不匹配的东西，我都跟他大吵一架，最后，东西没买，闹了一肚子的气回家。

学了性格色彩，我知道他是红 + 黄，他的这些做法，是为了倒逼自己更加努力。我开始尝试理解，回头看他的这些做法，有了不一样的发现。

当他的工资还不能买得起贵的手表和笔记本的时候，他就设想，以后他一定是部门销售的负责人，行头得跟上，这个手表，也会让他更有动力，信心也会更足。后来，他果真成了部门的销售总监。

有一次，我们计划买辆车，开始预算只有 20 万，目标是大众、比亚迪。网上看完后，他觉得不满意，把目标投向了 30 万左右的奔驰、宝马。

偶然一次机会，他试驾了特斯拉，特斯拉的价位，裸车 90 万，办完所有手续，全款是 110 万。我觉得体验下就算了，但他跟我说，要把买车目标从 20 万的预算提升到 110 万，要买特斯拉。我腾的一下就火了，就想跟他说："你瞎搞什么？你有这实力吗？人不是为了面子活着！饭都吃不上了，开百万豪车有什么用！"话到嘴边，我忽然想，如果我说出口了，他会怎么反应？

换位到他的角度，他是红 + 黄，他给自己定大目标，是为了激发动力。如果我说了情绪化的话，打击他的积极性，对他及我们的未来，没任何好处，只会让他觉得，老婆不理解他。

于是，我瞬间平静，对他说："你有这个目标，想买辆最好的车，要为之努力，这种激情，是我欠缺的，我很羡慕。那么，我们来看看，这个目标多久可完成，有没有什么我可以做的？"

他说："你只要维持你目前的收入稳定就可以了。我会努力完成每月额外的贷款。"我说："我相信你的实力，但有些事，不取决于你的努力，万一市道不好、行业不景气，发生意外的情况，怎么办？"

他说："没关系，我能接受最坏的结果，万一还不上，我们就把它卖掉，但无论如何，我想努力一把。"

这是我们结婚几年来第一次，当他执意要买我认为太贵的东西时，我们心平气和地对话。因为不再带有情绪，所以，我看到这件事情中先生身上的闪光点。我才发现，其实先生在努力追求目标的过程中，充满魅力，他不是空想家，而是实干家。

于是，我同意了和先生一起为这辆豪车努力。我们在首付了30万的情况下，每月还一点儿，花了五年还完了，现在，这辆车依然是我们家的座驾。之后，在不断运用性格色彩理解先生、修炼自己的过程中，我们家也完成了在深圳市区买房的梦想。

用换位思考来控制情绪，其实，就是从根源上解决情绪产生的缘由——对彼此的不理解。当我们理解了对方的性格，掌握了从行为洞察背后动机的本领，就可以随时把因为认知差异而导致的情绪化消解掉，真正做到内心释然、相处轻松、久处不累。

第八招 学会暂停

红色在沟通时最想表达的，往往不是内容本身，而是自己迫切想被理解的心情。

如果伴侣没及时给予理解和反馈，红色极有可能立刻陷入情绪化，言辞激烈。对自己的情绪化按下暂停键，是红色在个性修炼中的必修课。

"暂停"这个方法，非常好用，对不能立刻达成不情绪化的人而言，发现自己情绪化时，按下暂停键，可避免冲突一发不可收，保护自己，保护他人，免受情绪所伤。

关于暂停，有两大好处。

1. 小矛盾，"暂停"是黏合剂

与伴侣交流时，不仅关注事情，也随时关注自己的情绪，发现自己声大、气粗、心堵时，说明自己已经情绪化了。这时，不管自己觉得自己说得多有道理，都要及时抽身，停止争论。因为带着情绪去对话，解决不了问题，还会激起对方的情绪，无异于火上浇油。

羊哥来课堂，是受老婆影响。

羊哥羊嫂结婚十年，从恋爱时起，羊哥就话少沉默，只有羊嫂知道，在外人面前好说话的羊哥，在她面前，气性大得不行。羊嫂快言快语，是标准的红色。两人冲突的模式，一般都是羊嫂心直口快，说了羊哥的不是；羊哥面皮涨得通红，先不吭声，待羊嫂说多了后，突然憋出一句很冲的话："是不是不想过了？"羊嫂感到被误解，火冒三丈："我说了不想过吗？我要是不想过，还管你干啥？"两人吵了半天，没大事，也没结论，只是吵完后，彼此看到对方都觉得闹心，同一屋檐下冷战数日，然后莫名和好，从未真正把话说开。过了十年，心堵了十年。

自从老婆学了性格色彩，羊哥发现，吵架时，羊嫂会主动中止争论，还会跟他说："老公，我们先静一静，晚饭后，我们复个盘，看看我们为什么会吵架。"羊哥每次看到羊嫂主动停止争论，复盘时，又主动承认自己说话过分，总会想起当年恋爱时喜欢的不就是她的心直口快吗？也开始反思自己哪些地方做得不对。多次复盘后，冤仇心结都被解开，冲突的次数越来越少，两人感情持续升温。

"暂停"时，切记好好说话，给对方一个正面反馈。

比如，"你的意见我都听到了，我需要花点时间想想。咱们明天再聊好吗？"同时，不仅是表面停止争论，心里也莫带怨气，尽量把注意力转到其他事上，如为对方倒杯水，走过去给个拥抱。这些举动，不仅可缓解自己的情绪化，也能帮助对方从之前的不愉快中抽

212

离，让他看到你对事不对人的态度。

发生小矛盾时"暂停"，是伴侣双方相互体谅宽容的信号，运用得当，会成为感情的黏合剂。也许一个拥抱，会将刚刚的不愉快融化殆尽，两人的心走得更近。

2. 大问题，"暂停"是锦囊计

学性格色彩后，你会掌握一门绝妙的功夫——随时随地自我洞见。在冲突发生前，在各种场景中，都可随时觉察自己的情绪。你会发现当你的情绪不能及时得到处理时，就会累积成怨气，或许，就会在和伴侣沟通时爆发。

在上海生活了七年的乌克兰姑娘依拉，是个可爱的大红色，性格色彩课后收获颇丰，她分享了和老公的日常生活：

很多人开车比较容易生气，特别在心情不好、工作压力大的情况下，如果再遇到其他不守交通规则的司机，影响了自己的正常行驶，那情绪就更不受控，我老公亦是如此。

有一次，遇到一个不守规则的出租车司机，早高峰时开开停停，抢了好几次道，我老公是个火暴脾气，为报复他，别了他一下，导致他黄灯没抢成功。等红灯时，他们并排停着，他对我老公破口大骂，我老公下车找他理论，司机居然从车里拿出一把剪刀，把我老公划伤了。当时，我特别害怕，警察把他俩都带走了。

我其实看到不守规则的交通现象，内心比我老公还要愤怒，恨不得下车去大声理论一番。但经过那次，每次看到老公生气，我就会先把矛头转向他，怕他下车再干出冲动的事。上次受伤不严重，但是不是每次都那么幸运，我会非常紧张。所以，我总是用大嗓门，像训孩子一般地训斥他，想让他安静，但到后来，小吵是免不了的。

学了性格色彩后，再回想起来，每每这样，老公嘴里经常重复一句话："你知道发生什么了吗？我又没怎么样，你对我吼什么？你是

213

谁老婆？"他还有一次事后和我说："今天我是开玩笑的，我不会再下车的，我只是嚷嚷而已，结果被你骂了一顿。"我可爱的红色老公，他需要的是支持和赞许。再反观我自己，大喊大叫地训他，是因为怕他出事，可是我自己当时也很情绪化。我对不守交通规则的人生气，又害怕老公冲动，这两种情绪交织起来，我就会很大声地骂老公，其实，老公很冤枉很委屈。我应该要控制自己的情绪化。

于是，我开始修炼自己。我发现我很容易情绪起伏，看电影时，经常哭得要死；闺密告诉我她遇到的倒霉事，我又会替她气得要死。我越明白自己的情绪，对老公就越平和。

现在，老公开车上路，又遇到类似的事，我会收住自己的情绪，先暂停，关注老公的感受。我会轻松调侃："老公，他怎么开的车？！要是每个人都像你这么开车，哪儿还会有交通事故啊！不要和这种人计较，你那么 strong，打坏了人，不值得，对吧？"

这样一来，他的情绪就烟消云散了。同时，这样的做法，也提升了我们对彼此的信任。

红色天性乐观，轻松地帮别人疏导情绪对他们来说毫不困难。只要红色自己的情绪上来时，能控住，暂停三秒，红色本性的乐观就会升腾，会非常漂亮地解决关系中的冲突问题。

工作与生活相通，性格色彩最大的奥秘是，你和伴侣的沟通方式的问题，也会在对孩子、对朋友、对工作伙伴等各种场景中出现。既然一通百通，那么一改也会百改。暂停，控制情绪，会帮助你工作更有效率，生活更加幸福美满。

> 风力掀天浪打头
> 唯需一笑无须愁

红色性格的情感修炼法则

第一招：莫以错小而为之，制订计划求鞭策。

第二招：自胜自强补自信，以内养外放光彩。

第三招：只求关注了无益，须知窒息令人狂。

第四招：风力掀天浪打头，唯需一笑无须怒。

02

蓝色性格的情感修炼法则

郁闷难解者须知

在充分展现蓝色情感和蓝色心态的悬疑小说《嫌疑人 X 的献身》中，一个蓝色男人暗恋自己的女邻居许久，却从未有过表白。当女邻居失手误杀前夫后，这个男人出现了，他精心谋划，为了帮助女邻居摆脱杀人嫌疑，甚至不惜自己犯下杀人罪，直到最后被抓，他都没将自己的爱恋说出口。

这正是蓝色的一大特质——不愿说出内心的想法。

蓝色之所以不说，原因有二。

①蓝色认为，说出来，很多事就没意思了，大声说爱的人大抵不够真诚。"一切尽在不言中"，那才是情感的最高境界。

②蓝色有极强的风险意识和危机感，担心若是说了，别人会有无法预知的想法，万一接下来的各种行为带来自己不能承受的后果，得不偿失，不如不说。

但是，恰恰因为蓝色总不说，常常让伴侣觉得相处起来心力交瘁。

老王结婚一年，婚前老王二十四小时爱得火热，老婆矜持。婚后老王觉得已经开花结果，自己可以一半在家，一半跟朋友快活，但每次跟兄弟们吃完夜宵回家，老婆都一盏孤灯睁眼不睡，见他回来，一语不发，把卧室的灯熄掉。老王想跟她聊天，她也一语不发。数次之后，老王终于醒悟，老婆不喜欢他晚归。

之后，老王换了法子，每次吃饭喝酒，都把老婆带上，反正自己坦荡，没啥不能让老婆知道的。老婆打扮精致得体，见了兄弟们也会寒暄，但就一条，但凡席上有女生，跟老王对了几句话，或者眼神互看，就感觉老婆的余光阴冷，老王很不自在。

他多次跟老婆单独沟通，想说清楚自己跟其他人什么都没有，老婆总是一言不发，眼观鼻鼻观心，老王以入十八层地狱发誓，老婆还是不语，老王崩溃。

完全不去应酬，老王做不到；应酬上绝对不出现女人，又不是老王说了算。他希望老婆可以把自己的不满或担忧说出来，跟他吵架都行，吵开了也说开了，但老婆啥也不说。不说，那眼神还是随时飘来，如跗骨之疽。

老王有一天没忍住，对老婆说："你去看心理医生吧。"老婆直视他三秒，转身回房关上房门。自此，一个半月不和他讲话。

蓝色的不讲话，给伴侣带来的心理压力是巨大的，远比骂"你这个猪头"伤害要大。但蓝色自身并未觉察，他们心里想的是："我都已经这么明显了，还用说吗？你都知道我的想法，还要这么做，我说出来，有用吗？"

因为蓝色的不说，在婚姻关系中导致彼此无法沟通而带来的种种误会，不胜枚举。

一位蓝色老公给老婆买了个包，老婆背了一次，再也没见背过，放在柜中。

此后，蓝色老公再也不给老婆买礼物了。

不久后，老婆抱怨老公为何不给自己买礼物，老公说："我买的你会喜欢吗？"

老婆说："为什么不喜欢？上次你给我买的包，我就特别喜欢。"

老公惊讶："你喜欢，为什么只背了一次？"

老婆说："因为太喜欢了，所以舍不得，想等到重要节日时再背。"

这时，老公方知，由于自己是蓝色，看到老婆没背这个包，单方面心理顾虑，老婆是不是不喜欢自己挑的东西，也不主动问老婆原因，由此，造成两人误会。

很多时候，因为夫妻二人性格不同，对同一件事的想法有天地之遥。所以，表达，是让双方理解彼此的想法。对蓝色来说，学会说出内心的想法，这点尤为重要。

假如这个老婆没有问蓝色为何不买礼物了，而是自己猜测，认为是色衰爱弛，老公不爱自己了，那会造成更大的误会。

第一招 不生闷气

蓝色一旦心有不满，就会拉脸，不说话。当蓝色这样时，伴侣只知道蓝色不开心，却不知原因，自然也没办法在以后遇到同样问题时加以改进，从而让两人产生隔阂，恶性循环。

其实，闷气通常始于一次不高兴，大多是因为生活琐事，比如，伴侣吃完饭没及时收拾，没注意你的新发型，交代的事没及时完成，但接下来，你给他的不是争吵，而是可怕的沉默，是冷战，当他询问"你怎么了"，却遇到你给他的一个果断无情的词"没什么"。

当夫妻间发生不愉快的事，可能在伴侣看来事情很小，而在蓝色看来事情很大。这种情况下，如果蓝色生闷气，或当时不说，过后放在心里生闷气，伴侣不明就里，问题就会长期得不到解决。

蓝色的昊哥和黄色的英姐结婚两年，感情很好，但在学性格色彩前，昊哥常为小事拉脸、生闷气。英姐在婚前很少干家务，都是阿姨代劳，婚后，疫情防控期间不方便请阿姨，昊哥又常出差，她也就做了较多家务。

英姐眼神不好，手快，放东西不太注意，容易把杯子或瓶罐摔了，有时不小心，还会把昊哥心爱的东西摔了。比方说，昊哥常用来喝水的一个瓷碗，价格不算贵，是昊哥玩茶具几年来唯一找到的一个器型、釉色和图案他都特别喜欢的，只是英姐不知道这个东西对昊哥来说那么重要。所以当她摔了后，告诉昊哥"你的茶碗被我摔了，我买个新的给你吧"，昊哥说"不用了"，英姐就当他没事。

过了几天，英姐才发现，昊哥莫名情绪低落，拉着一张脸，跟他说什么，他都提不起劲。英姐以为他身体不舒服，或工作中有什么不顺心，怎么也猜不到，他是因为茶碗摔了所以生闷气。

学完性格色彩后，昊哥开始个性修炼。

有一次，他参加完活动回到家，英姐说自己不小心把他的粉底液摔了。昊哥脑子嗡的一下，因为这是他唯一的一瓶舞台粉底液，型号非常稀少，颜色深度刚好适合昊哥肤色，他肯定再也买不到了，所以，用得很节约。英姐告诉昊哥时，语气平常，也没发现他有点儿难受。要是在学性格色彩前，昊哥心里会想：你怎么非要摔它？你为什么不挑个别的？我重视啥，你就摔啥，为什么你感觉不到这个粉底液我很喜欢呢？如果你感觉到了，为什么不小心些呢？

但是，修炼之后的昊哥，迅速克制内心，他提醒自己，伴侣的性格和自己不同，也许她真的没注意到这东西对自己很重要，她不是存心的。

于是，昊哥说："这个粉底液很难买到，但是，已经摔了也没办法，你看下剩下的还能不能用，如果能用，就单独拿个瓶子给我装起来就可以了。"这事就此过去，没影响到他们的感情。昊哥感觉战胜了自己，心里格外舒服。

蓝色自我修炼后，遇到问题，首先，可以自我开解，茶具和粉底液已经碎了，已然是沉没成本，没必要再搭上心情不好纠结难过；其次，不要动不动就拉下脸来，而是要告诉伴侣自己希望她怎么做，如果这次能补救最好，如不能补救，至少让伴侣知道下次该怎么做。

与自己和解，与伴侣和解，认知每个人的想法不同，是蓝色在婚姻修炼中的终极目标。

翔子，标准的蓝色，老婆小澜是红色，想法多变化多，结婚两年两人常因小事吵架。翔子有每天下班后健身的习惯，某天小澜在商场血拼了一下午，收获颇丰，回到家正好在地库遇到准备去健身的翔子，心中大喜劳动力来了，本来还不知怎么把这一车的东西搬回家。

"老公你今天别去健身了吧，商场打折我买了好多吃的用的，我搬不动你帮我一起吧，上次你妈喜欢的大虾我也买到了，还是半价！老公我厉不厉害！"

"哦，我跟教练约好了，今天练肩，结束后老王来找我谈点事。"

"哎呀，今天不练了呗，晚上我给你煎牛排，今天的牛排特别好，我们再开一瓶红酒吧，你跟老王天天见有什么好谈的。"

"不行，我们已经约好了，东西你放车里我晚上回来拿，牛排明天吃。"

面对翔子毫不迟疑的拒绝，原本兴高采烈的小澜参毛了："为什么？他比我重要啊？跟你说了有冷冻的大虾，放车里不都化水了吗？你有没有脑子啊！你有没有听我讲话啊？你怎么总是这样，你是不是骗我去健身其实去约会？你到底爱不爱我啊！"

面对小澜的怒吼，翔子深深地看了她一眼，什么都没说，转头就准备上车。小澜见他不解释，更加笃定是他心虚不敢回答准备要逃，伸手就要去拽他，正好撞在了刚打开的车门上。这下小澜彻底疯了，大喊道："你故意的！你打我！！"翔子见她夸大污蔑，当场也拉下脸来，但他依然没说话，一如过往般生闷气不想做解释。最终闹到双方父母皆知，一度谈及离婚。

后来朋友问过翔子，原来当时是老王发现老婆出轨要离婚，急着找好友翔子出来诉苦。但男士好面子，叮嘱翔子不要说出去，加上翔子本身就是个不愿意解释的性格，面对老婆的不依不饶，他心里也是气愤的，伤心不比小澜少——结婚两年，你都没有懂我，还有什么好解释的。

蓝色认为：既然你爱我，无须多言，你应该懂我，我说了有事，肯定不会骗你；既然你爱我，怎么会不懂我的心，怎么会怀疑我出去约会？为什么我可以知道你细微的想法，而你却不能体察我的一举一动，甚至连信任都做不到？肯定是你不用心！

这个结论，让蓝色感到沮丧。可惜，人与人就是不同的，你能做到，不代表其他人也能。

蓝色要克制住自己生闷气的倾向，经常和伴侣开个小讨论会，可以把一些你不开心的原因直接告知对方。两人平等地讨论，各抒己见，你说出你的看法，也接受对方处理问题的方式，相互体谅，多一些理解宽容。

蓝色能给爱人最好的礼物是：发生矛盾后，第一时间跟对方解释沟通，详尽描述内心真正的想法，不要拉脸生闷气，伤了感情不说，还闷坏身体。

蓝色的人啊，要设法让对方更懂你，而不是什么也不说。期待对方可以成为你肚子里的蛔虫，这会让你失望的。

第二招 诉说心情

给自己设定一个功课，每晚回家，主动和对方分享今天发生的事，开心的不开心的都可以说，别完全埋在心里。也许，你会觉得把感受埋在内心更自在，但还是请尽量分享一点儿，哪怕只言片语，也好过一言不发，坚持下来，会有助于与你性格不同的伴侣思想同步。

一直不说的后果，就是如果你的伴侣不是蓝色，会不知道你的心事，无法走入你的内心世界，并渐渐认为"原来你就是没话的人，原来你就是不想跟我说话，既然你不和我说，那我就找其他人说吧"。

蓝色的卓一和红色的咏珺，一个内向，一个活泼，大学同窗时恋爱，毕业后结婚。从校园到婚纱，按理说，应该非常了解彼此。可结婚几年，咏珺感觉两人沟通越来越少。

原来大学时，虽然男方不爱说话，但两人上同样老师的课，一起晚自习，一起迎接考试，寒暑假也一起度过，经历相同，两人在一起，咏珺说个不停，卓一只要听就行了。

但工作几年后，卓一从不跟咏珺分享自己工作的事，咏珺跟卓一说自己的工作，但看他好像并不感兴趣，渐渐地，自己也觉得没啥意思。两人平时工作忙，各自在外吃完晚饭回家，在一起也无话可说。原本，周末两人还一起出去逛逛，但最近几年因为疫情，出外活动也少了，两人在一起，大眼瞪小眼，十分冷淡。

咏珺经常提出，希望男人多和她聊些心里话，好的不好的她都想了解。男人却觉得两人在一起有默契就好，不需刻意说什么，何况，他也觉得没啥可说的。

朋友介绍他们来学了性格色彩后，他们才明白自己的性格，也更了解彼此。

这时卓一才意识到，自己不习惯分享，是性格使然；但对咏珺来说，她很需要伴侣多分享，很在意双方的交流能取得共鸣，否则，交流得不到满足，说不定哪天就移情别恋。

于是，卓一结合课上所学，课下跟几个红色同学请教取经，有计划地踏上了修炼之旅。以往，工作中遇到烦心事，他全部自己埋在心里，自己咀嚼，而现在他会有选择地告诉咏珺一部分。他惊讶地发现，当他说出负面感受时，咏珺不但没有像他想象的那样对他有看法，或者无力承受，反而很积极地和他一起想办法解决，即便没有好的办法，这个过程也让他发现了咏珺很在乎他。

同样，咏珺也运用性格色彩修炼克服自己的红色过当，两人对婚姻的满意度比之前提升了一大截。

蓝色要想修炼自己变得多分享，就必须先洞见自己为何不分享。

从专业角度分析，除了红色爱分享，蓝色、黄色、绿色，这三种性格都谈不上爱分享。

▲ 黄色，有选择地分享。如果分享对自己有利，就多分享；如果分享没好处，就不分享。婚姻中，除非黄色觉得对自己的伴侣分享，有助于解决问题，否则多半不会把自己的难处分享，因为他们认为应该自己解决问题，男女都一样，更何况即便遇到天大的事，黄色也没有可分享的情绪。

● 绿色，因为没有分享欲，不想给自己添麻烦，也不想给伴侣添麻烦。如果伴侣问，绿色会说，不问，就不说。

■ 蓝色，内心复杂，不分享的原因有三：①希望伴侣能读懂自己，最好不用主动说，伴侣就明白；②蓝色开心的事不多，不开心的事，他们需要先想，没想清楚就不说；③不想把压力带给伴侣，他们的想法是，我自己痛苦就算了，把这些讲出来，让伴侣也痛苦，有什么好处？蓝色担心分享之后伴侣不懂，或把压力带给了伴侣。

其实，没有人天生就了解另一个人，总不分享，就会导致隔阂越来越大，误解越来越多。伴侣是最亲近的人，好或不好都可以让他知道一些，相互分担压力，也正是婚姻关系存续的价值所在。

有话想说就直说
莫待人走空悲切

要求过高者须知

蓝色喜欢每件事都追求完美，有把伴侣改造至完美的欲望，并且会为此制订详尽计划。蓝色的个人形象永远都是整洁、干净和合适的。如果要出席一些场合，蓝色也会把自己的伴侣打扮得非常得体。

月季，每天早上6点起床打扫卫生、洗澡、化妆，出门必须武装到每一根头发丝，家里更是一尘不染。据去过她家的同事说，她家的地板可以当镜子用，布艺沙发整洁到没有一点点褶皱，搞得她都不敢坐沙发，跑去坐在了餐厅凳子上。月季对家里人也是同样的要求，老公踢足球回来必须在门口玄关处换下脏衣服鞋子，放进塑料袋装好（防止掉出泥土），直接拿到阳台放进洗衣机，然后，立刻去洗澡。老公是个大大咧咧的红色，对月季的要求深恶痛绝，无奈不做，月季会抓狂，只好强忍。

其实水至清则无鱼，如果太讲求干净、整洁、一丝不苟，伴侣和孩子都会生活在一种压抑的怕犯错的环境里。如果他们能适应，恐怕也要以心理焦虑为代价，如果他们不能适应，就会不时爆发冲突。

如果你是蓝色，必须首先意识到没人能完全满足这些需要。生活并不总是十全十美，当你的时间表无法被正常执行时，并不一定都是伴侣的错。有时客观条件可能不允许别人按你的方式完成工作，但这不代表他不爱你。永远记住：我们生活在一个不完美的世界里，不可能世事总按你希望的方式发生。

另一位成功运用性格色彩控制了自己过分追求完美的蓝色男人说：

我过去非常注重时间表，总把一天的时间安排得很严谨，从高中开始就把每天要做的事记在本子上，做一件，划掉一件。

读书时，这是可行的，因为能否完成都掌握在自己手里。但慢慢就发现，我无法控制别人的时间，而他人的时间变动一旦影响到我的时间表，我内心就很不舒服。

因为我的伴侣是红色，这种情况常发生。比如，周四时我们说好周五做什么，去某个咖啡吧吃brunch，去美术馆看展览，回家再运动。可到了周五，她会睡懒觉，那么brunch就泡汤了，起床后，她会忘记昨天说的行程，然后，想出新的主意。

我不愿去改变原本的安排，她会觉得我很固执，不会变通，可对蓝色来说，确实不喜欢改变。但根本原因在于，我总是去做自己有准备的事，如果心理上没准备好，我会不安，比如，因为行程变化要改变原计划里的一套衣服，这让我受不了。

和红色处久了，我会试着慢慢接受意外变化，有时新想法确实比原来的安排更精彩。

还有一点，当我学过性格色彩，在课堂上见识过各种各样夸张无比的红色同学以后，我就意识到，如果我和一个红色打交道，我就不能把他说的话太当真，因为红色真的变化太快了。

这位蓝色男人成功调整了自己的心态，避免了陷入无穷无尽的纠结。尤其当蓝色和红色在一起后，红色要控制随意，蓝色也要注意别那么追求完美。

蓝色的修炼，要找到一个平衡点，不能任由自己陷入无尽的要求。夫妻两人生活，要彼此兼容，完全让对方按自己的要求来做，那是不可能的，也会让家成为一个无法休息放松的地方。

蓝色在婚姻中修炼自己，需适当降低对伴侣做事的标准和要求，可通过以下两种方式。

第三招 接纳缺点

蓝色喜欢寻根究底，只要搞不懂伴侣为何无法做到自己认为应该达到的标准，就无法释然。所以，对蓝色而言，更应深入学习性格色彩，通过专业功力的提升，洞察伴侣的个性，找到理解对方的钥匙，先理解，再放下。

因为追求完美，蓝色对生活中的事，有自己的一套标准和要求，而这对其他性格的伴侣，难于上青天。蓝色常常会苛求对方按照自己的标准和要求来，一旦发现伴侣无法做到，很可能求全责备。

蓝色学员阿琳，婚后负责操持家务，偶尔让老公帮她买个东西，从没买过让她称心如意的，这事一直是她的心结，想到就烦。学习性格色彩时，她也一直反思，是否自己要求太高，才会造成困扰。学完性格色彩后，修炼的机会来了。

她喜欢吃柚子，正逢柚子上市，因为那天要去拜访客户，就托老公去买柚子。她叮嘱老公："一定要中午去买，中午买的，是刚上市的新鲜柚子，下班再买，就挑不到好的了。""要在菜场进门左转第三个摊位买，那儿的柚子最好，老板也公道。"并且详细告诉了老公如何挑选柚子才能皮薄味美水足。下班后，她回到家，满心期待老公买回来的柚子。

老公回来，她只看了一眼，就发现那不是她要的样子，并且很快分析得出结论：老公应该是中午忘了买，下午才去的，所以，没买到最新鲜的那批，买到的是已经放了一天的柚子。

按照她没学性格色彩前的状态，肯定内心对老公极度失望，脸色阴沉，但不会告诉老公原因，柚子决计一口也不吃，这种状态会持续很久，直到老公抓狂，跟她吵架。

幸好，她学了性格色彩，首先调整了心态。老公这样大大咧咧的人，平时很少买水果，都是她买啥吃啥，即便她教了老公方法，老公也未必学得会。而且老公是红色，一忙起来，买柚子的事忘了，下班时想起匆忙去买，没买到最好的，也情有可原。

当她试着放宽对老公的要求后，便心平气和地把柚子剥开，先给老公吃了一瓣，自己也拿了一瓣。果然，柚子水分不足，但老公完全吃不出来，还说"真好吃"，于是，她把柚子剥好，多数都给老公吃了，自己只吃了一点儿。看老公吃得那么来劲儿，她完全释然了，虽然没吃到理想的柚子，但她想到自己通过这么小的事调整了心态，避免了可能发生的家庭冲突，心里还是喜悦的。

假如你不是蓝色，买个柚子这么费劲，日子怎么过？还好阿琳学过性格色彩，及时熄灭心火，不然，买柚子怕会成为夫妻间的心结，此结无计可消除。

所以，蓝色要想赢得幸福美满的婚姻，先要解决自己"追求完美"的问题，接纳伴侣的小缺点，少责备，看人看优点。下午的柚子，也可以很甜。

学者张中行老先生80岁时曾对婚姻有感，认为婚姻境界有三：可意、可过、可忍。

"可意"——是孩子的童话、成年的神话，可遇不可求。"可意"，要求两人有共同的精神生活，"可意"的前提是必须拥有可以相互欣赏的才情。

"可过"——是风雨同舟，彼此帮衬。累了，享受饭来张口的后勤保障；忙了，高喝一声："孩子妈，烙张饼！"就是你洗衣、我做饭，取长补短，而且心甘情愿，非等价交换。这是生存性互助。

"可忍"——是待破的气球、破裂的边缘。它警示我们，婚姻难得完美，得过且过才是智者。

世上多数人的婚姻，都是介于"可过"和"可忍"之间。

这个世界，追求完美，就是追求孤独。上帝完美，但没朋友。婚

227

姻也如此，前提就是容忍。忍不住了，去背首诗："油盐酱醋烟酒茶，世事纷纭乱如麻，我也他娘管不得，走出后门看梅花。"苦中作乐，才叫洒脱。面对婚姻，要有这样的心情：可忍不差，可过蛮好，可意为佳。如此，才能波澜不惊。

这样的婚姻，未必美满，但让人满意，重点是稳定。如果说多数人的婚姻都在"可过"和"可忍"间，那么，蓝色过于追求完美，对人对事的标准和要求太高，就会导致很多"可过"的婚姻变成"不可过"，让很多"可忍"的婚姻变成"不可忍"，堪称婚姻破裂的杀手。

一对夫妇在婚后的第十一年生了个男孩，夫妻恩爱，男孩是二人的宝。

男孩两岁的一天，丈夫出门上班时，看到桌上有一药瓶打开，因为赶时间，他只让妻子把药瓶收好，就关门走了。妻子在厨房忙，忘了丈夫的叮嘱。

男孩拿起药瓶，觉得好奇，又被药水的颜色所吸引，一饮而尽。

这药水即使是成人，也只能少量服用。男孩服药过量，被送到医院，返魂乏术，阴阳两隔。妻子被吓呆了，不知如何面对丈夫。紧张的丈夫赶到医院，得知噩耗，非常伤心，看着儿子的尸体，望了妻子一眼，然后说了四个词。

四个什么词？

答案是："I love you darling."

因为儿子的死已成事实，再吵再骂，也无法改变，只会惹来更多伤心。而且不只自己失去了儿子，妻子也失去了儿子，如果自己再责备妻子，只会造成更大的悲剧。

这位丈夫，犹如圣人。此种做法，对常人来说实在太难。但看完这个故事，回头看看我们一地鸡毛的婚姻，却也觉得没有过不去的坎，没有原谅不了的错。

第四招 正面表达

当伴侣的言语或做法让你不满时，可用平缓的口气提出，只要是类似"为什么""怎么样""如何"等开放式的语句即可，切忌用否定的反话来提问。这些否定式的语言，开口就密布质疑、批判和不满，阴风徐徐，只见忧愁暗恨。

常见的否定式提问，譬如，"为什么不这样做呢？""你是不是又忘记了？"……须知，不论对方想法如何，只有问了，才会清楚知道，否则，只是自己一个人在那儿空揣测。

蓝色妻子生病在家，给丈夫发了个信息："嘴里没味，给我带个菜。"

丈夫回："想吃什么？"

妻子说："你看着办吧。"

丈夫回来，带了个宫保鸡丁，妻子一看，脸就拉下了。因为她不喜欢吃辣，而且她知道自己的丈夫知道。如果没学过性格色彩，她当即就会问："你为什么不给我带个不辣的菜呢？""你是不是忘记了我不能吃什么？"

根据过往经验，这些双重否定的问句，要么让丈夫摸不着头脑，要么激起丈夫的情绪反弹："你不是说了让我看着办吗？"

但是，因为她学过性格色彩，正在自我修炼，所以，及时意识到自己的提问语气要平缓，于是，倒数三秒，心中愤懑稍事平息，柔和地说道："老公，谢谢你为我带菜，选择这道宫保鸡丁，你是怎么考虑的呀？"

丈夫见她语气平和，便也像聊家常一样回应："噢，你不是说嘴里没味嘛，这个宫保鸡丁里面有八宝辣酱，酸甜咸辣，各种味道都有，很开胃，虽然你不吃辣，但是这家的宫保鸡丁我吃过，不怎么辣，你试试吧。"

因为妻子的自我修炼，她得到了和想象中完全不一样的答案。在她平和的询问下，才知道了真相。丈夫很清楚地记得她不吃辣，只是丈夫觉得不吃辣的人偶尔也可尝试点辣。虽然妻子还是不想吃这道菜，但至少明白了丈夫心里是记得她的口味的，胸闷气短瞬间化为平心静气。

为顾及丈夫的感受，她尝了一口宫保鸡丁，说："老公，这道菜是你用心为我选的，我很开心，只是我真的一点儿辣也吃不了……"话没说完，老公就说："没关系，这个菜你放着，我来吃，家里有里脊肉，我给你做道黄瓜炒肉，怎么样？"

好开心。

这位蓝色妻子改变了以往的否定疑问句，改为正向平和地询问，不带情绪地和伴侣交流。她发现以往的烦恼皆不复存在，甚至，能更清晰地体会到伴侣对她的用心和付出。而伴侣也觉得交流很顺畅，两人皆大欢喜。

现实生活中，很多蓝色从来没意识到自己那否定疑问的态度让别人极不舒服，当冲突发生时，还不知道与自己的说话习惯息息相关。

比方说，伴侣很少下厨，为讨蓝色欢心，辛辛苦苦看菜谱，大清早跑到很远的地方买菜，就为了给蓝色伴侣做一碗小馄饨。当蓝色坐上餐桌，看到小馄饨，却只说了句："怎么没放香菜？"

这种否定疑问句，否定了伴侣做出的一切努力，让伴侣期待的浪漫画面顿时化为泡影。在失望和被否定的双重压力下，伴侣会如何反应呢？

● 要么勃然大怒，跳起来发火——恭喜蓝色，成功地把人家的示爱变成了争吵，把一个本想取悦自己的爱侣变成了仇人。

● 要么把火压在心里，等待爆发——恭喜蓝色，成功地把爱侣变成了怨偶。假以时日，人家会逮到机会，终于可以刺一刺："哎呀，下厨这么有学问的事我可不会呀，香菜都不会用的人，有什么资格下厨呢？"

其实，这一切，本不必发生。只要当初蓝色看一眼小馄饨后，平和地说："你辛苦了，可以再加点香菜吗？"这样，人家既收到你想吃香菜的信息，也不会觉得自己被挑剔和被否定，你可以继续你的甜蜜。

世上再也没有比"否定疑问句"更糟糕的坏句型了，明明是想关心对方，张口却成了质问。

你想说："你穿我给你买的衣服吧，那件很适合你。"出口却变成："你怎么不穿我给你买的衣服？你怎么又穿这件皮肤显黑的外套呢？"伴侣听到耳中，不是滋味，感觉你在指责他没珍惜你的心意，而且让他感觉自己像个傻子，放着美美的衣服不穿，穿了一件显黑的衣服。

明明你是好心，精心挑选衣服送给伴侣，本该让对方开心穿上，再夸赞两句，这件礼物就非常超值。可因为你的否定疑问句，把一切都毁了。你放心，就算伴侣当你面穿上了你买的衣服，也会一整天心情都不好，之后，肯定会把衣服送人或者束之高阁。

打破循环的方法是，蓝色要学会正面说出问题，并以积极的方式表达希望伴侣改进的意愿。比如，假如你真的对伴侣买的柚子不满意，希望他下次改进，可以说："今天你辛苦啦，这么忙，还记得帮我买柚子，挺不容易的，下次早点去买就更好啦，水分更足，我更爱吃。"

天地忌满人忌全
不求完美方圆满

231

负面思维者须知

　　蓝色习惯性负面思维，受挫后心情持续低落，不但自己离场周期缓慢，也会把糟糕情绪传给伴侣。伴侣如果没学过性格色彩，内心毫无抵抗消极思想侵蚀的能力，也容易被感染。

　　长期郁郁寡欢，会让蓝色在伴侣心中失去魅力，伴侣无法从蓝色那里获得情绪价值，而一般性的劝慰对蓝色也不起作用，会让伴侣有一种想帮他也很无力的感觉。

　　以下这位老婆跟我学过性格色彩和演讲，所以，在老公滑入极端低落情绪时，及时发现，力挽狂澜。但作为蓝色，不能指望伴侣来搭救自己，带自己走出低谷，而要修炼自己的个性，一旦出了问题，努力自救，这才是靠谱的做法。

　　过年前，老公遭遇了职场PUA，情绪非常低落。有一天，他突然问我："我的保险够吗？"我说："还可以呀，我们家是不会因病致贫的。"我当时以为他问我这句话，是因为我之前跟他讲过，我几个月前给客户理赔了200多万港币的事情。紧接着，他很平静地说："公司也给我买了很多意外险，如果我开车出去撞死，你应该会拿到很多赔偿，你不要乱花，把孩子养大。"

　　我这时才意识到，他的心理出现了严重问题。我瞬间的本能反应是："有什么问题就去解决，要死要活干什么？"但是，我知道对一个负面思维严重的人而言，如果我表达出这样的语言和情绪，会更置他于死地，所以，我收起了自己的情绪，完成了至今为止我认为最好的一篇演讲。

　　我说："你想不想女儿长大的时候，嫁人了，是你牵着她的手走过长长的红毯，交给她的伴侣？你想不想儿子像你一样，有学霸的基因，在中学时就可以拿遍各种物理、化学、计算机的奖项，一路直通名校？你想不想，他们长大后，会感激有这么一个好爸爸，他们的生命因为有你更完整更绽放！"说完后，我发现我老公的脸在抽搐，很久都没说话，最后，他拉着我的手说："没有你，我可怎么办？"

蓝色之所以跌入负面思维陷阱，就是因为心太细。从一次工作的失误，分析出无数的问题，即使自己再怎么小心留意，也无法确保永远不出问题，从而陷入自我攻击，产生强烈的无力感；从一次被人欺骗，分析出来这个世界上没有真正的好人，即使现在看来很好的人，也可能隐藏着自己所不知道的恶，从而陷入对人际关系的绝望。如此种种，当真生无可恋。

第五招 往好处看

不管多么艰难，蓝色都要学会积极正向地看待问题。不仅为了更好地和伴侣沟通，也为了自己可以更好地生活。

须知，危险背后往往蕴藏机会，塞翁失马，焉知非福。很多蓝色在遭遇重大打击后，会陷入漫长的消沉期，影响之后的人生。更多的蓝色，会把阴郁带给自己的伴侣或孩子。

解决问题的源头，在于蓝色自身要心向光明，看到事物积极阳光的一面。

这刚好与红色的修炼方向完全相反，红色需要的恰恰是学会先看到事物的不利因素。

Cici 是个负面思维严重的蓝色。学完性格色彩后，她开始修炼积极思维。

以往，小孩考试名次下滑了几名，她就想："是我没辅导好吗？还是孩子天生不是这块料？为什么我把所有学习方法都钻研过了，还是让他考成这样？不如以后不要管了，反正管也管不好。"

现在，遇到同样的事情，她会转换角度来想："孩子名次下滑，

233

并不代表他以后不能考得更好。如果问题出在孩子身上，那他正需要我的帮助；如果问题出在我身上，我只要把自己调整好就行了。"

以往，她和老公约好，周末孩子去上兴趣班，他们夫妻俩出门玩，二人世界，恰逢大雨，她心情不好："是我没选好时间吗，为什么今天下雨？一切计划都泡汤了。明明天气预报说没雨，只是阴天，为什么会下大雨呢？以后还能不能相信天气预报了？这次去不成，下次不知何时能去了。"

现在，遇到同样的事情，她会转换角度来想："大雨已经下了，既然不能出门，我们可以在家里叫外卖，买点好吃的菜，买几根蜡烛，在家弄个烛光晚餐，也很浪漫。而且幸好这场雨在我们出门前就下了，如果已经出门了才下雨，淋成个落汤鸡，不是更惨？"

修炼积极思维，就是要学会转变看问题的角度，从一件件小事中转变思维方式，坚持从好的一面看问题，形成习惯。

在婚姻中，当有了这样的积极思维方式，无论是日常面对柴米油盐、养育孩子、孝顺老人，还是消遣度过闲暇时光，都会发现越来越多的乐趣和幸运。如此相处，关系本身就具有疗愈的力量。以下两点，都可增加和强化蓝色对婚姻的积极感受。

第一，选择一起旅行。

旅行途中，不光能重温热恋期的感受，还能让彼此的关系变得更加亲密无间。尤其旅行时，会看到很多美丽的风景，体验不同的风土，这种快乐能够和最爱的人一起分享，两人之间也有了美好的回忆，以后无论遇到什么事，都会积极向上。

第二，好好关心彼此。

这种关心，可以是一件衣服、一顿大餐，也可以是帮对方做件力所能及的小事。只要自己愿意去做，把对方放在心上，时刻挂念着，那么对方一定能够感受到自己在这个家庭中是有人关心和爱护的。这种能量会随着时间的推移帮他树立自信心，每天醒来都会觉得要为了爱自己的人去奋斗，充满了斗志。这就是积极向上的状态了。

总之，莫沉溺往事，过去的就放下。莫聚焦于生活瑕疵，多看好的一面，积极分享美好的事物给伴侣，积极计划两人一起的时光，考虑双方需求，让两人都能感到开心和满足。就像滚雪球一样，你们之间积累的美好事物和时光越多，越能消弭不愉快的回忆。

第六招 鼓励为先

当伴侣提出一个想法，即使看到了不利和风险，也莫在第一时间说出负面想法，而是先鼓励，以免打消伴侣的积极性。

一对婚姻出问题的夫妻来到课堂，丈夫是红色，妻子是蓝色。丈夫说得多，妻子不讲话。

丈夫原在国企工作，薪资一般但福利好，稳定。由于丈夫是红色，不愿长期做重复工作，总想尝试新鲜事物。但妻子是蓝色，容易看到新生事物的风险，出于责任感，她常提醒丈夫，但丈夫听在耳里，像是否定他的能力，不以为然中，夹杂着烦躁崩溃。

开始，丈夫听同事说"股市赶紧抄底"，试探性地投了笔小钱，赚了，志得意满，打算多投些，这时妻子说："有风险。"他不听，还是投了，结果赔了。这事并没影响到乐观的丈夫，依旧执着打听消息，试图找到一只稳赚不赔的股票，但这事，更让妻子认为丈夫的性格不适合炒股。所以，每当丈夫意气风发，跟妻子谈论股票时，妻子的回应都极其冰冷，还不时拐弯抹角地提起股市风险。久而久之，丈夫炒股的热情被打击得荡然无存。

但丈夫毕竟是红色，天性积极乐观，又对创业产生了兴趣。当他兴冲冲地跟妻子商量投资朋友的面包店时，妻子一个问题把他问住了："如果赚钱，人家为什么要让你投？"丈夫郁闷几天后想出一个理由，那地段很好，朋友三十年租约，即便面包店关门，转租出去，也能赚不少。妻子又一个问题："到那时，房子真的好脱手吗？"他再次哑口无言。

几盆冷水下来，丈夫憋屈郁闷，终于爆发，告诉妻子，自己打算从国企辞职去创业。当妻子得知丈夫要放弃主要收入来源——工资，去创业，一连串的"怎么办"冒了出来："房贷怎么办？""女儿还有一年毕业想去私立高中，如果创业不成功，女儿学费怎么办？""公婆生活节俭，退休金有限，如果生病，怎么办？""如果创业资金用完了，要追投，家里没钱怎么办？""借钱？如果别人不借怎么办？如果借了提前催还怎么办？"……这些"怎么办"，让丈夫内心拔凉，跌入看不见的深渊，冒出了离婚之念。

幸好，在朋友劝说下，他们两人一起来到课堂学习，尝试解决问题，而非直接迈向民政局。

通过学习，老公意识到自己的冲动和情绪化，老婆也洞见到自己表达方式的欠缺，明明出于好意，为何听在对方耳里，像讽刺和挖苦？通过学习性格色彩，他们愉快地走上了个性修炼之路。

假如时光倒流，重来一次，当伴侣提出投资的想法时，你可以说："你想利用工作外的时间，为家里创造更多收入，真是太辛苦你了。我们可以盘算下这个想法的可行性。"先说这句，再提出风险，对方的感受至少不会那么糟，也会更加理性地继续努力。

为什么要先鼓励，再说不利？

因为你开口的第一句话，会给对方深刻印象，也决定了对方感知你的态度。如果你第一句话上来就是批判，那后面就算有两三句好话，也很难抵消第一句话带给对方不爽的感受。

而且，对方提出想法时，如果你只是就事论事地说这个想法错误的地方，或你认为"我必须真实表达自己的看法，这才是对对方负责"，那么，你已经走入了一个天大的误区。

我们要的是：既做真实的自己，又能达到对方接受的效果，否则，你自己是真实了，却不管洪水滔天，人家根本啥都听不进去，这算什么负责！这只是你的自私！你只顾自己讲得爽！我这样说，你可能很不舒服，但很可惜，真相就是如此。

如果你脑海中想的是让对方接受，并且心甘情愿地改变，那么你就必须要先鼓励！

让对方觉得你接纳了他，看到他好的一面，再提出建议，对方会容易接受。须知，良药苦口，也需糖衣包裹，这样，至少可以让药更容易入口，更好地发挥效果。

还有一点也很重要，如果你没有先肯定对方的出发点是好的，如果你没有先认可对方的大方向和自己一致，对方会对你产生误解，会觉得你不支持他，和他不是一条心。如果对方非常自信，可能会觉得你在和他对着干；如果对方不自信，可能会被你打击得毫无积极性，甚至在你多次批评后，变得一蹶不振。

> 放下颓念自在来
> 心向光明万物生

237

过于敏感者须知

　　蓝色过于细腻敏感，对伴侣而言，会造成许多实际相处上的困难。

　　比方说，伴侣带蓝色去和自己的朋友聚会，朋友间的一个小玩笑、一个不经意的眼神，可能都会让蓝色多想、心有千千结，甚至心伤。作为伴侣，要管束好所有外界其他人发送过来的信号，给蓝色一个真空的心理环境，实在太困难。

　　小草和老公一起参加大学同学聚会。小草大学学理科，毕业后一天也没从事本专业的工作，直接去做了外贸，十年打拼下来，小有所成，拥有自己的外贸公司，一年也有上千万流水。而小草的老公是大学教授，从本科毕业到读研读博到留校任教，就没离开过大学校园。

　　小草的一个爱开玩笑的老同学说："小草同学，你是我们03级数学系毕业生中，转型最成功的一个，不但事业有成，而且财色兼收。"说完哈哈笑着看了小草的老公一眼，因为小草的老公长得比较帅，老同学认为自己一句话既恭维了小草又夸了她老公，心里十分得意。

　　小草心想坏了，老公又要多心了，偷瞄老公一眼，老公面沉似水，像没听见一般。

　　回家后，小草跟老公说："我这个同学，最爱开玩笑，你别多想。"老公说："在你心目中，我是个爱多想的人吗？"小草一听话风不对，赶紧说："怎么会，你最大方了，才不会跟这种人计较。"老公说："你觉得我不会计较什么？有什么可计较的吗？还是你觉得，你同学话里有话？"小草完全不知道该怎么接话。

　　在婚姻中，蓝色过于细腻、过于敏感，让伴侣动辄得咎，想讨好蓝色又不知该怎么讨好，时间久了就烦了，这对婚姻关系是极大的隐患。

另一方面，过于敏感，也让伴侣需要时刻为蓝色的心理健康担心，就如《红楼梦》中贾宝玉总怕林黛玉太小心眼容易生病一样。

《红楼梦》中，林黛玉和薛宝钗是情敌，两人都长得美，性格却完全不同。

林黛玉的性格是蓝色，进贾府之后，每走一步都小心翼翼，生怕被看轻。她去找贾宝玉，府里的丫头没听出她的声音，正在玩闹，没给她开门，她想太多，怀疑贾宝玉故意不让丫头给她开门，思虑太重甚至生病了。

薛宝钗的性格是黄色，除了劝贾宝玉多读正经书考取功名，其余都不放在心上。看着贾宝玉和林黛玉眉来眼去，就当没看见一样，偶然撞破了丫头们的私相授受，故意说自己是来找林黛玉的，让丫头们怀疑林黛玉撞破了她们，一石二鸟，自己脱开干系。

到最后，薛宝钗不费一兵一卒嫁给了贾宝玉，成婚那天，林黛玉病死了。

蓝色在婚姻中修炼自己，学会不要太细腻敏感，需要注意以下两点：

第七招 近朱者赤

同样的世界，不一样的视角，既然自己容易想得太多，触角太细腻，就多向那些粗线条的人学习，学习他们的乐观，学习他们的不纠结和快速解决问题。

小刘学完性格色彩后，从课上学到一招修炼秘籍——"近朱者赤"，她想学习红色的乐观，学习黄色的快速解决问题，以此来克制自己的过当——想太多，太敏感。她发现同办公室一位同事就是红＋黄性格，这位同事也很喜欢性格色彩，和她一起学习了性格色彩课程。

学完之后，她们走得比之前更近了。她为了修炼自己，主动和这位同事说，以后你有什么活动，带上我。果然，跟这位同事更多相处后，她的思维开阔了很多，也没有那么小心眼了。

一次两人一起坐飞机，机上空调很冷，她们让乘务员拿毛毯，乘务员回答"毛毯发完了"。

小刘想："既然毛毯发完，说明大家都冷。那么飞机空调为何温度设定如此不合理？为何不可灵活调整温度？"

"毛毯为何会发完，是不是事先准备不足，一共二百多个座位，准备二百多条毛毯很难吗，为何没有充分考虑？"

"我们的座位在经济舱很靠前的位置，除去商务舱，如果毛毯从前向后发，不可能到了我们就没有了，那后面还有那么多乘客怎么办？"

"发毛毯之前，为何没有广播，告知大家毛毯数量有限，请有需求的乘客主动提出申请？会不会存在有的乘客其实没那么冷，只是乘务员发给他了他就拿了，其实他也不知道毛毯是有限的，还以为人手一条？"

正当她思索之时，身旁的红+黄同事说："我不管你们发完没有，反正我们现在冷！很冷！你拿衣服也好拿桌布也好，反正先给我们裹上！"

红+黄这么一嚷嚷，乘务员立即去找其他乘务员借到了两条披肩，给了她俩，问题解决了。

这件事让她收获很大，她开始反思自己想得太多，经常为小事纠结，其实有些事不必多想，先解决就好。

另一位蓝色的朋友学完性格色彩后，发现自己很幸运，自己的伴侣是积极阳光的红+黄，红色的乐观开朗，黄色的行动力和结果导向，都能帮助她，把她从多愁善感中带出来。

没学性格色彩前，她觉得伴侣有点儿粗心，有点儿随意，大大咧咧的，经常让她不开心了自己还不知道，给她平添了许多心堵。但学完之后，她换了一个角度来看待，才发现其实伴侣心大，是件好事，因为伴侣压根儿没意识到她有那么多惆怅，所以没有任何情绪上的不满，对她的包容度反而更高。

比如，伴侣安排了周末去公园，但她觉得你明知道我不喜欢去那个公园，为什么还要安排，为什么一点儿也不懂我，其实心里已经不舒服了，但又不想明说，话就变成："今天身体有点儿不舒服，不去了。"因为伴侣不敏感，所以真的以为她不舒服，立刻说："那好，改天再去，今天你想吃什么，我给你做好吃的，让你尝尝我的手艺，保管菜到病除。"生活中，很多类似的小事，当伴侣一副阳光开朗的样子时，她也没有那么不开心了。学完之后，她更加珍惜自己的伴侣，也尽力让自己的心放开一些，以前觉得伴侣在家里唱卡拉 OK 的样子很傻，现在她也会选几首自己喜欢的歌，跟着一起唱唱。这些看似很小的事情，却让她的心怀纾解了很多，伴侣也觉得和她相处越来越轻松了。

所以说，只要你有一个意识，跳出泥潭，不在小事上纠缠，看到蓝天白云，看到身边人的笑脸，自己开心快乐了，伴侣也会跟着你一起幸福。

第八招 参加活动

蓝色喜欢分析，当跟外界接触很少时，可分析的对象只有伴侣，自然会反复琢磨，越琢磨，问题越多。

且不说黛玉葬花，看到花朵飘零，感伤身世，即便不看花，不读书，一个人待着，也容易想"老公今天走得匆忙，都没有多看我一眼，是不是有什么想法"。如此，不妨多给自己安排一些集体活动，多行动，自然就能少思考，思考少了就不会那么敏感了。当蓝色渐渐走出家庭的小圈子，和伴侣之外的人多交朋友之后，眼界宽了，心胸也会开阔许多。虽然这对蓝色来说很难做到，因为蓝色不喜欢集体活动，对于人多的场合有本能的不安全感和担忧，但这正是修炼需要克服的。

克服的方法是先跟自己信任的几个人多交流，然后借助他们的力量，进入稍微大一点儿的圈子，逐步拓宽。

为什么有了伴侣，还要有自己的圈子——同事、同学、朋友，还要多出门参加聚会？因为每个人都有自己"情感支持"的来源。比如，父母的爱、伴侣的爱、养育孩子时的期待、工作中完成一件事的价值感、同事朋友的交流，等等。当你能把情感支持的来源分散到不同的人身上时，你得到的爱就会很稳定。但如果，你的情感支持都来自一个固定的人，就会让感情变得很糟糕，陷入危局，就像用放大镜把阳光聚焦在一张小纸片上，纸片会烧掉一样。对于蓝色来说，这种"高度专一"的爱，其实是一种强烈的情感需求，这种需求放在蓝色心里，蓝色的出口又非常小，就会变成一种极度的敏感。

这样的你，会过度依赖伴侣，很害怕失去对方，会患得患失，关注对方的一举一动，很渴望对方的回应，一旦对方对你稍微冷淡一些，你内心的恐惧就会被激发出来，莫名地不悦、冷淡、冷言冷语，把伴侣越推越远；这样的你会让另一半压力很大，因为你一直在索爱、一直在盯着他的行为、一直在给他提要求，他会觉得不堪忍受这种压力，想要逃离。

所以，恋爱脑的人、过度依赖的人，感情总经营不好，就是这个原因。而当你没有自己的圈子、没有自己的空间时，就会陷入这种局面里。因为你只能从伴侣身上得到爱，所以就会一直渴望伴侣给你爱，如此，他觉得压力大，你也会因为得不到他的爱而委屈、不满、歇斯底里，毁掉这段关系。

相反，如果你抱着修炼的心态，不把关注点放在伴侣一个人身上，而是在工作之余，多和同事们一起聚会，和老同学、好友们保持一个有规律的互动，不时还规划一次几家人一起的出游，把你的精力和注意力放在经营好人际关系、品味生命中美好的事物和享受生活上，你的心就会打开，不会再钻牛角尖，不会再陷入很多小事里走不出来，这样你和伴侣的关系也会更轻松更美好。

> 不怨西风黄花瘦
>
> 只怪你心太玲珑

蓝色性格的情感修炼法则

第一招：有话想说就直说，莫待人走空悲切。

第二招：天地忌满人忌全，不求完美方圆满。

第三招：放下颓念自在来，心向光明万物生。

第四招：不怨西风黄花瘦，只怪你心太玲珑。

03

黄色性格的情感修炼法则

忽略感受者须知

黄色学员老 K，总觉得老婆有毛病，没事总变来变去，喜欢没名堂地瞎折腾。老 K 平时忙于工作，陪老婆的时间少。老婆怀孕时，他很重视，特意多留了时间照顾老婆，却永远也无法搞懂这个婆娘到底想干什么。

比方说，夜里 11 点，老婆突然想吃关东煮。他的第一反应："吃这个对身体好吗？别吃了！你要是饿了，我给你下碗面。"老婆可怜巴巴地看着他说："可是我不想吃面啊，我就是想吃关东煮。"

他说："好吧，去！"

老婆跟他出门，才走了几步，就说："你是不是不想去啊？你不想去的话就别勉强，我回家吃碗面也可以。"

他觉得很不解："不是刚说了要去吗？这么快就变了？"

老婆说："人家是为你着想嘛，这么晚了，你还要陪我走路过去。要是你不想吃，我们就不去了。"

他说："确定不去了吗？那回去吧。"

老婆生气了："你就这么不顾我的感受啊？"

他晕了，更加迷惑："你到底想不想去？"

老婆含着眼泪说："我当然想去啊，不然这么晚了，谁高兴跑出来啊？"

他说："要去，就赶紧去！不去，就赶紧回家！说好了就不要变了！"

老婆彻底爆发了："我不去了！要去你去吧！"转身跑回了家。

在没学性格色彩前，两人的想法在一个时空里平行，永远没有交叉，只有无限延展，越行越远。

K 公大人想的是：

▲ 你说她到底想说啥？每句话都自相矛盾，到底是去还是不去，说去的也是她，说不去的也是她，能给个准确的回话不，直接说有那么难吗？

▲ 我都已经摆出姿态，说配合你了，但你不发话，我怎么知道你是什么意思？我都已经按照你说的意思行动了，你还是不满意，你到底想怎么着？

▲ 不可理喻，动不动就不高兴，谁惹你了，天天变着法子哄，你活得累不累啊，总把简单的事搞得那么复杂？何苦来哉？

K 婆大人想的是：

♣ 你是木头吗？你听得懂人话吗？你和我在一起生活那么久，我的话你听不懂，你不明白我想说啥，你不去怪你自己没有理解力，反过来还怪我喽？

♣ 你以为我想吃关东煮啊，我就是想和你夜晚出去走走浪漫浪漫，你不懂吗？煮什么面，要煮面平常不可以煮吗，为什么一定要今天煮？我都已经跟你说了想吃关东煮，还在那儿说面、面、面，滚，你自己去吃吧，为什么要拉上我？

♣ 好吧、好吧，什么好吧？！说出来那么勉强，你不想去你就直说，好像是我逼着你去一样。我照顾你的感受，所以跟你说，你不想去就算了，你不理解我为了照顾你的感受而做出的牺牲，反而认为是我变来变去，你还是不是人？你还有没有良心？

好一场时空交错！

学了性格色彩后，老 K 才明白，原来自己过去完全理解错了。如果是他自己一个人冥思苦想，再想一万年，也想不到还会有这碴儿。

对黄色的老 K 而言，和这样的红色老婆相处，对自己的考验就是：每当红色老婆的神经质发作，就是"索爱"的表现，他要努力解读当中的心灵密码，将其视为对自己的一种修炼。

现在，他会在每次事情发生时，不仅关注事情本身，也关注老婆的情绪和感受，这对天性中情感毫不细腻的他而言，堪称"感受力极限压榨"训练。好在，如果黄色能够修炼好面对伴侣时的反应，在面对工作中的人际关系时，这份修为一样派得上用场。

黄色无法体会到伴侣的心理感受，还有一个原因，就是太想解决问题了。正如一位学员上完课后在生活中的顿悟：

必须深刻痛斥我性格中的那些黄色过当。当一件糟心事发生时，我的本能反应是如何解决问题、路径是什么、步骤有哪些。我对自己的要求是这样，对亲近的人要求还是如此。因为当我遇到问题找人倾诉，我期望得到的安慰就是解决问题的方法，默认所有人都是如此。没想到，关键时刻不仅没给到对方支持，还让对方觉得有巨大压力。

我那个性格是蓝+绿的老公去年找工作，因各种机缘，最后进了一个不太想进的商业银行。通常，新人是入职后的头两天统一分配网点。我前期和老公商量好，想去苏州园区的网点，这样，离家近，接送孩子方便，为此，他也托人找了些关系。分配那天，晴天霹雳，得知他被分配到苏州下辖的张家港市的一个网点，这离我家太远了，所有家庭计划都要被颠覆。

得知此事后，电话里我的第一反应是：怎么办？你现在重新找工作吧！赶紧开始投简历！第二反应是：说明你公关能力不行，托出去的事，人家根本没帮你！我完全没感受到他那时也急转直下的心情，尤其是，当蓝色的他碰到这样的事情时，内心真正希望我说的做的，一句没说，一个没做，在那个当下，我只做出了自己性格中的本能反应。

我当时的本能反应，带来的后果是：

①蓝色做决定本来就需要时间，我让他快速做出重新找工作的决定，简直是触礁；

②蓝色本就不擅公关，我说他人际关系能力不行，是以后不想让他在这方面建立自信的节奏吗！

我在电话里嘚啵嘚啵话说得那么密，他性格中的绿色，将我的很多话都选择性屏蔽，只听见我一个人在那里嗡嗡嗡嗡。

事情过了一个月，在这个过程中，周围好友也知道了情况。当好几个朋友跟我提及"呀，那他肯定心情很不好"时，我才猛然意识并慢慢感受到"他当时的心情肯定比你还糟"。这时，我才冷静下来，做出了如上的反省和对自己深深的痛批。

光有自我洞见，不修炼也不行。我借鉴课堂上老师讲的案例，立刻开始了自我修炼。

首先，要提升我感受别人感受的能力。

蓝色老公的情感细腻，以往我跟他看电影，看完后他会心情低落一段时间，我很不解。性格色彩读心课后，我明白了，不是他太细腻，而是我不细腻。所以，我特意找了些豆瓣评分高的小众文艺电影，保存在手机里，平时工作之余有空就看上个15—20分钟，看的时候尽量把自己代入电影中人物的角度，去思考他们是怎么想的，为什么会说出那样的话。看得多了，想得多了，慢慢也有了一些感觉。

248　　　其次，我开始观察老公。

他有个很好的习惯，虽然他是学金融的，但他喜欢写作，没事的时候，会写比较长的朋友圈，仅自己可见。我告诉他，我对他写的东西很感兴趣，如果他写的文章里有一些是可以给我看的，那就请他把我设为可见。说过以后，他大概每写三四篇，会有一篇是让我可见的。在我看来，那都是一些很平常的生活感悟，但为了修炼，我要求自己像看文艺电影一样，认真地一字字看，边看边想他写的时候心情如何，是怎么想的。

努力了两三个月，效果很显著。

老公反馈，我语速慢了，跟我交流比之前舒服很多，他想表达的意思，我能很快就懂，也能接得住他的情绪。其实，这三个月，我刻意没对他提任何意见——要是在我开始个性修炼之前，我每天都会给他提意见，让他这么做那么做。但这两三个月，我啥都没说，就是怕自己在没感受他感受的情况下贸然提意见，又伤到他。

但是，两三个月后，老公觉得我特别懂他，更愿意跟我讲他遇到的难题了，而我也不像之前那样，一上来就吧啦吧啦地说，而是多倾听，多提问，最多帮他做些分析，让他自己做决定，他说这样的我让他感觉特别好。这些，都是性格色彩的个性修炼给我带来的改变。

对黄色来说，解决问题无比重要。跟解决问题相比，感受不值一文，这是他们内心最真实的声音。但这并不代表，黄色在体会伴侣感受这个事情上就没救了，只要他们明白了，感受对伴侣来说很重要，感受不对，可能会让伴侣一蹶不振，也足以摧毁两人的关系，他们自会重视这个问题，加以改进。正如上文中这位黄色妻子，在深刻自省之后，立竿见影做出改变，因为黄色一旦决心修炼，行动比谁都快，而且不拿到结果誓不罢休。

第一招 先情后理

黄色天性中觉得事情解决了就好，感受不重要，但其他性格未必这么想。不能一味执着于自己认为对的沟通方式，要学会转换频道，对感受丰富的伴侣，说道理说事情，很可能无效，说感受，却可一下切中内心。换句话，就是——**黄色在情感中的修炼，要学会说废话。**

以前，黄色总觉得"有事奏来，无事散朝"，节约时间，快速高效。现在不行，如果黄色的你，遇见的是一个感受丰富爱折腾的红色或敏感细腻的蓝色，只谈结果不谈过程，行不通！要学会少说事实，多说情感和感受。这几乎与黄色一贯的人生逻辑颠倒着来，没办法，这就是修炼。

多说感受，少说事情，这种对红色来说轻而易举的事，对黄色来说，可能比登天还难。

虽然知道了伴侣需要感受，也知道了自己应该多说感受，可是黄色要想在跟伴侣相处时，找些感受出来说，还真是困难。因为对黄色来说，如果没问题发生，那就等于"无感"，如果有问题发生，他本能想的是解决问题，而不是感受。

一位柔情似水的红色妻子来上课，在回顾人生重要关系时，哭成泪人。她是个感性的人，与黄色丈夫的十年婚姻，说多了都是泪。

记得丈夫给她为数不多的陪伴中，有次陪她出门旅游，在一个风景如画的小镇，时值深秋，凉风习习，她为了好看，穿得有些少。一起散步时，有些凉意，瞅着丈夫穿了件厚实挡风的外套，便借着这浪漫氛围说："老公，我冷。"她幻想的画面是丈夫将她拥入怀中，即使不能，至少把身上的外套脱下来给她披上吧，再不济，说几句暖心的话，如"宝贝，你怎么不多穿点，冻着了我多心疼，咱们快回去吧"，好歹心中也会涌上一丁点儿暖流。万万没想到，老公竟然说："你跑啊，跑啊，跑起来就不冷了。"

"你跑啊，跑啊"，钢铁直男也配不上这样的直男，至少是金刚石直男的级别，简称"金刚直男"！完美见证了——对黄色的人而言，最好的爱情就是昭告天下我爱你，最好的取暖就是你自己跑步热起来。

假如没有性格色彩，只怕这位妻子哭死也没人理。因为黄色根本不认为有问题，你在他不认为有问题的问题上蹦跶，他只会认为你没事找事无理取闹。但在红色妻子上完课后，通过自身的修炼，缓解了情绪化的问题，而丈夫看到妻子的改变，发现这个课学了有用，值得一来，便也来了。

金刚直男丈夫上完课，也开始修炼自己。

一开始，金刚分不清感受和评价。当妻子做了一顿饭，问他吃起来感觉怎样，他说："我感觉你盐放多了，味道太咸。"妻子听了后，积极性被打击。金刚顿时意识到自己说话的问题，原来，自己一开口，说的就是"对妻子做菜好坏"这个事情的评价，并且依旧还是在批评。所以，金刚私下请教了性格色彩课堂中的红色同学，惊讶地发现，红色对这件事的表述跟他完全不同。

金刚丈夫学习了红色说感受的方式之后，再遇到类似情况，他便说："老婆，你为我做了这么多菜，我很开心。"这句话说出来，妻子笑得开了花，好像年轻了十多岁。

然后，金刚又说："老婆，可能我最近在外面吃多了味重的菜，特别想念你做的清淡的口味，记得你之前给我做的清蒸鱼和白灼虾都很鲜，我吃得好舒服，下次你再做，做得淡一些好不好？"呃，惊呆了，真是"萧萧肃肃，爽朗清举，万种风情，笑看人间尽风骚"。

这么一说，妻子整个人都顺势依偎在了金刚怀里："老公你亲亲我，下次我就再给你做好吃的。"

嘟里格嘟，浪里个浪……

黄色这个物种一旦茅塞顿开，完全有潜力做到像红色一样浪漫，让人刮目相看。

251

第二招 学会倾听

学会倾听，不仅要听对方的字面意思，还要去听对方说话时的情绪和感受。

比如，文章开头那位"关东煮"老婆大人，一会儿说去，一会儿说不去，让黄色老公很不解。其实只要倾听和感受一下，就会发现，她的情绪源于既想满足自己，又担心老公会不情愿。

所以，那时老公只要坚定地告诉她"没事，去吧，正好我也想出去走走"，她就会开开心心地去了。当然如果能说出来"媳妇儿啊，你想去哪儿，咱就去哪儿，咱家你最大"就更好了。其实，老婆大人下楼后的颠三倒四，只是怕你不高兴的撒娇罢了。但是，真想读懂人心，真想读懂每句话背后的真正意思，真是要了黄色的命，是黄色需要下定决心学习的。

伏尔泰大人有云："耳朵，是通向心灵的路。"学会倾听，首先要重视倾听。倾听，是一件非常有价值的事情，很多时候，单单倾听，不给任何建议，也能解决一部分人的情绪问题。

电视剧《小欢喜》里有这样一幕：

童文洁在职场受到骚扰，一气之下，辞职。回家后，告诉丈夫方圆辞职的消息，方圆没有质疑和批评，只是耐心倾听，听完后，紧紧抱着她，安慰她有自己在。要知道，当时方圆失业在家，一家人前所未有地窘迫，辞职，意味着雪上加霜。但即便如此，这个老公也没急吼吼地强调家中的困境，斥责老婆的冲动，或是开始给她上课讲大道理，"天下乌鸦一般黑"，凡是打工皆如此，若做老板更辛苦，不妨忍忍就过去。而是耐心地倾听她、感受她、安慰她，跟她的心在一起。

两人的生活中，无论遭遇什么，都能耐心做对方的听众，给予对方鼓励安慰，不轻易指责，也不处处讲理。而这，正是两人婚姻幸福，在逆境中依然深爱彼此的根源。

婚姻里，无论伴侣跟你倾诉什么，急于表达，急于讲理，只会造成两败俱伤。耐心倾听，用心感受对方的需求，照顾对方的情绪和感受，才是经营好婚姻的大智慧。

其次，当你重视倾听，愿意花出足够的时间和耐心来倾听时，要思考对方为什么这么说，对方真正想要的是什么，也要体会对方当下的情绪和感受，而不是从字面上理解。

如果你是个不善于倾听的人，不妨尝试做以下练习。

写下以下这几句话中，"管"字分别代表什么意思：

①"我不要你管！"

②"你真的不管我了？"

③"那我可要管管你了。"

答案是，三句话里的"管"字，分别代表约束控制、照顾关心和提出要求，更重要的是，这代表了三种完全不同的情绪状态。

①生气，表达不满。

②撒娇，博取关注。

③娇嗔，宣示主权。

所以，对伴侣的话语，切勿没听完就做出判断。多体会，多思考，多感受，才能成为最懂他的那个人。

含情欲语无须言
心有灵犀意相通

253

沉迷工作者须知

学会休息，对黄色而言，也是一种修炼。

假如你的性格不是黄色，你会觉得，休息是人的本能，世上怎会有不懂休息的人？是的，那是因为你不是真正的黄色，不能理解，对享受工作的黄色而言，休息是在相当程度上被屏蔽的，如果不休息，可以完成更多更重要的事，那么，不休息又有何妨？黄色无法理解世上为何有那么多人成天游手好闲，没事干难道不难受吗？更不能理解为什么那么多人居然会愿意去睡懒觉？不奇怪吗，生前何必大睡，死后自当长眠。有那么多时间，多学点东西，多做点事情，多出点成绩，不好吗？

黄色的鹿夫人，精力旺盛，犹胜"穿普拉达的女王"。老公心思细腻，家里方方面面都是老公在照料，两个儿子从小到大也都是老公操心。结婚多年，夫妻二人表面没冲突，但假如你去他们家，就会发现老公经常愁眉不展，而鹿夫人认为一切都没问题，自己的事业节节高升，后方被老公打理得井井有条。

多年婚姻中，老公尝试安排全家旅行，但每每都因她忙，临时有事未能成行。鹿夫人总对老公说："你带着孩子去吧，我出钱！"她认为"钱能解决一切问题"，但老公每次都淡淡地说："你不去，那我们也不去了。"于是，行程取消，她依然认为没啥问题。

因为鹿夫人闲不住，偶尔在家，也是对着电脑写报告，连上厕所都是小跑，偶尔陪老公孩子出去买东西，手机也响个不停。老公有时抱怨："你不能歇歇吗？看见你，就觉得好累。"而她却认为，像老公那样跟朋友聊天纯属浪费时间，没有任何价值。两人渐行渐远，毫无交流。

后来，因工作过于劳累，鹿夫人的健康亮起红灯。迫不得已，在家休养，倍感无聊，可悲的是，老公和孩子已不想和她交流了。她试图去关心他们，但她的关心方式是提醒他们把事做得更好，而这些，在老公和孩子听起来，就是批判，非常反感。

可鹿夫人从不认为自己错了！她认为自己可掌控一切！她认为自己对所有事都很明白！关于人的事，都是废话，还是要落到做事！她完全想不通自己为何会遭遇夫嫌子厌。极不情愿地，她走入了性格色彩课堂。学完后，五雷轰顶，终于意识到了自己的危机和麻烦，决定速战速决，改变自己。

鹿夫人重新规划了自己在家的时间，把更多时间用来做饭、分担家务、听孩子聊学校琐事。为了放慢节奏，与家人同步，她甚至刻意花出时间学老公喜欢的下棋。开始，她觉得这些无趣透顶，譬如做饭，从买菜到洗菜到切菜到下锅，浪费时间，外卖岂非更快！节约的时间可以干很多工作。但她清楚地告诉自己，她现在的目标是做个好妻子、好母亲，为了这个目标，她必须学会和老公孩子一起享受共同的生活方式。

通过自我修炼，鹿夫人修复了与家人的关系，欣喜的是，她发现当她放慢自己，一天下来，可做的事情比以往更多，不但可以享受闲暇，还可更高效地处理完工作，劳逸结合。

黄色如果在婚姻中不懂得放松，除了让自己的健康亮红灯，另一个隐患是对夫妻关系的影响，幸好鹿夫人悬崖勒马，及时挽救了自己的健康和家庭关系。可惜的是，还有很多黄色，在恋爱阶段就因为不懂放松，忽略了陪伴，从而失去了原本很好的恋人。

小丸子和男友谈恋爱期间，男友一直没有空陪她。大学时代，他总是忙着念书和社团，好不容易等到寒暑假，他又忙着打工赚钱。

毕业后，他和几个朋友合伙开了一间小公司，她则在出版社找了一份画插图的工作。创业艰难，白手起家非常辛苦，所以，她不但替他处理家务，还每天送便当和夜宵到公司给他，每次只是聊两句就走了，生怕耽误他的时间。同事们都夸她体贴得体，必是贤妻良母；她也沾沾自喜，认为自己的付出受到了肯定。

公司的营运终于步上常轨，照理说，他应该有空陪她了，可他却说："我希望在30岁以前，有自己的车子和房子，还有足够的存款，这样才能安心没负担地结婚。"于是他变得更忙、更拼了，就连她送便当到公司去，也常常见不到他。

交往五六年，她渐渐发觉自己总在孤单寂寞中度过，每年的生日、情人节、圣诞节，都是自己一个人和电视机度过。同事们总笑说她的男友只是"传说"，甚至还怀疑她没有男友。

后来，她不想再独守空闺、痴痴等他临幸，不再画地自限，决心找出自己的一片天。

她埋头工作几个月，取得成就，插图受到读者欢迎，出版社打算为她出版一系列的图画笔记书。而他终于买了梦想中的新车。想起和她久未见面，决定开车带她出去兜兜风。

"我现在没空，要赶着去新书发布会。"

"我载你去！"

"不用了，总编辑会送我去，我现在没空。"

他再也无法忍受。他们已两个多月没见面，每次打电话给她，她总说没有空，接着就匆匆挂上电话。以前的她不是这样的，这到底是怎么回事？

"你到底还当不当我是你的男朋友？你到底爱不爱我？"

"我现在没空，等我有空再爱你吧！"

就这样，一段原本可以幸福的关系被断送了。

无论婚前还是婚后，黄色都需要学会放松，学会留出时间享受生活。须知，你不是一个人生活，你的伴侣再爱你，也无法忍受长年累月的孤单寂寞。

第三招 放慢节奏

慢即是快。此理，说来简单，做来难。黄色天生做事追求效率，很多黄色是等到生命中发生变故后，才恍然大悟。

一位学僧问禅师："师父，以我的资质多久可开悟？"

禅师说："十年。"

学僧又问："师父，如果我加倍苦修，又需多久开悟呢？"

禅师说："二十年。"

学僧疑惑，又问："如果我夜以继日，不休不眠，只为禅修，又需多久开悟呢？"

禅师说："那样的话，永无开悟之日。"

学僧惊讶道："为何？"

禅师说："你只在意禅修的结果，又如何有时间来关注自己呢？"

须知，"心地清净方为道，退步原来是向前"。欲速则不达，一张一弛才是生活之道。很多时候，黄色做事总想一气做完，总是习惯全部做完了再休息。一气呵成，固然是最好的结果，然而，如果事情比较复杂，一直绷着弦，持续时间过长，往往越来越力不从心、思维黏滞，结果不但效率低，而且越做越烦，甚至过度紧绷，导致身体受损，得不偿失。

人的精力是有限的，人生如弦，拉得太紧，会崩掉。智慧的人生，懂得慢下来。

如果黄色一味拼命奔跑，不肯放慢脚步，他的伴侣也会很累，当他放慢脚步，学会享受生活，伴侣跟他在一起也会更加享受。

一位女强人，为了工作拼坏了身体，得了心肌梗死，但还是不肯休息，坚持工作。老公非常爱她，劝她在家休息，她不听。每次她

257

出去工作，老公都提心吊胆，生怕手机突然响起，一个陌生的声音说"你老婆没了"。

一天，电话响起，来电显示是老婆的号码，接起来，一个不认识的女声说："请问，你是某某某的老公吗？"嘭的一声，老公那边传来响声，然后就再无声息。其实，老婆只是因为太忙，让同事打电话告诉自己老公，要买两斤红烧肉。老婆回家后发现，老公在接电话时心脏病突发去世了。原来老公自己也有心脏病，老婆都不知道，在天长日久的对老婆身体的担忧中，老公加重了病情，接电话时误以为是"报丧"电话，就此仙去。

黄色以工作为命，耻于休息，导致的不仅是损害自身健康，还让伴侣忧心。学会放慢节奏，让自己的生命延续更久一点儿，更加从容地处理各种问题，结果会更好。黄色需要明白，人生是全能运动，而非单项比拼，赢了事业输了感情，或者在事业上前进快速，在家庭中却拖了后腿，都不算赢家。放慢节奏，也意味着对自己的人生有更多时间从多角度来思考，如此才不虚度此生。

第四招 陪伴同行

很多对黄色不重要的事，对伴侣而言，非常重要。

你的伴侣可能希望你能陪着漫无目地散步两小时，比送礼物更值得。在你看来，老夫老妻了，搞什么花前月下，那是刚恋爱的小孩才做的事情。

你的伴侣可能希望你俩能一起带孩子出去逛游乐园。在你看来，游乐园只要一个人跟着去就够了，你应该花更多时间去赚钱养家，这种效率低下的事要少做。而对他来说，这是一个完整的家，举家同游，非常重要。

黄色的人，一生永远有走不完的路、干不完的事、赚不完的钱、实现不完的目标……对于眼前的一切，毫不珍惜。须知，每个人对"重要"的定义完全不同。既然一家人要过日子，有时还是需要考虑下别人的感受，除非你准备孤独终老。

何为重要？不同性格理解不同，相同性格的人，也会因为各自的成长经历不同，价值观有所差异。

举例来说，两个绿色结婚，都追求平稳，老公不追求升职，只想着老婆孩子热炕头；老婆不求艳压群芳，日日淡扫蛾眉，穿着肥大的睡衣家里晃。老婆不嫌弃老公不上进，老公也不嫌弃老婆不打扮，两人都觉得"平平淡淡过日子"最重要！即便两个绿色受各自原生家庭影响，价值观和生活方式不同，老公受书香门第影响，认为"万般皆下品，唯有读书高"；老婆受商贾之家影响，认为"经济基础决定上层建筑"，但因为性格都是平和且温顺的绿色，在一起也不会吵架，最多老公待在书房里看书，老婆打开电脑看银行账户理财，相安无事，各不相扰。

但是，如果夫妻双方中有一方是黄色，且两人价值观不同，黄色的一方势必改造和扭转另一方的思想，使之与自己同频。安宁由此被打破。

如果老公是黄色，认为学习最重要，一定会要求伴侣和自己一起终身学习、终身成长，如果老婆是黄色，认为赚钱最重要，一定看不惯伴侣的懒散和无所事事。性格使然，黄色天性中的改造欲对亲人最不容情。

那么这一点，黄色该如何修炼？难道要放弃自己的价值观吗？

其实，黄色需要转换一下思维，家庭生活并不是"东风压倒西风"或"西风压倒东风"，而是在各司其职、各安其位的同时，相互支持，兼顾两个人不同的追求，让整个家庭的精神和物质都更加富足。

黄色只要拓宽自己的包容度，把"什么是重要的"这个问题的选项，从单选变成多选，很多夫妻的冲突从源头就解决了。

朋友中有对老夫妻，丈夫是大学教授，妻子经商小有所成。他们对事业的追求完全不同，丈夫认为钻研学术最重要，妻子认为把生意做大最重要，但从未因此发生矛盾，因为他们在坚持做自己认为重要的事情的同时，并不排斥伴侣去追求他所重视的事物。相反，当妻子生意遇到挫折或者跟合作伙伴有矛盾时，听丈夫讲讲孔孟之道，讲讲国学和修心，颇有启发，心胸也开阔不少；当丈夫为了学术而甘愿清贫，妻子也会支持他："不用担心，家由我来养，你专心你的学术就好。"

即使双方价值观有差异，即使彼此对事业的追求不同，只要相互理解，求同存异，相互支持，也可以很幸福。然而，婚姻里最可悲的莫过于：我需要的时候，你都不在。

一个学员在课上说："结婚后经常异地，明明没有丧偶，却硬生生地活成了单身。一个人去医院，一个人看电影，一个人撑起一个家。孩子半夜发烧，他的电话却一直打不通。抱着孩子，一个人在路边打不到车时，突然就很想哭，真的想放弃。"

《国民婚姻情感指数白皮书》调查显示，"超过80%的夫妻表示，婚姻感情中，希望和伴侣能有独处的时光"。我们曾经向往爱情是一场盛宴，最后发现，想要的不过是爱人陪吃一顿寻常的晚饭。真正幸福的婚姻，应该是夫妻两人共同承担责任。我们之所以需要婚姻，就是因为不论什么时候，都希望有一个人在身边。须知，婚姻中不缺位，比所谓的天长地久要重要得多。

在婚姻中，陪伴非常重要——不然的话，做朋友就好了啊，干吗要结婚呢，不就是为了在这漫长的孤独的人生中，有一个人能够陪着走完所有的路。夫妻是携手一生的人，不像父母，终有一天要离我们而去；不像子女，长大了就会自己飞走。携手一生，就是陪伴。

所以，男女结合最重要的是相互陪伴。在平淡的生活中，一转身就能看到对方，才是婚姻最美的样子。

大数据统计，72%的丈夫每周都会超时加班，60%的丈夫一周和妻子孩子待在一起的娱乐时间不超过三小时。没有任何理由和借口，如果你一天连陪爱人吃晚饭的时间都没有，那就是不重视、不在意。再懒的人，如果第二天早上7点有面试或者要赶飞机，他一定会把闹钟设置在6点，而且连续设置很多个。因为重视，会想方设法去做到。

学会陪伴，让婚姻质量提升的同时，也加固了彼此的依存和信任，有助于长久婚姻关系的经营。

> 且思身外无穷事
> 劝君惜取陪伴时

批判严厉者须知

黄色在人际交往中，骨子里不经意地流淌着强烈的优越感。

多数黄色，不像人们想象的那样气势汹汹，事实上，真正的黄色多半面无表情，不怒而威。而外表看起来很像黄色刚硬的那些红色，常常是气焰旺盛，小题大做。可是，由于黄色骨子里的优越感，总认为自己是对的，所有人都应该听从我，导致很难相信别人，除非别人拿出直接有力的经得起推敲的证明，否则，说服黄色难于登天。

在婚姻中，无论男女，只要对方没自己强硬，黄色都会毋庸置疑地掌握主动权和决策权，毫不迟疑地根据自己的判断替家人做出决定。而对黄色独断专权这事，除了生来就不愿做决定的绿色伴侣毫无意见，其他任何一种性格都会反抗！红色因不喜欢自由被管控而反抗，蓝色反抗的是你不和我商量就自说自话，蓝色自己还想掌控，凭什么你要来掌控我。

一旦黄色做出决定，就盖棺论定，伴侣若想发表意见，在黄色疾风骤雨的攻势下，毫无还手余地。久而久之，家里变成黄色的一言堂，伴侣内伤，而黄色自己浑然不觉，危矣。

念念，课堂上一开口就泪眼婆娑。三十多岁的人，言辞神情像未经世事的少女。念念来上课，是因为第一次出远门去桂林旅游，一位团友告诉她，性格色彩让很多人找到了力量，让很多内向的人通过性格和演讲的学习得以绽放，她无比向往，就来了。

课程到"卡牌之夜"（详见《性格色彩卡牌指南》）的环节，让念念彻底打开心扉。通过专业卡牌师解读，她发现，自己原来是一个积极快乐的红色，可现在变得像绿色那样胆小没主见，根源就是，她在有着强烈批判欲的黄色老公的阴影下生活了多年。

两人青梅竹马，情缘深厚，但也因此老公将念念保护起来，与世隔绝。当她想买自己喜欢的饰品，老公批判："尽买没用的，浪费钱！"当她想出门逛街，老公批判："有什么好逛的，浪费时间！"她被"浪费钱"和"浪费时间"这两大标签，贴了多年，抬不起头。加之，老公总能瞬间决策，让她做执行者，久而久之，她不相信自己有能力做决定。卡牌之夜，她雨泣云愁，涕泗滂沱，找回了真正的自己。

深度洞见后，念念为自己做了个决定——活出真正的自己。她不想再做全职主妇，想有自己的圈子，于是找了份工作，改变形象，因为懂了如何与人沟通，又学了演讲，在单位里，赢得了老板的器重。

开始，老公对念念的改变心存质疑，说："你别工作了，像你这样三天打鱼两天晒网，肯定坚持不了。"但她依旧坚持。渐渐地老公不再说她。后来，有个重要的客户饭局，老板带她出席，结束后亲自送她回家。

当老公看着她被人送回，心生危机，开始主动关心她的喜好，而她也用上钻石法则："老公，我现在学的这个课很好，但不知道是否该坚持学习，你的眼光一向比我好，能不能帮我考察下给点建议啊？"老公欣然接受，抱着考察心态而来，却在课上找到了自己的问题。

课上无数活生生的案例，让黄色的老公明白，对老婆的批判和打压让她生不如死。如果老婆没及时来课堂，可能会在他的压制下抑郁，而他依旧不知问题所在；如果他没及时来课堂，老婆变得越来越好，而他原地踏步，亦可能渐行渐远。

最终，黄色老公破天荒地向念念承认了自己性格中的批判性，自此开始学会多认同老婆，此后，两人回归初恋。

黄色印在骨子里的座右铭就是——人只有不断批评才能进步。对黄色而言，批判，是为了帮你改正，从而帮你变得更好，那是我表达爱的与生俱来的方式。可是现在，乾坤颠倒：

What？批判？我只是陈述我看见的事实，怎么能说是批判？难道我说真话还不对了？

What？就算是批判，难道我批判错了吗？难道你做得不对，还不允许我说了？我不说你怎么进步？

What？批判会把人压垮？难道你自己承受力不行，被压垮了，还是我的错？这世界上那么多人都好好的，我批判的时候，人家听得可认真了，而且引为金玉良言，跑到你这里就不行了，搞了半天，你是玻璃心，你是林妹妹，这还是我造的孽喽？

What？批判会让人逃跑，批判会让别人恨自己……你跑了，难道不是你的损失吗？我帮你，你反而还要恨我？这是什么世道？你还有没有良心？如果有人骂我，能帮助我成长，我求之不得，跑到你这里，怎么还变成我的问题？

完了，这一刻，黄色陷入迷茫，两眼望去，宇宙洪荒，一片混沌。想不到，我堂堂正正做黄色，碎碎念吞委屈，咱家赖以生存的绝技，突然不能用了，那怎么办呢？

如果你是我那个此刻无所适从、觉得三观颠倒的黄色的读者，嗨，我的朋友，如果你真心想在婚姻中让你的伴侣变得更好，你首先看重的应该是结果——让伴侣变得更好！你不是为了批判而批判，而是为了让他更好而批判。只是，你不知道还有什么方法比批判能更直接更奏效。如果以上我讲的你都同意，那事情就变得容易很多，学会有效认可伴侣，达到你的终极目标，有三大秘诀可供参详。当然，如果你本人享受那个骂娘的过程，区区在下，就爱莫能助了。

第五招 发现闪光

黄色最不能理解的是："认可有什么用？让伴侣开心有用吗？又不解决问题！"但学完性格色彩的黄色终于明白："认可"对红色而言，就像"目标"对黄色一样，是成长的核心养分！不开心，天诛地灭；开心，才是最大的生产力。让伴侣开心了，家庭才会更和睦，感情才会更好。

在这个问题上，男女稍有差异。

黄色男人，对"马儿跑要给草"的道理运用得非常熟练，他们最大的问题是——认为天下最好的草只有"利益"和"目标"。

"利益"，黄色认为，只要我晓之以利，告诉你做的好处，你肯定会去做。殊不知，并非所有人都把利益永远排在第一位。

"目标"，黄色认为，只要我不停鞭策，你一定会进步，但对那些渴求情绪被满足的其他性格，心里想的是"你不给我鼓励，你不给我赞美，你不给我认可，你不觉得我好，你不觉得我棒，老子我不干了，这样下去，累死也到不了头"。

黄色女人，最大的麻烦在于——婚姻中不懂崇拜。

对男人这种生物而言，"崇拜"非常重要。你若对他说："老公，你很棒。"他下次会更棒。你若对他说："啊，已经好了？没事，累了，早点休息吧。"他下次既毫无斗志，也鼓不起兴致和勇气。

所以，对黄色来说，最重要的是能醒悟过来，"认可，这玩意儿，虽然重要性对我来说不是排在首位，但是，对另一些性格的确超级有用"。须知，对红色来说，只要有认可，没钱也拼命上啊，士为知己者死啊，辛苦半天，换不来一句认可，你说说，有啥意思？对红色来说，只会觉得百无聊赖，心如死灰，四大皆空。

只要黄色认识到认可的作用，自会想方设法、花样翻新地给予伴侣认可。而且，他们永不会为了认可而认可，而是非常清楚认可的目的是什么，在认可的同时，要朝哪个方向去推动。

伴侣做得好，黄色要及时给认可，这已经有点儿困难，但**对黄色来说，更难的修炼是——遇事不责备。**

黄色一旦发现伴侣犯错，就会习惯性地立刻指出，甚至将后果无限放大，因为只有这样，才能刺激伴侣改正，刺激得越痛，越有改的动力，越有改的速度，越有改的可能，不痛不足以改前非。

生活中犯小错原本难免，一批判，就很容易影响感情，而黄色通常对此缺少觉察，甚至完全失察。

小然是名中学老师，老公是个批判性非常强的黄色，热爱工作，平时的晚上和周末经常加班。难得有一次晚上没事，和小然同去一家新开的 3D 巨幕影院看电影。小然开车。这家影院两人都是第一次去，小然按地址导航开过去，发现不是影院，是一家餐厅。这家影院新开，导航上还没有影院的名字，小然按照某某路某某号定的导航目的地。再仔细一看，原来输错了路名的一个字，本来是"新榆路"，输成了"新瑜路"。老公立马开炮："杨小然，你怎么回事？要你有什么用！常见字也会打错，你当什么老师啊，误人子弟！"小然脸上流泪，心里流血，发誓再也不跟老公出来看电影了。

输错导航开错了路，耽误了一场电影，也浪费了时间，确实是损失，但这个损失，远没有伤害夫妻感情来得大，就算才高八斗的人，也不能保证永远不打错字。这些道理，黄色很难听进去，多半还会辩驳："老子我就从不打错字，我工作那么繁忙，都可以不出错，为啥你做不到？"

黄色要想做到不责备小错，就要跳出当下的对错，放下改造伴侣的执念。只有你不去批判他，他才能面对自己的错误并变得更好；只有你不再改造他，他才能产生发自内心的自驱力，自己变得更好。

那么，再来看看一个学过性格色彩谅解了老婆错误的老公是怎么做的：

某个下午，天气阴沉得可怕，丁当接到丈夫打来的电话，提醒她关好门窗。

丁当兴致勃勃地答应，可因为急着出门，转头便把这件事忘记了。

就在她出门不久，风雨大作，雨水穿过窗户，把沙发及丈夫放在沙发上的电脑淋得湿透了。

266

两人回到家，看到客厅狼藉一片，傻眼了。

发生这样的情况，相信很多人都会责备对方。

可丁当的丈夫看了眼后悔不已的妻子，不仅没责怪，反而低声安慰："没关系，刚好我的电脑也旧了，重新换一台好了。"

仅仅这么简单的一句话，就这么一句，你信不信，让丁当死心塌地跟着老公一辈子，这夫妻俩今后无论遇到什么坎坷，都能携手度过。

如果你看到此处，忍不住鼻子一酸，想起了你家里那位是如何对你大发雷霆的，幻想着有一天你的伴侣也能像丁当的老公对待丁当那样对你。别犹豫，立即，此刻，送他这本书，助他早日觉悟。

想想那些不幸福的家庭，日常生活中多半经常互相责备。女人责备男人，你每天工作这么久，为什么没见你挣几个钱？男人责备女人，为什么照顾个孩子都照顾不好，好好的，怎么又感冒了？爹娘责备孩子，为什么这么简单的作业都不会做？……

如果总是互相责备，只会让战火愈演愈烈。无关痛痒的小事，彼此包容；不伤大雅的细节，多多原谅。虽然这对黄色很难，但若能做到，修炼必定上一大台阶。

对黄色来说，修炼并不难，一旦黄色有了信念，确定目标，就会采取行动，即便修炼会让自己不舒服，也会快速调整自己。

对黄色而言，不仅要更深地看清自己，更要从其他性格的角度去体会和感受，这样才能拓宽自己内心修炼之路。

第六招 认同意见

在学会认同前，黄色需要先破除"我一定对"的执念。

当听到不同意见时，黄色天性中的第一反应是战斗，说服，让他听我的。如果承认那人是对的，我是错的，那岂非我是输家？绝对不可以，与天斗与地斗与人斗，争的就是赢。以上这种本能，让黄色像只时刻寻架打的公鸡，力图通过战斗来磨炼自己。

当黄色的第一反应不是灭掉对方的意见，而是能跳出自我，想想对方有没有可能有道理，黄色就开悟了。只要黄色能做到不在第一时间批判，而是先给对方更多时间阐述，双方以开放的心态平等交流，最终，黄色会发现，自己或许没错，但人家可能也有道理。

犹如美国作家艾伦在《不再争吵》一书中指出，"合理化认同反馈与非合理化否定反馈的效果迥然不同。在亲密关系中，我们能从来自伴侣的认同中吸取力量，也会因遭受否定而感到无法忍受"。

所以，我们在日常生活中要尽可能认同对方，而非否定对方。就像很多家庭中，丈夫平时工作忙，做家务少，偶尔一次想主动帮忙做家务，也会被妻子一顿数落，说他这也没做好，那也没做好，结果呢，当然是不会再做了。如果换种方式进行沟通，也许会更有效果。譬如妻子可以先肯定丈夫的做法，给个表扬："这次做得不错哦！希望下次继续保持！你这样做，会让我更有家庭的归属感！"这样的话，老公只会越来越有做家务的动力。

在真人秀《幸福三重奏》里，一位名模畅谈自己的夫妻相处之道。她说："其实他有时制造的浪漫很无聊，很老套。但我也不会告诉他我不喜欢，或这个事不好，因为这会打击他的积极性，也会伤到他。我会给出强烈的反应鼓励他，让他知道自己的行为有价值，下次也许就能做得更好。"

学会认同，对黄色的核心秘诀在于——改变说话习惯，那就是：多说 yes 不说 no。

因为黄色的批判性深入骨髓，和人交流，只要不说否定别人的话，打击别人的话，似乎不能凸显自己的本领。故此，你和黄色交往，最常听到"不对""错""谁说的？胡说八道！""有动脑子想过吗？"黄色的天性，让他们很少对别人的观点表示赞同。

从现在开始，改个习惯，不管别人说什么，如果心里认同，第一句话就先回应"对""真知灼见啊""精辟""很有见地""看问题很准""你怎么想出来的"……

假设他说完，你觉得一派胡言，完全不认同，如何是好？那就换一套 yes 的台词，诸如，"有点儿道理""很别致的想法哦""你怎么想出来的""听上去不错哦"……先别打击，等说完 yes，再慢慢合计。

对黄色而言，说 yes 的核心要诀在于——不要动不动就打击和否认。如果是对的，请不要吝啬肯定；如果是你不认同的，也可以换个词语和态度来表达。世界上多数人的心脏，并不像你黄色那样坚强。

关键是，黄色的你，一定要设法先养成说"是"的习惯。

有的黄色，总有办法惹得天怒人怨，甭管你说啥，永远都是打击，永远都是他对，永远都是他英明，永远只有他说得正确。得，你自己玩吧，你是神明，俺是凡人，就此别过，后会无期。

黄色的朋友，只要你开口养成新的习惯，改 no 为 yes，从今天开始，保证听者嘴巴吞蛋，"这位看官，怎么好像不认识你啦？请问你还是你吗？"哈哈哈哈，太阳西边升，人间百雀鸣，为了你的惊天逆转，为了我等接下来可以有好日子过，走，小酌两杯。

> 吾心长于君之身
> 汝言即是某之言

强势好胜者须知

黄色天性喜欢掌控，在工作和家庭关系中，必须扮演主导地位，一切尽在掌握。无论对合作伙伴还是对伴侣，一旦进入权力争夺状态，都会力争方向盘。

若是夫妻二人共同创业，问题会更明显。

两个黄色，谁都不愿大权旁落，一旦明争暗斗进入白热化，一山不容二虎，势成水火。即使夫妻二人工作上没交集，家庭中很多事务的决策，两个黄色的伴侣一旦意见不合，也很容易互不相让。

假如伴侣中的一方是黄色，另一方不是黄色，由于黄色的掌控欲强，家庭地位可能越来越不平等。黄色在不断掌控的同时，也会让伴侣在家庭中的存在感和价值感越来越少，最终引发各种问题。

子归和阿识是一对黄夫黄妻。两人在商学院认识，相约共同创业，在创业过程中相互扶持，萌生爱意，结为连理，育有一子。可惜，成也萧何败也萧何，随着事业做大，两人分歧越来越多，在公司高层会议上经常发生争执。

两个公司创始人，还是夫妻，神仙打架，百姓遭殃，谁敢找死去发表意见，只能装聋作哑，所以，很多重大决策没能第一时间达成一致，常常延误战机。

因为公司里不愉快，回到家里，两人相互冷脸，各干各的。但孩子一天天长大，需要夫妻双方共同做的重要决策非常多，在上哪所幼儿园、报什么兴趣班等事务上，两人意见截然不同。

子归认为，孩子该放养，尽量减轻负担，野蛮生长。因为他自己就这么长大，没上过任何补习班，也没啥兴趣爱好，照样学霸。

阿识认为要把最好的条件和资源给孩子，如果孩子起跑线更靠前，将来就会走得更远。因为她从初中去了国外，念完研究生才回来，她认为这段经历让她开了眼界，相对于同龄人而言的优势，让她受益终身。

于是，在孩子问题上，两人战争陷入胶着，既不肯撒手，也不愿妥协。

连番争战多年，感情若败柳，萧疏凋残，几近磨灭，从同床异梦成功迭代为异床异梦。

有个流行语叫"尸化"，说的是婚姻中人在心不在的状况。这在黄色身上比较容易发生，因为权衡利弊，所以不离婚，虽然心已不在，表面的一切还可维系，该尽的责任还是尽到。但对伴侣而言，会感到情感已被抽离，婚姻早就不完整。

其实，真正应该关注的是在感情"尸化"之前，当双方争执不下的时候，就该及时自省，修炼自己，减少过多的控制欲，给予伴侣更多的尊重、平等和发挥价值的空间。

瑶瑶的性格是黄色，从小特立独行，像男孩，凡事自己做主，爸妈都管不了她。

恋爱时，千挑万选，找了个脾气温和的老公，主要是这个男人什么都听她的，工作能力也不错，这让她觉得很爽。婚后，家里有点儿像女老板和男下属的关系，凡事她拍板，老公执行，开始倒也默契，闺密羡慕她找了模范老公，日子过得像西太后。

好景不长，模范男人才华横溢却不上进，让瑶瑶恨铁不成钢。

老公喜欢下班后宅在家里，瑶瑶总要赶他出去，让他跟公司领导、重要客户多联络感情，至不济，找混得好的大学同学聊聊，看看有没有更好的发展机会。家中，瑶瑶把钱管得很死，老公的钱拿到后，全部上交，她来分配。

有一次，老公拿到一笔绩效奖，买了瓶2000元的红酒，剩余的钱交给她。她知道后不依不饶，逼着老公把酒退了。用她的话来说："金钱事小，习惯事大，我不能惯着他乱花钱的毛病。"

在瑶瑶全方位360度无死角的管控之下，老公在家里越来越沉默。终有一日，朋友告诉瑶瑶，她老公和一个女同事出轨，人家老公闹到单位去了。

对黄色而言，自己对家庭及伴侣的主导，是为了让家更好，让伴侣更好。一旦伴侣不领情，黄色会觉得对方不懂感恩，甚至恩将仇报。

但黄色忽略的是，伴侣本人在婚姻中有自主的需求。好比瑶瑶老公喜欢杯中物，但一没酗酒，二没酒后乱性，只是发了奖金后给自己小小奖励满足下。如果瑶瑶不卡得那么死，老公在家可以享受喝自己喜欢的酒，就不用到外面去喝；当她面可以喝，就不用偷着喝。

减少管控，不代表放任不管，而是抓大放小，让其快乐被管。如何智慧地管控是黄色需要一生学习的。

第七招 凡事商量

黄色往往以自我为中心，却浑然不觉。虽然出于想让家庭更好的初衷，但看在伴侣眼里，却是独断专行，自说自话，不尊重对方。

一对夫妻，结婚三十年，感情依然很好。丈夫是医生，工作很忙，能陪家人的时间不多，却并没因此影响到他们之间的关系。原因就在于，丈夫不管做什么，都会事先跟妻子商量好、交代好。到现在，妻子给丈夫的评价就三个字：靠得住。任何时候，她都知道他在忙什么，也从不用担心他会有什么突如其来的变卦。

凡事有商量，遇事先交代，看似简单的习惯，却可以有效地避免夫妻之间产生误会。

修炼的方法是——从小事开始形成习惯。

比如，周末如何安排，带孩子去哪儿玩，和伴侣多商量，共同探讨一个双方都喜欢的做法。在大事上，夫妻俩一起讨论，谁更专业，谁的方案对家更好，就以谁为主。任何时候，都要告诉自己，两人既然成了夫妻，大目标大方向都是一致的，切莫执着于非要对方按照自己的方式来办事。

黄色经常的做法是，自己先决定，再告诉伴侣，不管伴侣意见如何，自己的决定绝不会有任何改变。这种"告知"而非"商量"的做法，让伴侣有强烈不被尊重的感觉。比如，自己要异地调动，去外省的分公司工作，薪资更高，发展机会更好，但要一个月才能回一次家，很多黄色就会先决定下来，再跟伴侣说。说的目的是安排下自己不在家时伴侣应该干什么，而自己去异地的事情，已经打了报告不可能改变了，伴侣只能无条件接受。

那么正确的做法又是什么呢？

当这事与伴侣有关，或会影响对方，你需要和伴侣商量，这不代表你没主见。

在和伴侣说前，可能你已经想好了一定要去，因为这个机会非常难得，以你的能力，去了之后将会大展拳脚，也会为家庭带来更多的财富。但当伴侣提出意见时，你还是可以比较灵活地吸取一部分，做一些局部的调整。比方说，伴侣接受不了你一个月回来一次，而你也无法更高频率地回家，那其实可以做好安排，只要伴侣有时间，让她去看你，抽空一起享受下异地的更有情趣的二人世界。

如果伴侣真的不同意，不要吵架，不用冷战，可以柔和地表达自己的看法，比如，"我理解你需要我多些时间在家里陪伴你，分担家里的事情，我也觉得家庭对我来说无比重要。只是，这个机会真的非常难得，是我盼望已久的，你也希望你老公事业发展好，咱们家日子过得更好，给孩子更好的教育条件，不是吗？既然你不同意，那我暂时先不打报告，咱们俩都多考虑几天再决定。"多给伴侣一些时间，在考虑的这些时间里，再设法影响她。最终，你要的不是为了工作而妻离子散，而是在家庭和谐的基础上，事业发展越来越好。

第八招 各让一步

婚姻里有些事，其实毫无必要吵个长短输赢。

沈复在《浮生六记》中写道：夫人陈芸喜吃臭豆腐和虾卤爪，但沈复十分讨厌；他喜欢吃大蒜，而这恰是陈芸最厌恶的。两人都想说服对方接受本人的习惯，为此吵了许多架，但他俩都很顽固，谁也不让。陈芸斗不过沈复，有一天说："你喜好吃蒜，那我就陪你吃。不过作为抵偿，你要陪我吃臭豆腐。"

这就是用"让步"取得本人的权益。

淼淼和火火结为夫妻，一起生活。火火喜欢乱放东西，淼淼喜欢收拾。

火火很痛苦，因为东西一经淼淼收拾整齐，他就找不到了。他痛恨连拿一支水笔写字，都要去问淼淼放在哪儿，感觉自己像个废人。

淼淼很痛苦，因为她收拾好的东西，一眨眼，火火又翻乱了。她每天晚上不把火火弄乱的东西整理好，就睡不好觉。

两人吵了很多次，大吵没有，小吵太多，却也伤筋动骨。

最终，双方各让一步，签订主权友好协议。协议规定，家里的书房归火火所有，火火所有工作或学习相关的东西，以及收藏爱好的东西都放在书房，无论怎么乱，淼淼都不管。家里的其他地方归淼淼，火火在卫生间洗漱，或上床睡觉，东西不可乱扔乱放，避免让淼淼困扰。

很多夫妻争吵，总是声嘶力竭，想从气焰上压服对方，殊不知，这更容易激起对方的愤怒。有理不在声高，关键是找到适宜的处理方法，完成彼此的认同。

当黄色的战斗欲被激发，可能会为了征服对方而不达目的誓不罢休，破坏了"家和万事兴"的大局。所以，黄色也要随时洞见自己，当自己坚持要对方做某事或不做某事时，是不是被自己的心魔所控。

黄色最痛恨绿色的和稀泥墙头草，但是在协调冲突方面，"各让一步"的确是最好的做法。各让一步，建立在双方清楚了解彼此需求的基础上，为了让对方的核心需求被满足，自己可以稍微出让一些非核心的需求。

比方说，两人为了假期做什么而争执，一方认为自己要参加培训充电，另一方认为应该一起旅游。表面看，难两全，但如果双方清楚彼此的需求，知道一方的核心是需要自我成长，另一方的核心是需要陪伴，那么各让一步，两人一起去参加培训学习，白天一起上课，晚上一起交流谈心，课程结束后多留一天，在当地游玩，便可两全其美。

方法是人想出来的，关键是你们到底是否真的知道对方要什么。

> 事无巨细勤商量
> 退步原来是向前

黄色性格的情感修炼法则

第一招：含情欲语无须言，心有灵犀意相通。

第二招：且思身外无穷事，劝君惜取陪伴时。

第三招：吾心长于君之身，汝言即是某之言。

第四招：事无巨细勤商量，退步原来是向前。

04 绿色性格的情感修炼法则

软弱退让者须知

绿色的忍功，堪称一绝。

更绝的是，绿色压根儿就没觉得自己在忍，嗯，从未觉得（详见《性格色彩识人宝典》第5章第2节）。

在婚姻中，绿色很容易忽视自己的权益和正常需求，常以对方的要求为自己的需求，让自己的心成为别人的跑马场，结果轻则受欺，重则丧命。

杰在商场叱咤风云，衣锦还乡，给老家小学捐了很多钱，顺便想好好扶持一下自己堂哥。两人从小一起长大，堂哥脾气好到没话说，总让着弟弟。没想到，堂哥已经黄鹤一去不复返。

乡亲们告诉杰，堂哥在当地继承了父母的地，踏踏实实种田栽果，日子悠哉，因为娶了一个"作精"女人，又作又强势，不许堂哥跟朋友来往，断绝聚会，除了种地，只能陪她。心情好时，要堂哥陪她去城里，心情不好就不许堂哥出门，要堂哥陪她打牌。堂哥偶尔被朋友叫出去，回到家，媳妇对他非打即骂。

堂哥脾气太好，啥都没告诉自己父母，家人还以为他讨了老婆忘了娘，过着美滋滋的二人世界。后来，类似的事多了，朋友看出来堂哥受折磨，劝他离，但他没主意，回到家，一切如常。后来，下了场暴雨，媳妇硬要堂哥冒雨去果树林里给她摘果子吃，堂哥去了，被狂风刮断的一棵树砸死了。

堂哥死后，媳妇改嫁了一个有暴力倾向的男人，男人三天两头打媳妇，媳妇反而乖乖听话，跟之前和堂哥在一起相比，改头换面。

婚姻中，绿色面对伴侣无条件的包容，令人咋舌，但同时，也意味着忽略了自己的需求，轻则让自己在家庭中失去话语权和存在感，重则迁就他人而伤害自己。

或许人性便是如此，古谚有云："别人对你的方式，正是你教会别人的。"说的正是此理。当你一味忍让时，对方往往不懂得珍惜，视为理所当然；当你懂得争取自己权益、勇敢发声时，对方才能看见你的需求，进而尊重你。

性格色彩演讲教练王冰冰，学完性格色彩后，在职场上快速晋升，也拥有了受人尊重的副业；在婚姻关系中，通过修炼，取得了重大突破。她是这么分享的：

婚后第一个元宵节，老公带同事在外地办年会，留我一人在家。

那天，我特别想他，就想给他打个电话。从白天等到晚上，到9点，想着活动该结束了，就把电话打过去，电话接通，还没说话，他说了句"我在开会呢"，直接挂掉。

一句开会就把我搪塞过去，我心里不是滋味，就给自己加了戏，不会有猫腻了吧？于是，我打了第二个电话。这回，直接挂掉，接都不接，验证了我脑补的画面。

他越挂，我越打，我又打了第三个电话。这次，他压根儿挂都不挂，一直在循环播放着熟悉的铃声。从晚上9点，一直到10点，我不停地打电话，可能被打得不耐烦了，电话接通，电话那头的他声嘶力竭地吼："你有毛病吗？我在开年会，我在赚钱，你不知道吗？"

电话挂上，我哭到第二天，相比于眼睛肿，我伤心的是，这可是结婚第一年，那第二年呢？第三年呢？更让我难过的是，第三天他回来，我本想跟他解释，那天是我姥爷去世一周年，还没张口，他就砸东西。我蜷缩身体，躲在角落里默默流泪，他不看也不管我，就在那里砸东西，边砸边说："你神经病啊，我出去赚钱，你在这儿干啥？"这就是我们之前的相处模式。

有种伤心，是哀莫大于心死，我觉得日子没法过了，这段婚姻还能继续下去吗？我以后到底该怎么办？我为自己的未来害怕、焦虑。

当我学习性格色彩后，才知道他是一个典型的红＋黄。他觉得为我打拼好事业，往家里拿更多钱，就是爱。他希望自己的伴侣能独当一面、有能力照顾自己，而不是遇事就哭。

一天晚上 12 点，我在床上玩手机，他睡不着觉，就跟我说："王冰冰，再玩手机，你就给我出去。"放在以前，我会默默拿着手机，离开房间，一个人流眼泪。但那天，那一刻，我吼向他："凭什么让我出去？要出去，你出去！"说着一脚把他踹了下去。没想到，他不但没生气，还从地上爬起来，给我比了个大大的赞。他告诉我，他很开心能看到我表达自己，希望我以后可以更勇敢地说出心里的想法，不要动不动就哭，还承诺会认真听我说，照顾我的感受。

如果你是绿色，如果你的伴侣真的爱你，那他一定不希望看到你永远是个受气包的样子，他更希望看到你对自己看重的事情会坚持，成为一个勇于说出需求的真实快乐的自己。

当一个人自己的需求长期得不到满足时，即便忍，需求依旧真实存在，忍无可忍时，会给双方的关系造成难以弥补的裂痕。与其那样，不如勇敢告诉对方，自己的需求是什么，对方能否满足，如果不行，双方可以商量协调。婚姻本就应该满足双方的需求，两人也一定可以找出一个共同满足需求的办法。

可惜的是，很多绿色不知道性格色彩，也没有去洞见和修炼自己，只能在伴侣和家人的不理解，甚至伤害中，越来越委屈，越来越逆来顺受，悲惨地度过一生。

绿色女生和老公闪婚。当时，身边人皆劝千万莫和此男继续，因旁人有目共睹她对男友百依百顺，而男友却随意扔掷，心情好时甜如蜜，心情不好踢皮球。

每当众人劝她，她总说："找到一个合适的对象不易，既然谈了，就谈下去吧。"婚后，才发现婆婆和老公的性格如出一辙，非常情绪化。婆婆看她不顺眼，每天找各种问题说她，抹地抹不干净，洗脸池溅水……虽然婆婆说她，她都立马改正，从未顶撞，但婆婆对她依旧永远不满。

本来，这些小事她觉得都能过去，但她意外流产后，婆婆和她的关系降到冰点。从那以后，每天数落"就是因为你不注意自己身体，才没办法抱孙子"，而她不知该怎么解释，也不会说好听的话哄婆婆，所以，婆婆愈加不满。

要命的是，因她总不为自己辩解，老公对她有了很多误会，加上婆婆吹风，老公听多了心烦。后来，每当婆婆唠叨，老公也说她的不是，而她压力更大，更不知怎么辩解。她和老公间的温暖彻底消失，唯有默默承受指责和冷落。

绿色的无话像"没嘴的葫芦"，蓝色的无话像"竹筒煮饺子"，两者的差别是：蓝色心里有成套的逻辑和说法，只是不轻易说，事到紧急关头，非说不可时，蓝色有把问题讲清楚的实力；但绿色是真的不会解释，浑浑噩噩，脑袋发蒙，只能承受责备，最多说句"对不起，你消消气"。绿色要想学会表达自己的需求，为自己谋福利，捍卫自己的权益，得修，得炼。

第一招 拿话语权

夫妻俩生活在一起，很多时候，难免有误解。当绿色被误会时，绿色觉得解释很麻烦，而且有时伴侣很生气，绿色见伴侣发火，本能反应是低头不语，希望伴侣的气自己消掉。绿色放弃了为自己申诉的权利，没想到，伴侣更生气，除了气绿色做错事，更气的是，绿色连个回应都没有。

可绿色想的是：我已经这么让着你了，你少说一句，事情不就过去了嘛，谁对谁错没那么重要吧。而绿色之所以不解释，其动机是息事宁人、得过且过。

同样的行为背后，不同性格有不同动机。被伴侣误会后不解释，在蓝色身上也会发生。因为蓝色渴望默契，心里想的是：你都跟我这么久了，难道我是什么样的人你还不知道吗？如果你懂我，无须解释，懂的人自会懂，如果你不懂，解释也无意义。

绿色不为自己解释、得过且过的做法，会在对方心中埋雷，对方很可能解读为绿色不在意这段感情，下一次，会更强烈地爆发。所以，无论对方观点对错，绿色要学会主动争取话语权，表达自己的观点，即便伴侣不赞同，至少双方可以平等交流，碰撞出一个观点。再不济，伴侣至少不觉得一拳打在棉花上，死也死不痛快。

霞姐结婚二十年，抱怨绿色老公二十年，但绿色老公从未改变。霞姐气苦，对生活绝望。因为读了《性格色彩原理》和《性格色彩识人宝典》，重新燃起希望，和老公一起来到性格色彩课堂。

课上，霞姐哭诉老公不主动、不作为、不担责的三不行径，老公腼腆，低头听着，并无驳斥。霞姐越说声越大，带了哭腔，几乎气厥。

经过老师和同学的帮助，绿色老公终于明白，他习惯性的低头认错，如同独居空山，只有独自回响，让霞姐根本不知他的真实想法。

281

课程结束，绿色老公接受大家建议，有了微小改变，即便犹如米粒之光，却给了霞姐希望。

虽然他还是会做错事，或不解霞姐意图，但他已经开始会说出自己的理由。尽管霞姐还是会驳斥他，但也平和了很多。比如，周末，霞姐加班，绿色老公一人在家。霞姐回家途中，见风雨大作，心想坏了，阳台被子没收。回家一看，果然被子还在阳台的晾衣架上，已经淋湿，顿时冲老公发火："你怎么连下雨要收被子都不知道？你是死人吗？"

放在从前，老公肯定一声不吭，霞姐越问，他越不响。但这次，老公想到课堂领悟，壮着胆子说："下雨时，我在屋里听音乐，没留意，等我发现，被子已经淋湿了，我把晾衣架从靠近阳台窗户的地方移到靠近里面淋不到雨的地方，但我看被子湿得好像不太厉害，我不知道要不要重洗，想等你回来再说。"

霞姐说："被子被雨淋了，当然要重洗，你就喜欢瞎对付，会有细菌的知不知道！"虽是斥责，但语气轻了很多，因为知道绿色动过脑子，而且这次说话有回应有沟通，所以，反而没那么生气。

绿色继续回应："好，那我马上去洗。"

这样一来，霞姐的气消得七七八八。

因为人和人性格不同，面对同样的事，不同性格处理方式不同。小到家务琐事，大到是否搬家、如何投资、把孩子培养成什么样的人，伴侣之间的想法和做法都会有差异。在婚姻中，绿色放弃话语权，等于放弃了和伴侣的沟通，这不是爱，而是对自己的不负责任。一个对自己都不负责任的人，拿什么对家庭负责任呢？

第二招　直面需求

　绿色的温顺听话，好处是伴侣没压力，坏处是伴侣感觉不到绿色的存在，毫无思想上的碰撞和交流。

我一直认为，婚姻长久的核心在于——两个人一直有话聊。可惜，多数夫妻都是和手机过日子，两人一起，相对无言，不知说啥。在"没话聊"这事上，其他人也许是因为关系不好，所以不想聊；而绿色就算没吵架，两人关系尚可，也没啥聊的，因为共同语言对绿色而言太难了，生命中的一切貌似都无法荡起绿色内心涟漪。

绿色所谓的"聊天"，纯属配合，心里想的是：你想聊啥，我点头称是、俯首作陪。即便你讲到精彩处突然闭口不讲，也绝不会像红色那样缠着你——"哎呀，你好烦人呀，快讲呀，别卖关子，说嘛，快点说嘛，你不讲，以后不要再跟我说话！"这种打情骂俏的话，绿色断然是没有能力说出的。可他不知道的是，讲的人殷切期盼的就是这样的效果。

绿色觉得，我不追问，说明我温顺听话啊，必然深得伴侣之心。说不定是你累了，不想讲呢，那就不讲呗。你看，我不闹腾，我特懂事，静谧安详，闺秀之风，君子之雅，啧啧啧，谁见之不喜？

唉，殊不知，这恰恰是其他性格最恨绿色之处——毫无情趣。

伴侣会想，我卖了个关了，就是为了让你配合演戏，这才有趣味和情调，结果，你倒好，木头墩子一根，既不追问，也不搭话，那岂不是显得我前面讲的笑话一点儿都不好笑？那岂非说明你对我刚才和你聊天的话题毫无兴致？那是不是可以理解为刚才你一直在敷衍我？岂有此理！

绿色对别人的需求不敏感，对自己的需求也总是忽略。你对我好或不好，随便；给或不给我，随便。因为绿色自己都不重视自己，最后，落得无人重视，怪谁呢？怪自己。

那么，一个人到底该如何在婚姻里"重视自己的需求"？

不妨学学电视剧《生活家》中的程帆扬。

程帆扬与白友新结婚多年，一直想要孩子，但每次提出，白友新

283

总以事业未成、想晚些要孩子为由拖延，事实上，他是顾虑自己和前妻的儿子白石初的感受。

程帆扬和白友新是在白友新离婚后才开始恋爱，但儿子误会程帆扬是介入父母婚姻的第三者，而白友新最开始为了照顾白石初的感受，没解释，后来想解释，白石初也不信了。

白友新不是不想跟程帆扬有孩子，而是希望先跟白石初沟通、解开他的心结，再要孩子。

程帆扬为了白友新，一直在等，甚至怀孕后，白友新让她打掉，她也打掉了。随着年岁渐长，她越来越不愿等，她可以为了伴侣牺牲自己的需求，但不能一直这么牺牲。她想做试管婴儿，白友新发现后说："我们是夫妻，应该同进同退，你为什么要这么对待我呢？"

程帆扬已经觉醒了，她不愿再一味牺牲，于是说："我不是一个不理智的人，我只是很清楚地明白，你所谓的同进退，被牺牲的那个永远是我。从结婚那天开始，我就成了你的抵押物，置换你儿子的理解，你事业的运转，甚至你对前妻的愧疚。"

最后，程帆扬怀上了白友新的孩子，没告诉他，而是提出了离婚。在两人分开的日子里，白友新认识到自己对程帆扬的伤害，也意识到自己非常牵挂她，最终两人冰释前嫌，撕毁了离婚协议，重归于好。

重视自己的需求，对绿色之所以困难，是因为绿色本身需求较少，欲望也少。很多人选择绿色做伴侣，就是因为绿色"好相处"，没那么多"幺蛾子"。但也正因为如此，随遇而安的绿色往往与一个欲望多需求多的伴侣配成一对，从相识、相恋、结婚到婚后，也许绿色一直在步步退后、处处妥协，对自己的需求也一而再再而三地忽视，直到退到悬崖边。如果不能正视自己的需求，奋勇一战，结果就是翻下悬崖，输掉自己的人生和幸福。

作为绿色，其实可以问问自己，自己真的毫无需求吗？绿色本性平和，但他也有自己爱吃的菜、想要的消遣方式，以及自己的生活习惯。

举个例子，很多绿色女人婚后，所有时间都被家庭占据，除了家务事和孩子，公公婆婆小叔子小姑子，有事都来找绿色。如果绿色不为自己争取一点儿属于自己的时间，一切都围着别人转，结果就是自己疲于奔命，状态越来越差，在老公眼中也越来越没吸引力。但如果绿色修炼之后，懂得在家庭中争取自主权，拒绝一些自己做不到或不想做的事，就会有更多时间让自己活得精彩。

所以，绿色要想让自己摆脱苟延残喘，就要重视自己的需求，勇于表达和争取自己的权益，不要畏惧冲突，更不要害怕失去。

毕竟入门应始了

愿君争取最前筹

无所作为者须知

由于绿色脾气好，听话照做，选绿色做伴侣，可充分过把霸道总裁或野蛮女友的瘾。绿色的常用台词是"好的，你说了算"，在热恋时，这样说，是甜蜜，是情绪价值，能让伴侣丹田发热、保护欲爆棚；但进入婚姻，这样说，却成了一种缺位。男人娶了绿色老婆，会觉得后宫无人，自己在外要解决宇宙纷争，在内还要决断后院事务，也没人可以分担，太累；女人嫁了绿色老公，会觉得身边没有顶梁柱，天塌下来永远自己扛，身累心累，婚内好似单身。

如果伴侣本身喜欢事事做决定，那么，相处无妨。但有些伴侣自己也有很强的依赖性，也指望对方做决定，结果空等一场，心凉半截，完全指望不上对方。

小九和玄哥是大学同学，一毕业就结婚。玄哥是喜欢追求新鲜的红色，小九是一切跟随玄哥的绿色。

恋爱时，两人形影不离，从未红脸吵架，玄哥觉得，这爱情太美好了。婚后，玄哥渐渐觉得不对，因为他自己遇到重大决定也会发蒙，所以，很希望小九给他意见，最好像女诸葛那样，为他出谋划策。但小九对所有问题的答案一律是："你觉得呢？""你想做就去做。""你开心就好。"

一个朋友拉玄哥投资，玄哥想着老婆学财会专业，终归懂一点儿，问小九意见，可是小九完全不用专业去判断项目好坏，只说"你的事自己决定就好"。玄哥又问了几个朋友，个个都说这个项目好，他就投了，结果，血本无归。

玄哥恨自己轻信，恨朋友不靠谱，恨！恨！恨！也恨自己这个老婆没用，一个学财务的，在自家关于财务的大事上，居然啥建议都给不出。

绿色凡事不担责任，不做决定，如果伴侣耳根子也软，那这两人一路同行，充满风险。

相反，假如一个喜欢做决定的伴侣和绿色结合，天长日久，两人的关系就会失去平等，而一旦决策失衡，问题和隐患必然浮现。

在控诉婚姻撑不下去的人群中，绿色男性被投诉的概率，远高于绿色女性。因为社会的普遍价值观对男女期待不同，同样是顺从被动，女人如此，会被认为是《鹿鼎记》中乖巧的双儿，是男人的福星；男人如此，女方绝对抓狂。

一对夫妻来到课堂，他们认识了彼此的性格，老公是绿色，老婆是红色。老婆终于搞懂为何她总觉得老公没有男人的责任感。

夫妻俩出门，老婆开车，购物中心车位难找，老婆好不容易找到一个空位，正要倒进去，却被一辆在她后面的车抢先停进去。老婆很气愤，下车理论，要求那人把车开出来。老公不但不帮老婆说话，反躲在身后，扯她衣角，还说"算了，我们再找个车位"。老婆见没人撑腰，原本自己有理，气势也弱了，最后，只能心灰意冷地另找一个车位。但类似事情一再发生，老婆内心凄凉，觉得嫁个男人，啥事都要自己干，丝毫没有受保护的感觉。

学习过程中，老公一开始没太大感觉，但随着课程深入，越来越了解自己，越来越真正理解老婆的想法。

当他听到绿色因不作为和无所谓而伤害亲人的故事后，渐渐沉默。课程结束后，夫妻俩都分享给我各自修炼的心得。

拿老公来说，现在，他会主动想到家里还有什么事没做，不等老婆吩咐就主动承担，让老婆感到担子轻松很多。两人出去购物时，老公会主动开车，老婆坐在副驾，迅速发现空位，配合默契。万一遇到争执，老公温和对待，但和以前的区别是，他会站在老婆前面，而非躲在后面，不等老婆发飙，先把问题处理好。这样一来，夫妻俩比以前更亲密，老婆感觉自己换了个老公，赚了。

由于性格原因，绿色很难有主动学习的意愿，当这位绿色老公来到课堂后，他无比感谢踢他过来的老婆，如果不是老婆在关键时刻强力推动他来课堂，可能他们的婚姻已经散了，而他自己的性格局限，也会在未来带给他更多痛苦，让他付出更多代价。

第三招 挺身而出

对任何可能的冲突，绿色的本能反应是大事化小、小事化了。因为绿色心大，觉得过去了就没事了，但其他性格未必这么想，所以，绿色也需调整自己，不能一味不作为，必要时要挺身而出，但"作为"并不是去吵架或采取激烈行动。

比方说，商家短斤少两，伴侣跟商家吵起来，明明是伴侣受欺负，可围观的人却觉得商家可怜。这时，绿色如果缩在伴侣身后，导致的结果是伴侣含冤难辩、无比悲愤，而吃瓜群众不明真相，恶语相向。

其实躲在背后不出声的绿色，完全可以用温和的方式指出商家的问题，在缓和双方情绪的同时把道理讲清，让对方不得不承认自己的错误。这样的做法，发挥了绿色的优势，解决了伴侣的问题，不吵架，但是真正帮到了对方，解决了问题。

日剧《冷暖人间》中，五月和丈夫小岛经营着一家小餐馆。小岛的妹夫欠债跑了，小岛的妹妹久子为了避债，带两个孩子回到了娘家。五月的婆婆心疼自己的女儿，事事偏袒久子，为此，五月受了很大的委屈。

作为五月的丈夫，小岛将一切都看在眼里，他逮到机会，为五月挺身而出，训斥了不懂事的久子。五月心里感动极了，对小岛说："无论受多大的委屈，在你挺身而出的那一刻，就都没有了。"

　　　爱情落到实处，需要为对方挺身而出，排忧解难！

古人说：同声自相应，同心自相知。夫妻同声，自会相互呼应，夫妻同心，自然彼此信任。婚姻中，比承诺更珍贵的是信任。表达信任最好的方式就是——关键时刻，为你挺身而出。一个人，如果不能在你受委屈时挺身而出，不能在你孤立无援时站在你身边，在漫漫岁月里，怎能相知相守！人同此心，心同此理，当伴侣期待你为他挺身而出，而你没有做到时，可想而知，他的心有多凉！

一位蓝色老婆告诉我，老公曾经做过最让她感动的一件事，就是在婆婆追问为何两人没有孩子时（其实是她不想生），老公挺身而出，说："是我的问题，我不行，不要再问了。"从此婆婆不再追问，而蓝色老婆感动至极。

而另一位老婆告诉我，之所以从十年的婚姻中主动离开，就是因为在婆婆责备她没有生育时（其实她和老公的身体都有一点儿问题，并非完全不能生育，只是需要时间和运气），老公选择了做缩头乌龟，没有挺身而出，导致她和婆婆再三正面冲突，最后自己也不想再留在那段婚姻中了。

很多时候习惯性地忽略需要解决的问题，无视伴侣内心期待，是绿色在婚姻关系中出现问题的根源所在！

绿色还没搞明白，事情本身会随着时间淡逝，但在那一瞬间你的态度，是粉碎了伴侣对你的期待，还是温暖了他的心，却有天壤之别！

绿色如果还是不明白伴侣首先需要的是你挺身而出的态度，而非能力，这辈子离完蛋不远矣。因为能力有高有低，能力可以训练，但是态度代表的是一个人的发心。你那无动于衷两眼漠然的样子，你那事不关己高高挂起的表情，你那置身事外与己无关的腔调，代表了你的态度，你的态度就是"你去处理吧，我在背后等你"。伴侣想的是：请问你为我分了什么忧？解了什么难？

第四招 出谋划策

婚姻中，夫妻之间除了卿卿我我，也应该是彼此的助力和军师。即便一个非常优秀、极其强大的人，遇到犹豫、纠结或者自己不确定的事情时，也希望伴侣可以给予支持和建议。

绿色一味地重复"随便""听你的"，会让伴侣找不到支撑点，久而久之，两人的精神世界缺乏联结。相反，如果绿色可以修炼成为伴侣的军师，夫妻情感势必升温，变得火热。

老公跳槽到新公司，有非常重要的项目汇报。他说："你学过乐嘉的六字演讲法，能不能辅导我一下？"我说："我4点去美容院，现在3点半，你还有半小时，来吧！"

他就对着二十多页的PPT开讲，他做技术出身，讲一篇和银行客户体验有关的技术文档，讲了几页，我立刻意识到最大问题，就是我听不懂！正如"六字演讲法"课上讲的，演讲最重要的，就是了解你的观众是谁。我了解到台下的除了技术人员，还有一些业务人员，我立刻纠正他，如果台下的非技术人员听不懂，你就必须调整你的演讲方式，你要让所有人都听懂，你要从客户角度出发，比如，客户去银行购买理财产品，风险评估时，触发了你们什么规则？从客户流程出发，不要讲解技术参数。

你这个项目得到过行长表扬，要具象！什么时候？什么会议？说了什么？当时还有什么人在？体现你的高大上！

这个项目获得人民银行科技二等奖，这么有含金量的奖，为什么不放在前面？这叫名人借力，后果放大！

最后，客户推荐指数从50%提升到了62%，这个官方数据不能一笔带过，要重点强调，要有语调的变化，这叫情绪借力！

还没说完，我发现时间到了，他说还能再讲讲吗？我说我没空，我要做美容，他说问问还有位置没，能安排一个房间不？就这样，他跟着我到美容院，本想休息一下，结果又讲了一个多小时，把美容院的小妹妹惊得啊！问我："姐姐你是做什么的？姐夫对你言听计从啊！"

最后我老公的这个汇报很成功，下台后，有个高管说，这项目我以前听别人说过，都没你今天讲得好！这次我总算是真的听明白了。那天，我老公再次和我说："老婆，没有你，我怎么办啊？"

我："嘘寒问暖，不如打笔巨款！"

他："不是有附属卡吗？随便花！"

我："哇，我经济独立、人格独立了这么多年，总算有人包养了！"

这位让老公在讲项目方面突飞猛进的老婆，是我们演讲课的学员。学习前，自己也是演讲的门外汉。当你拥有为伴侣助力的态度和实力后，既能赢得伴侣尊重，又能加深彼此情感，这一切，其实没有想象的那么难！

绿色怎样才可成为伴侣的军师？

首先，要主动关心伴侣在事业和生活方面的难处。绿色的常规模式是不主动问，等伴侣告诉自己，这显然远远不够。你要主动关心询问，即便你不能立刻给出完善的建议，至少也给伴侣加加油啊，表达一下支持，这些都是不可替代的精神助力。

其次，当发现伴侣正在攻克某个难关，要做出更好决策或提升自己某方面能力时，绿色可以主动去学些相关知识，平时多关心相关资讯，这样，就可在伴侣有需要时，分享资讯，给他更多信息，帮他更好地判断。

> 山高虽有客行路
> 水深你做渡船夫

缺乏原则者须知

绿色的边界感弱，很多时候被人侵犯了底线还不自知，这种情况在婚姻中尤为明显。你若问绿色，为啥不守住底线，绿色会反问你，啥叫底线？

归根结底，绿色内心对很多事情的是非都很模糊，无可无不可。从小，绿色是不让大人操心的乖孩子；工作后，绿色不争上游，不惹闲事，一般也能在一个工作岗位长期待下去。很多绿色恰恰是在进入婚姻后，才发现，自己的地盘不断被侵占，有时为了满足伴侣的需求，宁可伤害自己。可惜，当绿色毫无原则，像墙头草一样摆来摆去时，不但换不回和平，反而搞得家不像家。

绿色学员牛二，离婚后，在家人推动下来学性格色彩。回顾婚姻解体，大家都说是他老婆的问题，但经过洞见，他不得不承认，其实，是他自己的问题。

婚前，双方家长见面，女方家长要求婚房写女方一人的名字，男方家长不同意，认为至少要写双方名字，因为首付是牛二出，还贷小两口一起还。原本，牛二的态度是两边都不得罪，和稀泥，未婚妻看他不表态，义愤填膺，说："你根本不爱我，既然这样，分手算了，婚不结了！"

牛二无奈，跟老妈说了，老妈无语："亲戚朋友都知道你要结婚，结不成，大家会怎么看？你要去搞定你女朋友，让她答应写两个人的名字，怎么能退缩呢？"

牛二没法，又去找未婚妻，但未婚妻比老妈更决绝。几个回合下来，牛二爸妈让步，房子写了女方一人的名字，两人结婚。

这事的后果是，牛二爸妈认为儿子胳膊肘往外拐，自家吃亏，而牛二老婆对他的情感也有了裂痕，认为牛二并非真心，乃迫于压力。

婚后，老婆各种"作"，故意提出牛二很难满足的要求，譬如，要求牛二给自己买昂贵的珠宝，牛二买不起，老婆就骂他，要他辞职。牛二不敢辞，但老婆天天闹，只好辞了。但老婆又说，你怎么这么没用，连份工作都没有，逼他去找工作，结果，牛二还是找了一份和以前差不多的工作，老婆更鄙视他了。

其实，老婆需要有主见、能搞定她的男人，而牛二毫无底线，一味退让，反让老婆更加看不起。最后，老婆提出离婚，牛二只分到小部分财产，被扫地出门。

经过课堂上的自我洞见，牛二发现问题出在自己身上，却没信心改变。幸好他所在的小组同学们都很热心，为他出谋划策，鼓励他。他见到有这样一群同伴，顿时信心倍增。最终他决定，先踏踏实实学好性格色彩卡牌，掌握一技之长，不管未来还结不结婚，至少要做一个能自立自强的男人，也可以在工作之余，用卡牌帮助更多人，收获自我价值。

绿色一旦痛定思痛，沉下心来学习，会有一个很大的优势，就是稳定。

牛二上完课后，雷打不动，每天发三条朋友圈、给五个人免费卡牌，朋友卡完之后，又介绍朋友的朋友来卡。牛二不提收费，但是卡得多了，很多人出于真心感谢，都会给他发红包。后来，有朋友建议他定个价，感觉更专业些，他就定了个 199 元一小时。没想到，因为找他卡的人太多，他承接不过来，想着要对大家公平些，于是，就涨了价……学完课程半年，他顺利成为职业卡牌师，收费千元一小时，每月至少六十几个客户，副业的收入比他的工资还高一倍。最让他意想不到的是，因为他有了走进他人内心的能力，日常跟人聊天，也能说到对方心里，竟得到美人的青睐。

从一个两头受夹板气的好好先生，变成给别人解惑支着儿的职业卡牌师，这是一个神奇的变化，也是很多学员通过课堂获得的真实改变。无论对于哪种性格来说，终身学习都是一件重要的事，但对绿色来说，天性中自驱力弱，需要有人帮忙推动，但只要上了正轨，一样可以取得很好的成果。

在婚姻中，守不住原则和底线，一味退让，看起来回避了冲突，似乎在过太平日子，其实危机四伏。绿色要想守住原则和底线，就要克服自己害怕与人冲突的特点，捍卫自己应该捍卫的东西，谨慎妥协。也就是我们常说的"要有边界感"。

第五招 清楚底线

绿色要时刻提醒自己，底线在哪里，超出这个底线，自己就不该承受。

比如，妻子要买个很贵的家具，绿色用自己的私房钱贴补，不影响家人，这没人管；但写房产证名字这种事，首付是家人出的，家人不同意，绿色无法自己为这个问题埋单，那就需明确底线，到底是说服老婆，还是说服家人，搞不清楚，后患无穷。

婚姻中，很多事可以包容和不计较，但涉及底线，就要坚守，比如：

网上有个问题："婆婆给你立规矩，你怎么做？"有网友分享了自己的故事。

她刚嫁过去的头一年，是在婆家过大年。初五天没亮，婆婆就把自己叫醒，让她起来包饺子。她觉得既然是早上吃，那就早上再包，现吃现包，更新鲜，而且还不折腾。但婆婆非要在凌晨包，还嘱咐自己动静小些，别吵醒丈夫和小姑子。网友听闻，脾气一下子就上来了。

这个媳妇儿也厉害，听到婆婆的吩咐，就把家里的人都叫醒了。岁数小的不会包就坐在旁边看，经过此事，婆家的规矩就改了，变成早上包饺子。

　　　若是绿色看到这个案例，肯定瞠目结舌，做梦也想不到还能有这样脑洞大开的处理方式。但回头一看，这位媳妇辣虽辣，却也讲道理，是婆家先对媳妇不公平，她才奋力抗争。绿色就该学会画好底线，争取权益。

何为底线，其实就是"公平"。夫妻之间，丈夫为家付出，妻子也为家付出，这就是公平，无须斤斤计较，但也不能毫不计较。同样，娘家人和婆家人也要公平对待。

有网友问："婚姻中没地位、没尊严，还要继续吗？"

网友婚前是导游，非常喜欢自己的工作，那是她的成就感所在。可有了孩子后，丈夫想让她在家里当全职宝妈，她妥协了。

每次在外吃饭，她都点丈夫和孩子爱吃的；她舍得给老公和孩子买衣服，唯独对自己格外吝啬。

一次，她想给自己买套化妆品，没想到丈夫闭口不谈，只说了句："女儿的还不够你用？"

她才明白，原来在婚姻里，为了爱而一味妥协，没了自己，最终换来的，是对方乃至全家的忽视，认为她得到的少，那是理所当然。

人性就是如此，一味妥协，并不能换来尊重。唯有清楚知道什么对自己最重要，坚持自己想要的，让自己不断成长，变得越来越好，才是婚姻幸福的坚实基础。

越有原则有底线有边界感，越容易拥有一个爱自己的伴侣和一段美满的婚姻。

第六招 不怕吵架

夫妻间不仅有爱情，还有共同承担的责任和事务协作。此过程中，如果伴侣想要的和自己想要的不一样时，博弈就会出现。

绿色，最不擅长博弈。大多时候，博弈还未开始，就"举了白旗"。若伴侣确实做得过分，绿色如果答应，不仅影响自己，还会伤及其他人，这时，绿色就会很为难，但只要伴侣不高兴，绿色就会妥协。因为绿色害怕吵架，所以从不坚持自己的原则。

绿色在婚姻中无法得到真正的幸福，与总是妥协密不可分，尤其是面对伴侣和家人时。一个总是毫无原则地退让的人，如何能拥有自己的幸福？

一位朋友，研究生毕业结婚，本有很好的机会去异地发展，因为老婆不愿离开自己娘家所在的城市，要求他留在本地。他知道去异地是对自己更好的选择，但还是为了老婆留在当地，没去追求自己热爱的事业，做了一份朝九晚五的工作。

几年后，当初顶替他去外地发展的那人飞黄腾达，成为同龄人中事业最优秀的一个，而他回到家里，得到的不是老婆安慰，而是埋怨和轻视："你怎么这么没用？看看人家，和你同一年参加工作，发展得多好！"

当伴侣或他人提出不合理要求时，绿色很怕发生冲突，不敢拒绝。但是，请明白，合理的冲突是让对方尊重你的方式，若无法得到尊重，之后的关系会越发失衡。

如何合理冲突，如何赢得尊重？

对绿色来说，秘诀就是——"别怕吵架"。

常听人形容"夫妻恩爱"，某某夫妻非常恩爱，相处多年，从未红过脸，也不曾争吵。此话初听，感觉温馨，从不争吵，似是婚姻中最幸福的模样。可仔细思考，夫妻从不曾争吵，除非这两人都是绿色，否则，会让人惴惴不安，这说明夫妻两人对彼此的爱是有限的。不争吵，意味着两人对彼此没期待，意味着双方对彼此都无所谓，意味着婚姻没有生机。

如何才能不怕吵架？

首先，要正确认识"吵架"。

所谓"床头吵架床尾和"，它指的不是真的大动肝火，吵到你死我活，吵到恩断义绝。这里的"吵架"，其实应打个引号，它指的是当双方意见有分歧时，各执一词，亮出自己的需求，相互辩论，努力去说服对方。绿色因为太怕冲突，所以一味退让，结果，伴侣反而搞不清绿色要什么。当绿色一味压缩和消灭自己的需求之后，这段婚姻关系也就变得越来越没有生机。

其次，要提升自己的表达力。

一个会说话的人，可以说出自己的不同意见，而不伤害对方的感受，甚至可以在批评对方的同时，让对方觉得很舒服。如果你缺少这些说话的技巧，就会不小心把讲道理变成伤筋动骨的吵架。性格色彩体系中有一门功夫，叫作"六字演讲法"，就是教会你更好地表达自己，用语言的力量影响和感染对方。所有性格的人都需要学习会说话，尤其是内向型的蓝色和绿色。

> 平生不做软弱事
> 世上再无切齿人

缺少目标者须知

有自己的目标，对大多数人来说非常正常，但对绿色，很不容易。因为他们从小习惯了被安排，亲人和师长说什么，绿色就做什么。

表面上看，这种"听话""没有主见和想法"的伴侣，会被认为是"好好先生""贤妻良母"，甚至成为异性择偶的标杆。一旦进入婚姻，作为绿色的伴侣，郁闷不堪。

朋友知道我学性格色彩后，深夜电话求助。她那60岁的老妈要和61岁的老爸离婚，而且非常坚决。朋友虽然知道老妈对老爸有诸多不满，但因为老爸脾气太好，打不还手，骂不还口，等老妈发完脾气后，还会说"你累不累，要不要喝口水"，所以，朋友即使听到老妈数落老爸的无数罪状，心里始终还是站在老爸一边。这种情况下，她想劝说老妈别离婚，肯定无法奏效，才说了几句，老妈就说："滚，你跟你老爸过去吧，我是不要再受这个罪了！"

仔细询问，梳理清楚了她老妈对她老爸不满的所有事项，我吃惊地发现，几乎全部可以归纳为一个词——"不作为"。

她老爸的性格是典型绿色，一辈子没主见，也没目标，唯老妈之命是从。但她老妈想要的老公，是个有自己想法和目标的人。

这么多年来，她老爸在老妈的建议下，做过生意、学习过多门手艺，但都没学好，最终还是回到了体制内工作。直到两人退休，老妈绝望了，觉得这辈子都被这个没用的男人耽误了，唯一的念头是，女儿结婚时，不能是个单亲家庭，所以，一直熬到女儿结完婚，就提出了离婚。

绿色并不是一点儿自己的想法都没有，可惜欲念不够强，一有风吹草动，或别人说个什么，小火苗就熄灭了。

如果绿色遇到的伴侣是个有担当、有责任心的人，总为绿色打点好一切，那么，绿色很容易变成一个只会听伴侣话的木偶。

所以，绿色想在婚姻中修炼，找到自己的人生目标，很难。而这一点，对于绿色女性来说，尤其困难。

在传统观念中，妻子以柔顺为美，造成很多男性最初择偶时，会觉得找到听话且以自己为中心的伴侣是好事。但事实上，无论男女，假如没有自己的人生目标，一味听从伴侣安排，即使婚姻能够维系，也无法得到伴侣的尊重和欣赏，谈不上真正的幸福。

小蝶与秋生在不同城市恋爱一年后，秋生要求小蝶到自己的城市来，小蝶说要问妈妈。于是，秋生见了小蝶母亲，通过丈母娘的考核后，小蝶来到秋生的城市，跟他结了婚。

婚后两人积极备孕，但一直没怀上。秋生安慰小蝶，咱还年轻，先把精力放在工作上。于是，小蝶顺其自然，但是，究竟如何把精力放在工作上，秋生没说，小蝶也不知。她在化学研究所做检验，每天上下班，日复一日，几年下来，级别、薪水都没有任何进步。而秋生却闯出了一片天地，在他所在的公司升到了总监。

之后，由于工作关系，秋生跟一位女性伙伴越走越近，擦出火花。虽然他清楚知道自己永远不会离婚，因为小蝶没做错任何事，但他也知道自己无法切断这段婚外情，因为在这个伙伴身上，他看到自己欣赏的光芒。她有自己的目标和追求，积极进取，即使两人意见不合辩论时，也让他兴奋。

小蝶不可能完全听不到风言风语，但她选择了隐忍。到最后，秋生大部分时间都在工作和出差，即使不出差，回家也是午夜。对小蝶而言，老公存在不存在，都没两样。

幸好，小蝶在朋友的推动下来到性格色彩课堂。当她听了很多不同性格同学的分享后，才意识到"人可以不用被动地接受命运"，如果她不找到自己的目标，不焕发出属于自己的光和亮，最后，要么和"尸化"老公苟延残喘一生，要么，有一天被动离开婚姻。

于是，她持续来到课堂，借助这个群体相互影响的力量来推动自己，开启了个性修炼之路。

绿色的温柔和顺，在开始时，总能吸引到一些渴望找到这样伴侣的人，但当两人在一起后，剑有双刃，温柔和顺的另一面是无聊乏味，伴侣觉得和这样的人度过一生，味如嚼蜡。

故此，绿色即便只是为了抓住婚姻中稳稳的幸福，也该努力修炼自己。

第七招 做想做的

绿色习惯于考虑别人的想法和需求，所以，寻找自己人生目标的第一步，就是以自我为中心来思考。是的，以自我为中心，对绿色来讲，不容易。

问一位绿色的年轻朋友："为何每天躺在家里，去工作好不好？"

绿色："为何要去工作，躺在家里不好吗？"

我："去工作，可以赚钱，买自己想买的东西。"

绿色："我没有想买的。"

我："那你想做什么呢？"

绿色："我想躺在家里。"

这番对话，像极了《读者文摘》上"生意人与渔夫"的对话，生意人建议渔夫多打鱼，攒钱买大船，打更多鱼，赚钱变富翁，退休后做自己喜欢的事，渔夫说："我早就过上了这样的生活，我现在就是每天打鱼和晒太阳。"

绿色在寻找人生目标时，要过的第一关就是——问自己：假设没有伴侣，独自一人，我到底想要什么？

绿色需要假想一个没有其他人的环境，在没有别人的期望压力时，找到内心深处那些微小的改变的愿望。没人不希望自己过得好些，只是绿色的欲望微弱，容易被外界的声音所掠夺和泯灭。

绿色设定人生目标的第二关，就是——做自己。

当绿色眼中只有对方，没有自己时，会因为自己的过度投入，成为两性关系中最累、最无助的人，也会丧失掉自己的追求。做自己，具体来讲，就是要独立、自主、平等。

独立，一个人要保持独立，可以依靠，但不依附，要去追求精神自由和财务自由；

自主，人应该把选择权交给自己，相爱时好好爱，不爱了也能勇敢离开；

平等，如果自己都看不起自己，又如何赢得对方的尊重和欣赏？

你若盛开，清风自来。一个人的光彩，从来不是因为你是谁的伴侣，而是因为你是你，你就是自己生命中唯一的一盏灯，灯亮或灯灭，全由自己掌控。婚姻幸福，就是从一个人学会独立开始，当你真正独立时，不会因为得不到而怒火中烧，也不会因为不公平而斤斤计较。

一位果园董事长，年轻时是个家庭主妇，认为女人出嫁后就得跟着丈夫姓，连叫自己名字的资格都没有。丈夫对她好，她就感觉好；丈夫对她不好，她就哭闹，觉得活着无聊。

后来，夫妻俩开始经营果园，一切都发生了改变。丈夫种水果，她就忙着浇水、打药、施肥，水果成熟了，她就做销售，一下午卖出两吨水果。再后来，她去参加各种会议、做演讲、外出考察。不再依附于丈夫的她，最终得出结论："哪怕他对我不好，我也能活下去，因为我有我的事业。"

她变了，丈夫对她的态度也变了。曾经，她去哪里，丈夫连一个电话都没有；如今，她刚刚出门，电话就来了，关切地询问"要不要回家吃饭"。丈夫的爱和尊重，不靠依赖获得，靠自己的独立获得。

切记，最美好的婚姻莫过于：没你，我也过得很好；有你，我更圆满。我自有一个自己的世界，你需要我，我可以走进你的世界；你忽视我，我依然在自己的世界里活得精彩。

第八招 出舒适圈

绿色这种生物，最神奇的特点是——靠惯性生活。也就是说，一旦绿色习惯和适应了某种生活的节奏，除非有人生拉硬拽，否则，挪窝难，难于上青天。就算被人当场拉走，屁股动了动，事后依旧像弹簧一样自动归位。

和一群朋友去景点游玩，景点门口排长队检查证件，大家都焦心，有的边排队边伸长脖子张望，有的去给大家买饮料，有的打电话找熟人想办法。大家忙活半天，一转头，发现绿色的伙计早在没人注意的角落找了一把椅子坐下，那架势看上去像是心甘情愿等到地老天荒。

类似的事情，在绿色生活中不胜枚举。绿色是能量消耗很低的动物，随时随地都会启动节能模式。只要有舒适圈，绿色必居其中；即便没有舒适圈，绿色也可原地坐下，画地为牢。

何谓"舒适圈"？一个安静狭小的空间，一根网线，一个外卖电话。以自己为圆心，自己的手为半径，画个圆，发现所有需要的东西，都在这个圆里。悲哀的是，这个圈，就是很多人的舒适圈。这种舒适，会不知不觉消磨掉进取心，让人看不到世界的变化。若想练就一身不被时代抛弃的本事，必定得承受一些痛苦，随时保持学习的热情，才能持续成长。

而"走出舒适圈"这句口号，人们喊了很多年，强调的都是：你若不改变，世界就会改变你；你若不进步，别人进步，你就会被淘汰。但这些话，都无法戳中绿色心房，连隔靴搔痒都谈不上。绿色听了后，茫然夜行，波澜不起，心似古井。为何如此？盖因绿色的人生座右铭就是"以不变应不变"。

绿色对安全感的迷恋，导致对稳定的环境有不自觉的依赖，而"改变"，却会打破现有的平衡。对未来的不确定和对失败的担忧，让绿色产生了对改变的终极恐惧。遗憾的是，人生终究不可能一成不变。逃避和依赖，永远带不来真正的安全感。

绿色的你所追求的稳定，殊不知，就是在自我设限。当你愿意跳出舒适圈，直面改变，恐惧已经迎刃而解。而克服恐惧，唯一的方法就是"行动"，因为你已经有能力用自己的行动去解答对未知的疑问。

曾在一个节目里听人说过："15岁觉得游泳难，放弃游泳，到18岁遇到一个你喜欢的人约你去游泳，你只好说'我不会耶'。18岁觉得英文难，放弃英文，28岁出现一个很棒但要会英文的工作，你只好说'我不会耶'。人生前期，越嫌麻烦，越懒得学，后来，就越可能错过让你动心的人和事，错过新风景。"

正如上面所说，有多少人，人生本来可以变得很精彩，就因为不断地自我设限，错过机遇，不学习不成长，不去追求自己"不会"的东西，最终与美好的人生失之交臂。

如果实在不知道要做什么，那就先给自己定一个小目标，从做一件最简单的小事开始。至少，这意味着你开始着手主动去适应这种改变，而不是听天由命、束手无策。

> 自有凌云立九霄
> 你若盛开蝶自来

绿色性格的情感修炼法则

第一招：毕竟入门应始了，愿君争取最前筹。

第二招：山高虽有客行路，水深你做渡船夫。

第三招：平生不做软弱事，世上再无切齿人。

第四招：自有凌云立九霄，你若盛开蝶自来。

跋：江湖见……

2013 年《写给单身的你》出版，2018 年《写给恋爱的你》出版，2023 年，在大动干戈多年终于修订增补完那两本书并且更名为《性格色彩单身宝典》《性格色彩恋爱宝典》的同时，几经磨难，这本新作《性格色彩婚姻宝典》也收官了，前后跨度刚好十年，"性格色彩情感三部曲"九转功成。

这三本书，在逻辑关系上，《性格色彩单身宝典》与另两本的差别不啻天渊。表面上，写的是如何解决自己的问题，寻找到最合适的恋人，其实，本质上探讨的是：那些苦恼于单身或享受于单身的人们，到底应该如何看清自己真正的内心。

而《性格色彩恋爱宝典》和《性格色彩婚姻宝典》，从头到尾，都在阐述二人世界的种种恩怨情仇，这两本书，若只看一本，都会残缺不全，性格色彩施展起来，不能尽兴。两本书，彼此间相辅相成，一脉相通，前后连贯，无法割裂。主要原因有三：

其一，《性格色彩单身宝典》的案例主要是女子，女性读者的代入感会更强；而《性格色彩恋爱宝典》和《性格色彩婚姻宝典》的案例则是男女对半，男女皆适用。

其二，恋爱和婚姻中遇到的很多问题彼此映照，遥相呼应，从两本书的目录便可见一斑。恋爱的人拿起《性格色彩婚姻宝典》的目录，倍感"平生不看婚姻典，纵使热恋也枉然"；已婚的人若是看到《性格色彩恋爱宝典》的目录，顿觉"婚后仍未读此书，婚变方悔读书迟"。我本想合二为一，书名《性格色彩婚恋宝典》，出版社的大人拉住了我，苦口婆心道："乐师啊，果真如此，卷帙浩繁，暂且不论纸价腾贵，赀力不给，现如今世上心浮气躁者多，怕是出版后令人生畏望之却步啊。"即便两本书分开后，以如今这个厚度，编辑们依旧腹诽不已，问我能不能再削薄一点儿，如此，对那些被短视频早已击打得思维碎片化的读者会比较友好。我想来想去，依旧执拗地认为，总有识货人发出"典到用时方恨少"的感慨，咱辛辛苦苦写本书，既然现在也不靠稿酬养家糊口，大可不必为五斗米折腰，就在这儿，静候共鸣诸君到来。

其三，《性格色彩恋爱宝典》最后一章——"不同性格的相处之道"，在性格色彩学中，专业术语称为"影响"；《性格色彩婚姻宝典》最后一章——"不同性格的修炼法则"，在性格色彩学中，专业术语称为"修炼"。这两个板块，原本就是打断骨头连着筋的一体两面。你想处理好两人的关系，就必须用合适对方的正确方法，而你要用这些正确方法之前，自己就必须有所调整和改变，不能"只许州官放火，不许百姓点灯"，只想让人家改变，自己纹丝不动，错误都是别人的，自己啥问题都没有。侬想啥哩？甭做白日梦了。谁若告诉你有这样的秘计，其心可诛，其人可鄙，其言可恨。

本书虽有很多解决问题的方法，但好的婚姻，一人前冲，一人拉后，没用；一人努力，一人躺平，艰难。你努力的方向，是要尽一切可能推动你的伴侣，让对方也意识到性格的问题，最好，彼此同修，走入性格色彩的线下课堂，一起学习，因为这趟共修之旅，不仅可以让你们相互读懂，也会成为一场甜蜜而难忘的回忆。至不济，也要把本书共享，一起讨论书中的案例，等待有一天，打开心扉，灵魂相通，相视一笑，懂得彼此。真有那一天，日日好日，时时好时，鹣鲽情深，何须羡仙。

若是读后有感，有朝一日，你我路上偶遇，你可双手抱十："性格色彩，先生宝典，现学现用，一用就灵。"我作揖还礼："自助助人，空谷回音，阁下高才，遇之吾幸。"耶，暗号对上了。

你我，江湖见。

附: 乐嘉与性格色彩大事记

2000 年

· 乐嘉研发的"FPA®（Four-colors Personality Analysis）性格分析与沟通"企业培训课程面世。

2001 年

· 创立"性格色彩钻石法则®"理论。

2002 年

· 乐嘉学习魔术时，受"四布合一布"启发，创立"FPA® 性格色彩"。

2003 年

· 创立"性格色彩本色论"和"性格色彩动机论"。

2004 年

· "性格色彩讲师与咨询师"首期课程举办，开始建立性格色彩传播团队。

2005 年

· 为让性格色彩更易传播，寓教于乐，乐嘉发明了"性格色彩扑克牌"，取得国家专利。

2006 年

· 乐嘉的第一本书，也是性格色彩学第一本著作《色眼识人》出版，上市后，即成为当当网社科榜畅销书，连续在榜 107 周。

2007 年

· 性格色彩英文商标，正式使用"Personality Colors®"替代"FPA®"。

· 乐嘉任 CCTV2《商务时间》节目嘉宾，首次亮相电视节目，用性格色彩分析名人。

2008 年

·正式确立性格色彩四大研究领域——"洞见＋洞察＋修炼＋影响"，完善了性格色彩学的理论体系架构，奠定了性格色彩与其他性格分析工具的核心差别。

·乐嘉将性格色彩应用到学校教育，为深圳的 1200 名中小学校长及幼儿园园长进行了"因人而异，因色施教"的性格色彩教师培训。

·乐嘉被聘为西北大学管理学院客座教授，为 EMBA 讲授"性格色彩领导力"。

2009 年

·性格色彩讲师团队为全球 500 强罗氏制药和上市公司百丽集团内训，累计各自超过 50 场。在领导力、团队管理和销售培训领域，性格色彩成为知名企业核心课程。

·性格色彩成为华东理工大学 MBA 选修科目。

·乐嘉在武汉大学做"性格色彩心理咨询技术运用"培训，同年，任湖北省心理咨询师协会高级顾问，性格色彩正式进入心理咨询领域。

2010 年

·乐嘉任江苏卫视《非诚勿扰》心理专家，此后，连续三年，该节目成为家喻户晓的国民综艺，保持中国常态综艺节目收视率第一。

2011 年

·乐嘉任江苏卫视《老公看你的》节目主持人（全国卫视每周五收视率第一）。

·乐嘉任江苏卫视《不见不散》节目主持人（全国卫视每周一收视率第二）。

·乐嘉连续两年举办"嘉讲堂"全国大学校园"性格色彩与人生规划"巡回演讲。

·《跟乐嘉学性格色彩》出版，销售量逾 200 万册，获年度非虚构类图书全国第一。

2012 年

· 乐嘉在悉尼市政厅举办性格色彩演讲，创澳大利亚华人演讲最多听众纪录。

· 乐嘉在温哥华剧院举办性格色彩演讲，创加拿大华人演讲最多听众纪录。

· 乐嘉被聘为河海大学客座教授，讲授"性格色彩与主持艺术"。

2013 年

· 乐嘉任深圳卫视《别对我说谎》主持人（播出一集后收视率从第 14 位升到第 3 位）。

· 乐嘉任国内首档性格色彩综艺谈话节目——深圳卫视《夜问》主持人。

· 乐嘉《本色》出版，年度销售逾 150 万册。

· 乐嘉连续三年共 6 季任安徽卫视《超级演说家》和北京卫视《我是演说家》的常驻演讲导师，成为中国最具影响力的演讲导师。

2014 年

· 由乐嘉主编，乐嘉学员共同主创的性格色彩应用书系《色界》三本陆续出版，丛书涵盖性格色彩学在不同行业的实战运用。

· 由乐嘉学员所著的《性格色彩品红楼》《性格色彩品三国》《性格色彩观电影》等性格色彩主题图书出版。

· 乐嘉任 CCTV1 名人访谈节目《首席夜话》主持。

2015 年

· 应剑桥大学彭布罗克学院邀请，乐嘉做题为"性格色彩与全球文化"的演讲，创剑桥大学华人演讲最多听众纪录。

· 乐嘉首档性格色彩脱口秀节目《独嘉秘籍》，在优酷视频上线。

· 性格色彩划时代的工具——"性格色彩卡牌"诞生。

· 乐嘉独创的演讲秘籍正式诞生。

2016 年

· 乐嘉主讲的性格色彩音频，上线两小时即销售 1 万份，在喜马拉雅心理付费节目连续 3 年排行第一。

· 乐嘉连续两年任全国首档大型创业投资节目——湖北卫视《你就是奇迹》的嘉宾主持人。

· 乐嘉被聘为上海大学温哥华电影学院客座教授。

2017 年

· "性格色彩卡牌师"和"性格色彩卡牌大师"两门课程诞生。

· 乐嘉开始连续三年任"团中央全国中学生演讲大赛"评委团主席。

2018 年

· 乐嘉在喜马拉雅推出"性格色彩婚恋宝典"音频课程，创情感类课程第一。

· 乐嘉在蜻蜓FM推出"性格色彩亲子宝典"音频课程，创亲子类课程第一。

· 乐嘉任天津卫视《创业中国人》嘉宾主持人。

2019 年

· "性格色彩读心"线下课程举办，乐嘉开始每月亲自讲授大规模线下普及课程。

· 乐嘉连续两年任广东卫视创投节目《众创英雄汇》的心理专家。

2020 年

· 乐嘉的说话宝典——"用说话掌控人生"音频课程登陆蜻蜓FM，创口才类课程第一。

· 乐嘉发明"小六演讲法"，与 2015 年创立的"大六演讲法"，合称"六字演讲"。

2021 年

· 乐嘉性格色彩线上视频训练营启动，学员一年过 200 万，创全网心理类视频课程第一。

· 性格色彩认证的卡牌师和卡牌大师达 3000 人，接受卡牌评测人数过 300 万，其中卡牌付费咨询人数近 30 万。

2022 年

· 数年来多次闭关，将二十年研究积淀重新整理，精修增补，并潜心写作新著。自 2022 年起，在 2025 年底前，将陆续完成性格色彩系列 21 本新版及新创专著出版。其中包括，经典系列 3 本：《跟乐嘉学性格色彩》《性格色彩原理》《性格色彩卡牌指南》；宝典系列 9 本：《性格色彩识人宝典》《性格色彩单身宝典》《性格色彩恋爱宝典》《性格色彩婚姻宝典》《性格色彩职场宝典》《性格色彩亲子宝典》《性格色彩销售宝典》《性格色彩说话宝典》《性格色彩教育宝典》；应用系列 2 本：《性格色彩 360 行》《性格色彩 72 变》；演讲系列 2 本：《跟乐嘉学演讲》《培训的艺术》；个人系列 5 本：《本色》《至暗》《小乐子的人生智慧》《性格色彩随笔》《性格色彩禅》……

（全书完）

性格色彩书系

性格色彩经典系列：
·《跟乐嘉学性格色彩》
·《性格色彩原理》
·《性格色彩卡牌指南》

性格色彩宝典系列：
·《性格色彩识人宝典》
·《性格色彩单身宝典》
·《性格色彩恋爱宝典》
·《性格色彩婚姻宝典》
·《性格色彩职场宝典》
·《性格色彩亲子宝典》
·《性格色彩销售宝典》
·《性格色彩说话宝典》
·《性格色彩教育宝典》

性格色彩应用系列：
·《性格色彩 360 行》
·《性格色彩 72 变》

性格色彩主编系列：
·《性格色彩品三国》
·《性格色彩品红楼》
·《性格色彩推理小说之原罪》

演讲系列：
·《跟乐嘉学演讲》
·《培训的艺术》
·《演说家是怎样炼成的》

个人系列：
·《本色》
·《至暗》
·《小乐子的人生智慧》
·《性格色彩随笔》
·《性格色彩禅》

性格色彩婚姻宝典

作者 _ 乐嘉

产品经理 _ 冯晨　　技术编辑 _ 丁占旭

责任印制 _ 梁拥军　　出品人 _ 曹俊然

营销团队 _ 阮班欢　丁子秦　物料设计 _ 山葵栗

果麦
www.guomai.cn

以 微 小 的 力 量 推 动 文 明

图书在版编目（CIP）数据

性格色彩婚姻宝典 / 乐嘉著. — 北京：中国华侨
出版社，2023.8（2023.10重印）
ISBN 978-7-5113-9012-7

Ⅰ. ①性… Ⅱ. ①乐… Ⅲ. ①婚姻—社会心理学—通
俗读物 Ⅳ. ①C913.13-49

中国国家版本馆CIP数据核字(2023)第083272号

性格色彩婚姻宝典

著　　者：乐　嘉
责任编辑：刘晓静
执行印制：梁拥军
经　　销：新华书店
开　　本：710mm×1000mm　1/16开　印张：20.5　字数：276千字
印　　刷：北京世纪恒宇印刷有限公司
版　　次：2023年8月第1版
印　　次：2023年10月第2次印刷
印　　数：6,001—11,000
书　　号：ISBN 978-7-5113-9012-7
定　　价：78.00元

中国华侨出版社　北京市朝阳区西坝河东里77号楼底商5号 邮编：100028
发 行 部：021-64386496　　　　传　真：021-64386491
网　　址：www.oveaschin.com　E-mail：oveaschin@sina.com

如果发现印装质量问题，影响阅读，请与印刷厂联系调换